ПРЕПОДОБНЫЙ ПАИСИЙ СВЯТОГОРЕЦ

СЛОВА

ТОМ I

С БОЛЬЮ И ЛЮБОВЬЮ
О СОВРЕМЕННОМ ЧЕЛОВЕКЕ

Перевод с греческого

Седьмое издание

Орфограф

МОСКВА

УДК [271.22 – 475.5:271.22 – 534.3] Паисий Святогорец
ББК 86.372.33 – 43 + 86.372 – 503.1
П12

Рекомендовано к публикации
Издательским Советом Русской Православной Церкви
№ ИС Р16-627-3429

Перевод на русский язык выполнен
иеромонахом Доримедонтом (Сухининым) с издания:
Γέροντος Παϊσίου Ἁγιορείτου. Λόγοι.
Τόμος Α΄. Μὲ πόνο καὶ ἀγάπη γιὰ τὸν σύγχρονο ἄνθρωπο.
Ἱερὸν Ἡσυχαστήριον Μοναζουσῶν "Εὐαγγελιστὴς Ἰωάννης ὁ Θεολόγος",
Σουρωτὴ Θεσσαλονίκης, 1998.

П12 **Паисий Святогорец, преподобный**
Слова. Т. 1 : С болью и любовью о современном человеке / преподобный Паисий Святогорец; перевод с греч. — 7-е изд. — М. : Орфограф, 2021. — 432 с. : ил.
ISBN 978-5-6052622-3-7

Преподобный Паисий хотел выпустить книгу, полезную всем: мирянам, монахам и священнослужителям, но не успел, отдав всё своё время и силы молитве и общению с приходившими к нему людьми. После преставления преподобного его письма, записи поучений и бесед были систематизированы для удобства использования в повседневной жизни, ибо сам старец говорил: «Задача в том, чтобы вы работали, применяли услышанное на деле».

Первый том «Слов» преподобного Паисия Святогорца раскрывает многие грани духовной жизни человека. Как работают духовные законы? Для чего попускаются искушения? Каким образом духовная жизнь подвергается влиянию мирского духа? На эти и другие вопросы преподобный Паисий даёт свои богопросвещённые ответы, затрагивая злободневные проблемы воспитания и образования, культуры и технического прогресса.

УДК [271.22 – 475.5:271.22 – 534.3] Паисий Святогорец
ББК 86.372.33 – 43 + 86.372 – 503.1

ISBN 978-5-6052622-3-7

© Ἱερὸν Ἡσυχαστήριον Μοναζουσῶν
"Εὐαγγελιστὴς Ἰωάννης ὁ Θεολόγος", 1998
© Издательство «Орфограф»,
издание на русском языке, 2021

СОДЕРЖАНИЕ

От издателей	9
Синаксарь	11
Предисловие	17
Введение (из слов старца)	29

ЧАСТЬ ПЕРВАЯ
О ГРЕХЕ И ДИАВОЛЕ

ГЛАВА ПЕРВАЯ
О том, что грех вошёл в моду — 47

ГЛАВА ВТОРАЯ
О том, что в наши дни диавол разгулялся не на шутку — 55

ГЛАВА ТРЕТЬЯ
О мирском духе — 73

ГЛАВА ЧЕТВЁРТАЯ
О великом грехе несправедливости — 89

ГЛАВА ПЯТАЯ
«Благослови́те, а не кляни́те…» — 108

ГЛАВА ШЕСТАЯ
О том, что грех приносит несчастья — 121

ЧАСТЬ ВТОРАЯ
О СОВРЕМЕННОЙ КУЛЬТУРЕ

ГЛАВА ПЕРВАЯ
О Божией премудрости
и окружающей среде   139

ГЛАВА ВТОРАЯ
О том, что эпоха многих удобств
равняется эпохе множества проблем   155

ГЛАВА ТРЕТЬЯ
О том, что надо сделать свою жизнь проще,
дабы избавиться от душевной тревоги   172

ГЛАВА ЧЕТВЁРТАЯ
О внешнем шуме
и внутреннем безмолвии   194

ГЛАВА ПЯТАЯ
О том, что многое попечение
удаляет человека от Бога   209

ЧАСТЬ ТРЕТЬЯ
О ДУХЕ БОЖИЕМ
И ДУХЕ МИРА СЕГО

ГЛАВА ПЕРВАЯ
О мирском образовании и знании   225

ГЛАВА ВТОРАЯ
О рационализме нашего времени   246

ГЛАВА ТРЕТЬЯ
Новое поколение   260

ГЛАВА ЧЕТВЁРТАЯ
О бесстыдстве и неуважении   287

ГЛАВА ПЯТАЯ
О внутреннем неустройстве людей
и об их внешнем виде   304

ЧАСТЬ ЧЕТВЁРТАЯ
О ЦЕРКВИ В НАШУ ЭПОХУ

ГЛАВА ПЕРВАЯ
О просвещении   323

ГЛАВА ВТОРАЯ
О духовенстве и Церкви   341

ГЛАВА ТРЕТЬЯ
О праздниках и нерабочих днях   370

ГЛАВА ЧЕТВЁРТАЯ
О православном Предании   381

УКАЗАТЕЛИ

Указатель ссылок на Священное Писание   405
Именной указатель   408
Тематический указатель   410

ОТ ИЗДАТЕЛЕЙ

Дорогие читатели!

Вы держите в руках первое издание «Слов» старца Паисия Святогорца, выходящее после его общецерковного прославления как преподобного и богоносного отца[1]. Если и раньше поучения старца Паисия были драгоценными жемчужинами, отражающими опыт весьма уважаемого подвижника Святой Горы Афон, то теперь Церковь признала, что и жизнь его свята и достойна подражания, и слова его принадлежат сокровищнице святоотеческой письменности, точно выражают священное церковное Предание.

Мощи преподобного Паисия почивают в Греции недалеко от Салоник, в исихастирии святого Иоанна Богослова близ селения Суроти. Там чувствуется особое присутствие старца Паисия, и сёстры исихастирия занимаются изданием наследия преподобного. Поскольку в России у исихастирия установились дружественные взаимоотношения со Свято-Преображенским скитом Данилова монастыря,

---

[1] Священный Синод Вселенского Патриархата причислил преподобного Паисия Святогорца к лику святых 13 января 2015 года, а 6 мая того же года его имя было внесено в месяцеслов Русской Православной Церкви.

то именно нашему скиту сёстры доверили подготовку нового издания «Слов» преподобного Паисия Святогорца. Понимая ответственность этой работы, братия скита и издательство «Орфограф» тщательно перепроверили перевод «Слов», исправили и дополнили примечания, сделали новые тематические указатели.

Надеемся, что благодаря пламенным молитвам и дерзновенному ходатайству пред Господом преподобного и богоносного отца нашего Паисия Святогорца это издание послужит на пользу читателей, сподвигнет всех нас «подвизаться любочестным подвигом», научит «включать в работу добрый помысел» и станет действенным лекарством от многих современных недугов.

Свято-Преображенский скит,
21 мая 2015 года,
Вознесение Господне

СИНАКСАРЬ

Преподобный отец наш Паисий Святогорец родился от благочестивых родителей Продро́моса и Евло́гии в селении Фа́расы в Каппадокии в 1924 году, незадолго до трагического переселения малоазийских греков из отеческих домов в пределы матери-Эллады. Новорожденного младенца крестил приходской священник Фарас — просиявший в святости преподобный Арсений Каппадокийский. Он дал мальчику имя Арсений, желая таким образом, «оставить после себя преемника-монаха», как он сам говорил.

Переселившись в Элладу, семья преподобного Паисия обосновалась в эпирском городе Ко́ница, где преподобный возрастал, питаясь, словно молоком, рассказами об исполненном чудес житии святого Арсения. Уже в пять лет отрок говорил, что хочет стать монахом. Когда Арсений научился грамоте, то его усладой стало Священное Евангелие и жития святых, и он с горячей ревностью подражал подвигам преподобных отцов. Получив начальное образование, отрок захотел учиться дальше не наукам, а ремеслу плотника — дабы в этом подражать Господу нашему Иисусу Христу. Став плотником, он трудился усердно и тщательно.

В возрасте пятнадцати лет он удостоился милостивого явления Христа. Господь явился преподобному после того, как тот любочестным помыслом премудро отразил диавольское искушение неверия. После этого в сердце Арсения ещё сильнее разгорелся огнь божественной любви и пламенное устремление к монашеской жизни.

Во время смуты и войны в Элладе (1940–1949 гг.) преподобный и как мирный житель, и как воин (в армии он служил радистом), показал несгибаемое мужество и самопожертвование. Он был готов в любое мгновение пожертвовать даже своей жизнью ради спасения других. Многократно оказываясь под вражеским огнём, он спасал ближних своей огненной молитвой, и сам многажды был спасён силою Божией.

После войны Арсений три года работал плотником, чтобы материально поддержать своих братьев и сестёр. В возрасте 29 лет, оставив мир и всё что в мире, он удалился на Святую Афонскую Гору. Воспламеняемый сильным влечением к безмолвию и постоянно направляемый Божественным Промыслом, он подвизался в разных обителях Святой Горы, а также он возродил монастырь Пресвятой Богородицы Стóмион (недалеко от Коницы), который до этого был в запустении. Кроме этого, преподобный подвизался на горе Синай в келии святых Галактиóна и Еписти́мии. Все житие его было непрестанным постом, непревосходимым воздержанием, непрерывным бдением, неугасающей молитвой и деятельным чтением святых отцов. Особенно преподобный любил читать авву Исаака Сирина. Отец Паисий вёл предельно суровую жизнь, с воздержанием, мужеством и непрестанным славословием. Смиренно отдав себя этим сверхъестественным подвигам, он победил многокозненного диавола, соединился с Богом и был утешаем божественным веселием. Яко бесплотный живя на земле, он стал гражданином Неба, деянием на высоту созерцания восшел, небесных таинств причастником стал, красотою Христовою насладился и благословениями Божией Матери изрядно утешился.

Преподобный Паисий удостоился явлений многих святых: преподобного Арсения Каппадокийского, преподобного Исаака Сирина, святого мученика Лукиллиана, великомученика и целителя Пантелеимона, святого Власия Склавенского, великомученицы Екатерины, а также великомученицы Евфимии Всехвальной, которая посетила его в кали́ве и долго беседовала с ним. Помимо этих явлений преподобный видел своего анегла-хранителя, слышал ангельские песнопения и был осияваем небесным Светом.

Когда же святой весь стал светом, было уже невозможно, чтобы он оставался в безвестности, хотя он сам этого весьма желал. Его имя повсюду стало известно, и множество людей всякого возраста и чина стекалось к нему на Святую Гору, в его смиренную каливу близ Кариес, называемую «Панагу́да». Там преподобный прожил последние 14 лет своей земной жизни. Вожделевая безмолвия, он стремился переселиться в никому не известное место, чтобы оттуда невидимо оказывать милость людям и поддерживать мир молитвой. Однако получив извещение свыше, что на это нет воли Божией, старец остался в своей каливе для утешения и утверждения всех к нему приходивших. По ночам он предстоял пред Богом подобно горящей свече и с болью молился обо всём мире, поминая множество имён живых и усопших, а днём отдавал всего себя на утешение людям, реками стекавшимся к его каливе. Став верным управителем великих дарований, которыми Милостивый Бог его наделил, преподобный Паисий явился вместилищем многообразных дарований Святого Духа: приходивших к нему незнакомцев он называл по имени, тайны сердец человеческих не были от него сокрыты, о грядущих событиях он предупреждал, с иностранцами говорил на их родных языках, немощи телесные и душевные исцелял и власть над духами нечистыми имел, изгоняя их именем Христовым. Речи же его были *я́ко словеса́ Бо́жии*, по Апостолу, и указывали всем истинную цель земной жизни — приуготовление к жизни будущей, и побуждали людей к покаянию, исповеди и любочестному подвигу.

Был же преподобный в обращении с людьми сладок, прост, доступен, милостив, зело утешителен и, одним словом, он весь был любовь. Но обращаясь к тем, кто хотел нарушить Божий закон и отеческие предания, старец становился яко лев огнедышащий. Особенно же он ополчался против мирского мудрования, считая его опаснейшей ловушкой для верующих, и особенно для монахов.

Сей неустанный подвижник, претерпевший от юности многие телесные болезни, в конце жизни заболел раком. Преподобный благодушно переносил страдания, которые ему причиняла опухоль, и почил 12 июля 1994 года, прожив на земле 70 лет. Он преставился в священном исихастирии святого Иоанна Богослова, который находится недалеко от селения Суроти, возле Салоник. Сёстрами сего исихастирия он руководил 28 лет и им передал в дар святые мощи преподобного Арсения Каппадокийского, своего крёстного отца. Многострадальное тело преподобного Паисия покоится в Суроти близ храма святого Арсения.

Преподобный Паисий, живя на земле, весь отдал себя Богу и людям. Ныне же, когда он находится на Небе, Бог даровал его всей вселенной.

Его святыми молитвами, Господи Иисусе Христе Боже наш, помилуй нас. Аминь.

*Тропарь
преподобному Паисию Святогорцу
Глас 5. Подобен: Собезначальное Слово:*

Божественныя любве огнь приемый, / превосходящим подвигом вдался еси весь Богови, / и утешение многим людем был еси, / словесы Божественными наказуяй, / молитвами чудотворяй, / Паисие Богоносе, / и ныне молишися непрестанно // о всем мире, преподобне.

*Кондак
Глас 8. Подобен: Взбранной:*

Ангельски на земли поживый, / любовию просиял еси, преподобне Паисие, / монахов великое утверждение, / верных к житию святому вождь, / вселенныя же утешение сладчайшее показался еси, / сего ради зовем ти: // радуйся, отче всемирный.

ПРЕДИСЛОВИЕ

После своей кончины в июле 1994 года блаженный старец Паисий Святогорец оставил миру духовное наследие — свои поучения. Простой монах, получивший лишь элементарное образование в начальной школе, но щедро облагодатствованный мудростью по Богу, он воистину истощил себя ради ближнего. Его учение не было проповедничеством или катехизаторством. Он жил по Евангелию сам, и поучения проистекали из его собственной жизни, отличительным признаком которой являлась любовь. Он «образовал себя» согласно Евангелию и поэтому в первую очередь учил нас всем своим обликом, а уже после этого — своей евангельской любовью и богопросвещённым словом. Встречаясь с людьми — такими непохожими друг на друга, — старец не просто терпеливо выслушивал то, что они ему поверяли. С присущими ему святой простотой и рассуждением он проникал в самую глубину их сердец. Их боль, их тревогу, их трудности старец делал своими. И тогда, неприметным образом, происходило чудо — изменение человека. «Бог, — говорил старец, — творит чудо, когда мы сердечно соучаствуем в боли другого человека».

Нам было радостно видеть, с каким интересом читались первые книги, посвящённые жизни и учению старца Паисия. Многие люди с изумлением рассказывали о том, что в этих книгах они находили ответы на мучившие их вопросы, разрешение проблем и утешение в скорбях. Нам было особенно радостно видеть, как люди, далёкие от Церкви, прочитав о старце, становились по-доброму обеспокоены и изменяли свою жизнь. В связи с этим нам часто вспоминались слова церковного песнописца, посвящённые святителю Василию Великому: «Живе́т и уме́рый о Го́споде, живе́т и с на́ми, я́коже глаго́ляй из книг»[1]. В то же время, откликаясь на настойчивые просьбы наших братьев во Христе, мы ощущали необходимость познакомить их со словами старца — словами, которые мы благоговейно записывали с самых первых шагов жизни нашей обители и которые нам самим принесли немалую пользу.

По Промыслу Благого Бога наша монашеская обитель обязана своим существованием старцу Паисию Святогорцу. Именно отец Паисий получил благословение архиерея на основание монастыря, именно он приложил старание к тому, чтобы было найдено место для строительства. В 1966 году, познакомившись с отцом Паисием в больнице, после того как он перенёс операцию на лёгких, мы пришли ему на помощь. С тех пор, будучи нам благодарным всем своим благородным и чутким сердцем, он чувствовал себя нашим старшим братом и говорил, что его долг — «пристроить своих сестёр», — имея в виду основание монастыря.

В октябре 1967 года, когда в монастыре поселились первые сёстры, старец Паисий приехал к нам и два месяца пробыл в общине, помогая налаживать общежительный строй обители. В течение последующих лет, живя на Святой Афонской Горе, старец обычно навещал нас дважды в год, помогая своими богопросвещёнными советами и личным примером духовному становлению как обители в целом,

---

[1] Из стихов перед Синаксарем по 6-й песни канона на утрене, 1 января. — *Прим. пер.*

так и отдельно каждой из сестёр. Кроме этого, со Святой Афонской Горы, из этой, как он говорил, «духовной Америки», старец помогал нам своею молитвой и письмами, которые присылал разным сёстрам лично или же всем вместе.

Итак, в 1967 году старец Паисий начал закладывать основы общежительного строя нашего монастыря. Он вникал во все стороны жизни обители — начиная от самых простых, житейских, вплоть до самых серьёзных и духовных. Ему было тогда 43 года, но он уже был мужем совершенным *в ме́ру во́зраста исполне́ния Христо́ва* (Еф. 4:13). Уже тогда отец Паисий обладал поистине старческой мудростью. С самых первых дней существования монастыря мы относились к его словам как к *глаго́лам живота́ ве́чнаго* (Ин. 6:68) и осознавали, что они являются теми исходными и непреложными истинами, на которых должна строиться наша повседневная жизнь. Поэтому, боясь забыть то, что говорил старец, мы спешили записывать его слова, с тем чтобы в будущем использовать их как надёжный канон нашей иноческой жизни.

Когда записями заполнились первые тетради, мы очень робко предложили их на суд старца. Почему робко? Потому, что старец всегда подчёркивал важность применения поучений на деле, потому, что он не хотел, чтобы мы лишь накапливали «сырьё», «боеприпасы», не применяя услышанного на практике. Он требовал от нас духовной работы над услышанным или прочитанным. Старец говорил, что в противном случае множество записей и заметок не принесёт нам никакой пользы, подобно тому как множество оружия и боеприпасов не приносит пользы государству, армия которого не обучена и не умеет пользоваться этим арсеналом. Уступая нашим настойчивым просьбам, отец Паисий согласился просматривать наши записи и в случае необходимости (если что-то из его слов было нами недопонято) вносить свои исправления и дополнения.

Старец духовно окормлял нашу обитель 28 лет. Все эти годы мы записывали его слова: во время собраний всей монастырской общины, а также во время заседаний Духовного собора монастыря, на которых он присутствовал. Поначалу сёстры вели записи от руки, а в последние годы — с помощью магнитофона. Кроме этого, каждая насельница монастыря сразу же после своих личных бесед со старцем записывала их содержание. Узнав обо всём этом, отец Паисий даже немножко поругал нас: «Да что вы всё это пишете? На чёрный день, что ли, копите? Задача в том, чтобы вы работали, применяли услышанное на деле. И кто его знает, чего вы там понаписали! А ну-ка, принесите мне посмотреть!» Но когда мы показали ему записи одной из сестёр, выражение его лица изменилось, он успокоился и с удовлетворением воскликнул: «Вот так дела, брат ты мой! Да эта сестра — прямо магнитофон какой-то! Точь-в-точь как я сказал, так и записала!..»

Обычно наше общение строилось в форме его ответов на наши вопросы. Главной темой личных бесед с сёстрами всегда был личный духовный подвиг. Темы для заседаний Духовного собора готовились заранее. Мы предлагали на суд отца Паисия вопросы, скопившиеся за время его отсутствия, — административные и житейские, духовные и общественные, церковные и национальные, а также многое-многое другое. Наконец, во время общих монастырских собраний, кроме вопросов, которые задавали сёстры, поводом для того, чтобы старец начинал говорить на какую-то тему, могло стать что угодно: гул летящего самолёта, шум мотора, пение птицы, скрип двери, случайно брошенное кем-то слово — старец из всего умел извлекать пользу для души. Любая мелочь и пустяк могли стать поводом для разговора на серьёзную тему. Он говорил: «Я всё использую для связи с горним, с Небом. Знаете, какую духовную прибыль и духовный опыт приобретает человек, если он духовно работает над всем, что встречается ему на пути?»

«Благий Бог прежде всего заботится о нашей будущей жизни и только потом — о жизни земной», — говорил старец. Сам он, общаясь с людьми, имел ту же самую цель: помогая человеку познать волю Божию и соединиться со своим Творцом, отец Паисий готовил его к Небесному Царствию. Приводя примеры из области природы или науки, искусства или повседневного человеческого бытия, старец не рассматривал их отвлечённо, в отрыве от духовной реальности. Он стремился пробудить ото сна души своих собеседников, с помощью притчи помогал им постичь глубочайший смысл жизни и «ухватиться за Бога».

Речь старца Паисия отличалась простотой, остроумием, живым и неподдельным юмором. Великую истину он мог выразить просто и радостно. «Я вас как солнышко грею», — говорил старец, имея в виду, что как солнечное тепло необходимо, чтобы распустились цветочные бутоны, так и нежное пастырское прикосновение к душе помогает ей раскрыть себя и исцелиться от недуга. Это было воистину богопросвещённое пастырство. Оно нередко готовило почву души к принятию строгого слова о не допускающей компромиссов Евангельской истине. Поэтому даже самое строгое слово старца Паисия воспринималось сердцем как благодетельная роса. И впоследствии возделанные учением старца сердца приносили духовный плод.

Скопившиеся за 28 лет записи, а также письма старца со Святой Горы были систематизированы после его кончины. Мы разобрали материал по темам для более удобного пользования им в нашей повседневной жизни. Одновременно с этим были систематизированы записанные нами случаи из жизни старца, а также те чудесные события, которые ему довелось пережить. Всё это отец Паисий открывал нам не ради самовосхваления. Рассказами о себе он воистину подавал нам духовную милостыню. «Я рассказываю вам обо всём этом, — говорил он, — не для того, чтобы вы нацепили на меня медали и назвали молодцом. Рассказывая что-то о войне, об армии или о чём-то ещё, пусть даже о смешном, я говорю не просто так. Я хочу на что-то обратить ваше внимание, хочу, чтобы вы ухватили суть. Пустого и бесполезного я не говорю никогда». Таким образом старец становился «духовным донором». Он отдавал свою кровь, чтобы укрепить нашу слабую малокровную веру. Будучи поистине Царским — Божиим сыном, старец стремился «задеть» наше любочестие и возделать в нас духовное благородство, чтобы мы «сроднились с Богом». «Вычерпываю из себя, вычерпываю, — говорил он, — а что в итоге? Ведь чтобы помочь вам, я вынужден рассказывать и очень личные вещи. Я пускаюсь на величайшую растрату — расточаю свой духовный запас! Идёт ли это хотя бы на пользу? Я хочу сказать, что теряю каждое событие, рассказанное для того, чтобы вам помочь, — говорю ли я о проявлении в моей жизни Промысла Божия или каком-то чудесном случае. Польза-то хоть от этого есть?»

Принимая во внимание то, что переживаемые ныне годы очень нелегки, мы решили разделить весь имеющийся в нашем распоряжении материал на отдельные тома по темам и начать публикацию с тех тем, которые представляют более широкий интерес. Многие из этих вопросов просты и будничны, однако, если не отнестись к ним так, как требует этого Евангелие, то последствия будут печальными (если не гибельными) и для настоящей и для будущей жизни. При тематическом отборе материала и его подготовке к изданию нас вдохновляло и прижизненное желание старца Паисия написать книгу, «касающуюся всех: мирян, монахов и священнослужителей». Старец не успел осуществить своего замысла, поскольку всё время он посвятил людям, приходившим в его каливу. Несмотря на угасание телесных сил, он отдавал себя людям без остатка. В одном из его писем со Святой Горы мы читаем: «А мои новости такие: много народу — усталые да измученные. Людей с их проблемами всё больше и больше, а о моих телесных силах что говорить — лучше молитесь, чтобы они не убывали. Приходится и беречь себя немножко — ведь я никогда не имею права сказать „не могу". Можешь, не можешь — надо смочь».

Как было сказано выше, обычно старец Паисий отвечал на наши вопросы. Поэтому при составлении книги была сохранена форма диалога. Ответы старца обогащены подходящими по теме отрывками из его писем в монастырь и разным лицам, из книг, написанных им самим, из личных записей сестёр и других людей, которые были сделаны во время или после бесед с ним. Эти дополнения к ответам старца на тот или иной вопрос сделаны для того, чтобы раскрыть темы с максимально возможной полнотой. Было приложено старание и к тому, чтобы живость и радостный тон устной речи старца не потерялись при их записи на бумаге. Некоторые повторы, при помощи которых старец хотел особо подчеркнуть тот или иной смысл сказанного, нами не сокращались. Мы сохранили и некоторые из междометий, восклицаний, которые часто встречаются в устной речи старца и также выражают его великую любовь к Богу и человеку.

Старец Паисий часто говорит о монашеской жизни. Причина этого не только в том, что его речь была обращена к монахиням. Старец хотел, чтобы всякий человек — будь он монахом или мирянином — взыскал эту «монашескую радость», происходящую из всецелой самоотдачи человека Богу. Таким образом человек освобождается от чувства ненадёжности, порождаемого верой в своё «я», и ещё в этой жизни вкушает райскую радость.

Книга «С болью и любовью о современном человеке» — первый том серии «Слов» старца Паисия Святогорца. Для удобства читательского восприятия том разделён на четыре тематических раздела. Каждый из разделов, в свою очередь, разделён на главы, а каждая глава — на меньшие главы с соответствующими подзаголовками. Подстрочные примечания предусмотрены в основном для людей, незнакомых с церковной и святоотеческой терминологией.

Как сказано выше, старец нередко использовал примеры из науки, искусства и других специальных областей. Желая избежать ошибок в специальных терминах и выражениях, мы консультировались с нашими братьями во Христе, компетентными в той или иной области. Сердечно благодарим их за те исправления, которые они сделали, движимые своим особым благоговением к старцу Паисию. Мы будем благодарны и нашим читателям за любые советы и отзывы.

Молитвенно желаем, чтобы та «духовная растрата», на которую от своей великой любви шёл старец Паисий, пошла на пользу простым и по-доброму расположенным душам читателей, и они обогатились Божественной мудростью, *утаённою от премудрых и разумных и открытою младенцем* (см. Лк. 10:21). Аминь.

14 июня 1998
Неделя Всех Святых

Игумения обители святого апостола и евангелиста
Иоанна Богослова монахиня Филофея
с сёстрами во Христе.

— Скажите нам что-нибудь, геронда.

— Что я вам скажу?

— А что Вам Ваше сердце подсказывает.

— Моё сердце подсказывает мне вот что: «Возьми нож, изрежь меня на кусочки, раздай их людям и после этого умри».

ВВЕДЕНИЕ
(из слов старца)

«Переживаемые нами годы очень трудны и очень опасны, но в конце концов победит Христос»

В нашу эпоху большинство людей образованны по-мирски и мчатся с высокой мирской скоростью. Но поскольку у них нет страха Божия (а *нача́ло Прему́дрости — страх Госпо́день*[1]), то у них нет и тормозов, и с такой скоростью, без тормозов, они заканчивают гонку в пропасти. Люди очень озабочены трудностями и, по большей части, доведены до одурения. Они потеряли свой ориентир и мало-помалу идут к тому, что не могут контролировать самих себя. Если даже те, кто приезжает на Святую Гору, столь сильно расстроены и запутаны, столь тревожны, то подумайте, каковы другие, отдалённые от Бога, от Церкви!

Во всех государствах видишь бурю, великое смятение! Несчастный мир — да прострёт Бог Свою руку! — кипит, как скороварка. И посмотрите, что творят власть имущие! Стряпают-стряпают, бросают всё в скороварку, а она уже

---

[1] Пс. 110:10.

свистит! Скоро вылетит клапан! Я сказал одному человеку, занимающему высокую должность: «Почему вы не обращаете внимания на некоторые вещи? К чему это приведёт?» Он ответил мне: «Отче, сначала зло было малым снегом, а сейчас оно превратилось в лавину. Помочь может только чудо». Но некоторые, желая исправить положение, делают лавину зла ещё больше. Вместо того чтобы принять определённые меры в отношении образования, воспитания, исправить что-то, они делают ещё хуже. Не заботятся о том, как растопить лавину, но делают её больше. Ведь сначала снежку немного. Если он покатится вниз, под откос, то станет снежным комом. Ком, собирая снег, деревья, камни, мусор, становится всё больше и больше и — превращается в лавину. Так и зло: мало-помалу оно стало уже снежной лавиной и катится вниз. Сейчас, для того чтобы уничтожить лавину зла, требуется бомбовый удар.

— Геронда[2], Вы переживаете из-за всего этого?

— Ах, а из-за чего же борода моя поседела раньше времени? Мне больно дважды. Сначала, когда я что-то предвижу и кричу, чтобы мы предупредили готовящееся зло. И потом, когда на это не обращают внимания (не обязательно от пренебрежения), зло случается и меня начинают просить о помощи. Понимаю сейчас, как мучились пророки. Величайшими мучениками были пророки! Они были мучениками бо́льшими, чем все мученики, несмотря на то что не все они умерли мученическою смертью. Потому что мученики страдали недолго, тогда как пророки видели, как творится зло, и страдали постоянно. Они всё кричали-кричали, а остальные дудели в свою дуду. И когда из-за этих остальных приходил гнев Божий, то вместе с ними мучились и пророки. Но тогда, по крайней мере, ум людей

---

[2] *Ге́ронда* (от греч. γέρων — старец) — типичное в Греции обращение к старцу. — *Прим. пер.*

был ограничен, и в силу этого они оставляли Бога и поклонялись идолам. Сегодня, когда люди оставляют Бога сознательно — совершается величайшее идолослужение.

Мы ещё не осознали того, что диавол ринулся губить творения Божии. Он устроил «панкинию»[3], чтобы погубить мир, он пришёл в бешенство, потому что в мире начало появляться доброе беспокойство. Он разъярён, потому что знает, что действовать ему остаётся немного[4]. Сейчас он ведёт себя как преступник, который, когда его окружают, говорит: «Не спастись мне, они меня схватят!» — и крушит всё направо и налево. Или как во время войны, когда закончатся боеприпасы, солдаты вытаскивают штык или саблю, бросаются в бой и — будь что будет! «Всё равно, — говорят, — погибать. Убьём же как можно больше врагов!» Мир горит! Вы это понимаете? Обрушилось немалое искушение. Диавол разжёг такой пожар, что даже если все пожарные соберутся вместе, то не смогут его потушить. Духовный пожар — не осталось ничего неповреждённого. Остаётся только молиться, чтобы Бог пощадил нас. Ведь когда разгорится большой пожар и пожарные уже не могут ничего сделать, то люди вынуждены будут обратиться к Богу и просить его о сильном дожде, чтобы пламя погасло. Так и с тем духовным пожаром, который раздул диавол, — нужна лишь молитва, чтобы Бог помог.

Весь мир идёт к одному. Общий развал. Нельзя сказать: «В доме немного поломано окно или ещё что-то, давай я это исправлю». Весь дом развалился. Мир стал разрушенной деревней. Положение дел уже вышло из-под контроля. Если только сверху что-то Бог сделает. Сейчас

---

[3] *Панкини́я* (греч. πάντες ἀπὸ κοινοῦ — все вместе, сообща) — работа, в которой участвуют все насельники монастыря или скита. (*Далее примечания греческих издателей даются без указаний.*)

[4] См. Откр. 12:12.

Богу работать: где отвёрткой, где пряником, где кнутом, чтобы исправить всё это. Мир имеет язву, она пожелтела и готова прорваться, но ещё недозрела. Зло дозревает, как тогда в Иерихоне[5], который требовалось обеззаразить, подвергнуть «дезинфекции».

Как мучаются люди

Мучения людей не имеют конца. Общее разложение — целые семьи, взрослые, дети… Каждый день сердце моё обливается кровью. Большинство домов полно расстройств, волнений, тревог. Только в тех домах, где живут по Богу, людям хорошо. В других же — там разводы, здесь банкротства, где болезни, где несчастные случаи, кто на психотропных лекарствах, кто на наркотиках… Несчастные: у кого-то больше, у кого-то меньше, но у каждого есть боль. Особенно сейчас — работы нет, долги, страдания, банки из людей тянут последнее, из домов выселяют — множество мучений! И это не то что один-два дня! Если и есть в такой семье один-два крепких ребёнка, то от такого состояния и они заболевают. Если бы люди во многих подобных семьях смогли хоть на один день обрести беззаботность, отстранённость монахов, то это была бы для них самая лучшая Пасха.

Какая в мире беда! Если болеть и беспокоиться о других, а не о себе самом, то весь мир видно, как на рентгене, который просвечивает духовными лучами. Молясь, я часто вижу, как детки — малыши несчастные — проходят передо мной горестные и просят Бога о помощи. У них в семье есть проблемы, сложности, и поэтому матери ставят их на молитву — просить помощи от Бога. Они «настраиваются на ту же частоту», и так мы с ними сообщаемся.

---

[5] См. Нав. 6:23.

Безопасность и беззащитность

Мир сегодня защищён разного рода «безопасностями», но, отдалённый от Христа, он совершенно беззащитен. Ни в одну эпоху не существовало такой беззащитности, как у современных людей. И, поскольку человеческие безопасности им не помогают, они бегут на корабль Церкви, чтобы почувствовать себя в духовной безопасности, ибо они видят: мирской корабль пошёл ко дну. Однако, если они увидят, что и в корабль Церкви сочится вода и там заняты духом мира сего, а Духа Святого нет, тогда люди отчаются, поскольку после этого им уже будет не за что ухватиться.

Мир мучается, погибает, и, к несчастью, все люди вынуждены жить среди этого мирского мучения. Большинство ощущает великую оставленность, безразличие — особенно сейчас, — ощущает это повсюду. Людям не за что держаться. Прямо по пословице: «Утопающий хватается за собственные волосы», то есть утопающий ищет, за что бы ухватиться, как бы спастись. Корабль тонет, а кто-то, желая спастись, хочет ухватиться за мачту. Он не думает о том, что мачта пойдёт ко дну вместе с кораблём. Он хватается за мачту и тонет ещё быстрее. Я хочу сказать, что люди ищут, на что бы им опереться, за что ухватиться. И если у них нет веры, чтобы опереться на неё, если они не доверились Богу настолько, чтобы полностью на Него положиться, то им не избежать страданий. Доверие Богу — великое дело.

Переживаемые нами годы очень трудны и очень опасны, но в конце концов победит Христос. Вот увидите, с каким уважением люди будут относиться к Церкви — лишь бы мы, христиане, жили правильно. Люди поймут, что иначе ничего хорошего не выйдет. Политики уже поняли, что если кто-то и может помочь людям в мире, который превратился в сумасшедший дом, то это люди Церкви. Да, не удивляйтесь! Наши политические деятели признали своё бессилие, подняли руки вверх. Ко мне в каливу пришли как-то несколько политиков и сказали: «Монахи должны идти в мир на проповедь, просвещать людей. Иного выхода нет». Какие нелёгкие годы!.. Если бы вы только знали, до чего мы дошли и что нас ждёт впереди!..

Искания людей

Как-то зимой ко мне в каливу пришло восемьдесят человек — люди разные, от студентов до театральных режиссёров. Со слезами эти люди спрашивали меня, могут ли они... учиться богословию! Состояние мира безумно. Всё чего-то ищут, но большинство не знают чего. Одни ищут истину в развлекательных центрах, другие хотят найти Христа, слушая сумасшедшую музыку...

— И правда, геронда, какие же у людей искания! К Вам приходит столько народу, и часами выстаивают на ногах, ожидая очереди, чтобы с Вами встретиться.

— Это тоже одно из знамений времён — люди ищут помощи даже и у моей худости. Я не вижу в себе ничего хорошего и удивляюсь: что находят во мне люди, чтобы так нестись ко мне сломя голову? Я ведь на самом-то деле кто: тыква с арбузной коркой. А в наши дни даже тыкву едят вместо арбуза, потому что у неё корка похожа на арбузную. Люди едут ко мне с другого края света и даже не знают точно — застанут меня или нет. А мне каково: с одной стороны, я гнушаюсь самим собой, но, с другой — ведь за людей-то тоже больно. До чего же мы дошли! Как низко пал мир! Пророк Исаия говорит, что придёт время, когда люди найдут кого-то одного, имеющего ризу, и скажут ему: «Пойдём, мы сделаем тебя царём»[6]. Да помилует нас Бог!

---

[6] См. Ис. 3:6.

Святой Арсений Каппадокийский читал двадцать восьмой псалом о тех, кто терпит опасность в море. А я, читая его, говорю: «Боже мой, ведь уже и суша — то есть весь мир — стала опаснее моря! Люди духовно тонут в миру». Когда ко мне приходят люди, разуверившиеся в жизни, я читаю им девяносто третий и тридцать шестой псалмы: *Бог отмще́ний Госпо́дь, Бог отмще́ний, не обину́лся есть. Вознеси́ся, судя́й земли́, возда́ждь воздая́ние го́рдым... Лю́ди Твоя́, Го́споди, смири́ша и достоя́ние Твое́ озло́биша... И бысть мне Госпо́дь в прибе́жище и Бог мой в по́мощь упова́ния моего́...* Эти священные слова весьма утешают душу. Если бы несчастные бросили хоть один взгляд на Небо, то многое бы изменилось. Но сегодня люди о Боге не думают. Поэтому духовная помощь не находит в самих людях отклика, ты не можешь прийти с ними к взаимопониманию.

Я постоянно прошу Бога явить миру добропорядочных людей, христиан, чтобы они помогали остальным. Пусть даст Бог таким христианам многая лета жизни. Давайте молиться о том, чтобы Бог просветил мир и появились другие люди — не такие, как те, кто сегодня разрушает мир, а новые, чистые. Будем просить Бога, чтобы появились новые Маккавеи[7]. Молодым может не хватать опыта, но в них нет лжи и лукавства.

Давайте просить Бога, чтобы Он просвещал не только тех, кто принадлежит к Церкви, но и тех, кто находится у власти, чтобы они имели страх Божий и были способны сказать какое-нибудь просвещённое слово. Власть имущие одним лишь просвещённым словом могут в два счёта

---

[7] Прозвище *Маккаве́й* (от др-евр. «молот») было дано вождю иудейского восстания 166 г. до Р. Х. Иуде и впоследствии его преемникам. Восстание было направлено против Антиоха IV Епифана, стоявшего во главе династии Селевкидов. Маккавеи были самоотверженными борцами за отеческую веру и государственную независимость Израиля. См.: Библия. Книги Маккавейские.

изменить положение дел в мире, а одним бестолковым словом они могут разложить целое государство. Доброе решение — благодеяние миру, а дурное решение — катастрофа для него. Беда людей не только в их материальных нуждах, не только в том, что им нечего есть и они терпят лишения. Их духовная беда намного страшнее. Молитва очень поможет тому, чтобы Христос дал людям немного света. Ведь Христос как поступает: возьмёт отвёрточку — где надо чуть подкрутит, где надо чуть ослабит — и порядок, любо-дорого поглядеть, всё налаживается. Когда Бог просвещает некоторых людей, то само зло потихонечку падает в цене, не находит себе спроса. Потому что зло не Бог разрушает, нет — оно разрушает само себя. Придёт время — и всё встанет на свои места. Я вижу, что многие из тех, кто занимает высокое положение, понимают, что происходит, им больно, и они сражаются со злом. Всё это доставляет мне особую радость.

В нашу эпоху не хватает живых примеров

— Геронда, почему святой Кирилл Иерусалимский говорит, что мученики последних времён будут «па́че всех му́ченик»[8]?

— Потому что раньше было много богатырей духа. А в нашу эпоху не хватает живых примеров, я говорю сейчас вообще о Церкви и о монашестве. В наше время умножились слова и книги, но умалились жизненные опыты. Мы лишь восхищаемся святыми подвижниками нашей Церкви, не понимая, насколько велик был их труд. Чтобы это понять, надо потрудиться самим, надо полюбить

---

[8] «Мученики последних времён будут выше первых мучеников». См.: *Кирилл Иерусалимский, свт.* Поучения огласительные. Поучение 15-е. М., 1991. С. 235.

святых и от любочестия[9] приложить усилия к тому, чтобы быть на них похожими. Конечно, Благий Бог примет во внимание и особенности нашей эпохи, и условия, в которых нам приходится жить, и спросит с нас в соответствии с этим. И если мы предпримем хотя бы малый подвиг, то увенчаемся больше, чем христиане древней эпохи.

В старину существовал подвижнический дух. Каждый старался подражать хорошему. При этом ни зло, ни нерадение не могли устоять. Было изобилие добра, был подвижнический дух, и поэтому человек нерадивый не мог устоять в своём нерадении. Его увлекал за собой общий поток добра. Помню, как-то в Салониках мы ждали сигнала светофора, чтобы перейти улицу. Загорелся зелёный, человеческая масса тронулась, и я почувствовал, что меня несёт вместе со всеми. Мне оставалось только переставлять ноги и приближаться к противоположной стороне улицы. Я хочу сказать, что если все идут в одно и то же место, то кому-то одному сложно не идти вместе со всеми — даже если он этого не хочет. Другие увлекают, ведут его вместе с собой. Сегодня, если человек хочет жить честно, духовно, то в мире ему не находится места, ему приходится нелегко. И если он будет невнимателен, то покатится под горку, его унесёт вниз мирской поток.

В прежние времена было обилие добра, обилие добродетели, хватало добрых примеров, и зло тонуло во множестве добра. То немногое бесчинство, которое существовало в миру или в монастырях, было незаметно и не вредило людям. А что происходит сейчас? Злых примеров изобилие,

---

[9] *Любочéстие* (греч. φυλότιμο). В современном русском языке эквивалента слову φυλότιμο нет. Небуквально его можно перевести как великодушие, расположенность к жертвенности, презрение к материальному ради нравственного или духовного идеала. Преподобный Паисий часто подчёркивает значение любочестия в духовной жизни. — *Прим. пер.*

а то немногое добро, что ещё осталось, не ставится ни в грош. То есть сейчас происходит прямо противоположное: малое добро тонет во многом зле и у власти находится зло.

Если у одного человека или у нескольких людей есть подвижнический дух, это весьма помогает другим. Потому что если кто-то духовно преуспевает, то польза от этого будет не только ему самому, но и тому, кто его видит. То же самое и с человеком расхлябанным — он воздействует на других. А если расслабляется один, другой, то постепенно, неприметным образом вокруг не остаётся уже ничего хорошего. Поэтому среди царящей расхлябанности необходим подвижнический дух. Нам надо быть чрезвычайно внимательными в этом отношении, потому что нынешние люди, к несчастью, дошли до того, что даже принимают законы, насаждающие расхлябанность и распущенность. Даже подвизающихся принуждают к исполнению этих законов. Поэтому подвизающиеся должны не только не поддаваться влиянию мирского духа, но и не сравнивать себя с людьми мира сего[10]. Сравнивая себя с мирскими, христиане начинают считать себя святыми и расслабляются, а в итоге доходят до того, что становятся хуже тех, с кем они себя сравнивали. Образцом в духовной жизни должны быть святые, а не люди мира сего. Хорошо бы совершать по отношению к каждой добродетели следующую работу: находить святого, который этой добродетелью отличался, и со вниманием читать его житие. Тогда человек увидит, что он ещё ничего не сделал, и будет продолжать свою духовную жизнь со смирением. Бегуны на стадио-

---

[10] Словом κοσμικός у преподобного Паисия и вообще в греческом языке обычно называется человек, не принадлежащий к Церкви или принадлежащий к ней лишь номинально. В настоящем тексте это слово, как правило, переводится как «человек мирской» или «человек мира сего», тогда как слову «мирянин» соответствует греческое слово λαϊκός, которое обозначает сознательного христианина, живущего в миру. — *Прим. пер.*

не не оглядываются назад, чтобы увидеть, где находятся последние. Ведь если они будут глазеть на последних, то станут последними сами. Если я стараюсь подражать тем, кто преуспевает, то моя совесть утончается. Глядя же на тех, кто плетётся в хвосте, я нахожу себе оправдание, извиняю себя тем, что, в сравнении с их погрешностями, мои собственные невелики. Я успокаиваю себя помыслом, что есть кто-то и хуже меня. Так я душу в себе совесть, или, лучше сказать, делаю моё сердце бесчувственным, словно его покрыли слоем штукатурки.

Легко найти «сладкую горку» и покатиться по ней вниз

— А почему, геронда, мы с таким трудом делаем добро, но настолько легко падаем во зло?

— Потому что в добром должен потрудиться, приложить усилия, прежде всего, сам человек, тогда как в злом человеку помогает диавол. А кроме того, люди не подражают добру и добрых помыслов у них тоже нет. Я часто привожу мирянам следующий пример. Предположим, у меня есть автомобиль. Я начинаю рассуждать: «Зачем он мне? Меня может подвозить по делам мой знакомый, у которого тоже есть машина. В случае необходимости я могу взять такси. Подарю-ка я лучше эту машину своему знакомому многодетному отцу, чтобы он возил своих несчастных деток за город, по монастырям, пусть они отдыхают и набираются сил». Итак, если я подарю машину другому, то никто не станет мне в этом подражать. Однако если я поменяю свой автомобиль — одинаковой марки с вашим — на более хороший, то, вот увидите, вы ночь не будете спать, чтобы найти способ также поменять свою машину на другую, получше, такую же, как у меня. О том, что машина, которую вы имеете сейчас, тоже хорошая, вы и не подумаете. В этом случае вы будете говорить так: «Продам что-нибудь, влезу в долги, но машину поменяю». А в первом случае, напротив, никто не станет мне подражать, никто не скажет: «Зачем она мне нужна, эта машина? Дай-ка я лучше подарю её тому, кому она действительно необходима!» А то ещё скажут, что я спятил.

Люди легко попадают под влияние зла. В глубине души они признают добро, оно вызывает у них уважение. Однако они легко попадают под влияние зла и увлекаются им, потому что в злом канонаршит[11] тангалашка[12]. Найти «сладкую горку» легко — ведь искуситель только и занимается тем, что подталкивает к этой горке создания Божии. А Христос действует предельно благородно. «Это добро, — говорит Он, — *áще кто хóщет по Мне идтѝ*»[13]. Он не заставляет идти к Себе силком, не говорит: «А ну-ка, шагом марш, ко мне!» Диавол нечистоплотен. Он спутывает человека по рукам и ногам, чтобы увести его туда, куда он хочет. Бог же чтит свободу человека. Он сотворил людей не рабами, но сынами. Он знал, что произойдёт грехопадение, но, даже несмотря на это, не сделал людей Своими рабами. Он предпочёл снизойти, воплотиться, претерпеть распятие и таким образом спасти человека. Бог даровал человеку свободу. И несмотря на то что диавол может использовать её во многое зло, в дарованной человеку свободе есть благоприятная возможность для того, чтобы люди просеялись. Видно, что человек делает от сердца, а что нет. И когда у кого-то есть много любочестия, это очень заметно.

---

[11] *Канонáршит*, то есть подсказывает, что надо делать. От слова *канонáрх* — чтец, возглашающий во время богослужения то, что предстоит петь хору.

[12] *Тангалáшка* (греч. ταγκαλάκι) — такое прозвище преподобный дал диаволу. Тангалаки (или башибузýки) — это нерегулярные и почти неуправляемые военные отряды в Османской империи, состоявшие из сорвиголов, славившихся своей жестокостью; им не платили жалованья и питались они за счёт мародёрства, грабя и убивая мирное население. — *Прим. пер.*

[13] Мф. 16:24.

Бог не бросает нас на произвол судьбы

Люди, находясь сегодня в таком ужасном состоянии, делают всё, что взбредёт им в голову. Одни живут на таблетках, другие — на наркотиках. То и дело трое-четверо прельщённых создают какую-нибудь новую религию. Но преступлений, несчастных случаев, злодеяний происходит относительно немного. Бог помогает людям. Помню, однажды забрёл ко мне в каливу один молодец и спрашивает: «Слышь, у тебя гитары нет?» Мало того, что курит гашиш, мало того, что треплет языком, не спрашивая, охота ли другим его слушать, так нет — подавай ему ещё и гитару! Иные устали от жизни и хотят наложить на себя руки или же, сделав какое-нибудь зло, устроить хороший тарарам. Речь идёт не о тех, у кого эти желания появляются в виде хульного помысла, и они его изгоняют. Сейчас мы говорим о людях, которые устали от жизни и не знают, что им делать. Один такой сказал мне: «Я хочу, чтобы в газетах написали, что я — герой». Вот таких-то людей некоторые и используют для достижения своих злых целей. Но — слава Богу! — зла происходит сравнительно немного.

Несмотря на то что мы довели себя до такого состояния, Бог не бросает нас на произвол судьбы. Бог оберегает нынешний мир обеими руками, тогда как в прежние времена — только одной. Сегодня, когда человека окружает столько опасностей, Бог оберегает его, словно мать ребёнка, начинающего ходить. Сейчас Христос, Пресвятая Богородица, святые помогают нам больше, чем в прежние времена, но мы не понимаем этого. А до чего дошёл бы мир, если бы этой помощи не было?..

Большинство людей находятся в таком состоянии, что страшно сказать. Один пьян, другой разочарован жизнью, у третьего задурманена голова, четвёртый от боли измучен бессонницей. И видишь, как все эти люди водят машины, гоняют на мотоциклах, выполняют работу, сопряжённую с риском, работают на опасных станках. Что, разве все они находятся в подходящем для этого состоянии? Сколько народу уже давно могло бы перекалечиться! Как же хранит нас Бог, но мы этого не понимаем…

Помню, как раньше наши родители уходили работать в поле и оставляли нас под присмотром соседки. Мы играли вместе с её детьми. В те времена дети были уравновешенными. Соседка только иногда поглядывала на нас и продолжала заниматься хозяйством, а мы тихонечко играли. Также и Христос, Матерь Божия, святые раньше только присматривали за миром. А сегодня и Христос, и Божия Матерь, и святые постоянно то одного где-нибудь подхватывают, то другого от чего-нибудь удерживают, потому что люди сейчас неуравновешенны. Сейчас такое творится, что Боже упаси!.. Всё равно что у какой-то матери есть несколько трудных детей: один — глупенький, другой — косенький, третий — неслух… Вот и приглядывай: и за своими, да ещё и за соседкиными. Один забрался высоко и вот-вот сорвётся вниз, другой берёт нож и хочет перерезать себе горло, третий собирается обидеть четвёртого… Мать не может расслабиться, не смыкает глаз, следит за ними, а дети не понимают её тревоги. Так и мир не понимает того, что Бог помогает ему. Если бы Бог не помогал, то с таким количеством современной опасной техники мир уже давно бы весь перекалечился. Но, к счастью, у нас есть защитники: наш Отец — Бог, наша Мать — Пресвятая Богородица, наши братья и сёстры — святые и ангелы.

Насколько же велика ненависть диавола к роду человеческому! Как сильно желание врага уничтожить нас! А мы забываем, с кем ведём войну. Если бы вы только знали, сколько раз диавол уже опутывал землю своим хвостом, желая её погубить! Но Бог не позволяет ему этого,

Он разрушает его планы. Бог извлекает пользу даже из того зла, которое стремится сделать тангалашка, Он извлекает из зла великое добро. Диавол сейчас вспахивает землю, но засеивать её, в конечном итоге, будет Христос.

Посмотрите: ведь Благий Бог никогда не попускает, чтобы великие испытания продолжались более трёх поколений. Он всегда оставляет закваску. Перед вавилонским пленением израильтяне скрыли в пустом колодце огонь от последнего жертвоприношения, чтобы потом зажечь от него огонь для новых жертвоприношений. И действительно — семьдесят лет спустя, когда они возвратились из плена, огонь для первого жертвоприношения был разожжён от найденного ими в колодце[14]. В любые тяжёлые времена ко злу увлекаются не все. Бог сохраняет закваску для грядущих поколений. Коммунисты и упирались семьдесят пять лет, и продержались семьдесят пять лет — как раз три поколения. А сионисты, несмотря на то что упираются уже столько лет, не продержатся и семи.

Грядут нелёгкие времена

Сейчас Бог попускает крепкую встряску. Грядут нелёгкие времена. Нас ждут великие испытания. Давайте отнесёмся к этому серьёзно и станем жить духовно. Обстоятельства вынуждают и будут вынуждать нас работать духовно. Однако эта духовная работа будет иметь цену, если мы совершим её с радостью, от своего произволения, а не оттого, что нас принудят к этому скорби. Многие святые просили бы о том, чтобы жить в нашу эпоху, чтобы совершить подвиги.

Я радуюсь, когда некоторые угрожают мне за то, что я не молчу и разрушаю их планы. Когда поздно вечером

---

[14] См. 2 Макк. 1:19–22.

я слышу, как кто-то прыгает во двор каливы через забор, моё сердце начинает сладостно биться. Но когда ночные пришельцы просят: «Пришла телеграмма, помолись за такого-то больного!» — то я говорю себе: «Ах, вот оно что! Выходит, опять неудача!..» Я говорю так не потому, что мне надоело жить, но потому, что мне радостно умереть за Христа. Давайте же радоваться тому, что сегодня представляется такая благоприятная возможность. Того, кто желает мученичества, ждёт великая мзда.

В прежние времена начиналась война и человек шёл сражаться с врагом, защищая своё Отечество, свой народ. Сейчас мы вступаем в сражение не ради защиты Отечества. Мы идём в бой не для того, чтобы воспрепятствовать варварам сжечь наши дома, надругаться над нашей сестрой и нас обесчестить. Мы ведём войну не за национальные интересы и не за какую-то идеологию. Сейчас мы сражаемся либо на стороне Христа, либо на стороне диавола. Кто с кем — расстановка сил предельно ясна. Во время оккупации ты становился героем, если не приветствовал немца. Сейчас ты становишься героем, если не приветствуешь диавола.

Так или иначе, нам предстоит увидеть страшные события. Произойдут духовные битвы. Святые ещё больше освятятся, а нечистые станут ещё более скверными[15]. Нас ждёт гроза, и наша борьба имеет цену, потому что сейчас наш враг — это не Али-паша, не Гитлер и не Муссолини, но сам диавол. А поэтому и награда наша будет наградой небесной.

Бог, яко Бог Благий, да управит зло во благо. Аминь.

---

[15] См. Откр. 22:11.

ЧАСТЬ ПЕРВАЯ
О ГРЕХЕ И ДИАВОЛЕ

«Живя вдали от Сладкого Иисуса, мы пьём горькую чашу».

ГЛАВА ПЕРВАЯ
О том, что грех вошёл в моду

— Геронда, мы слышали, будто Вы сказали кому-то о том, что будет война. Это правда?
— Я-то ничего не говорю, а вот народ говорит всё, что ему вздумается. И даже если я что-то знаю — кому я стану об этом говорить?..
— Война, геронда, это такое варварство!..
— Если бы люди не «облагородили» грех, то они не дошли бы до этого варварства. Но ещё большее варварство — нравственная катастрофа. Люди разлагаются и душевно и телесно. Один человек сказал мне: «Люди прозвали Афины джунглями, но, посмотри, ведь никто из этих джунглей не уходит. Все говорят: „Джунгли!" — и все в эти джунгли сбредаются». До чего же дошли люди! До состояния животных. Знаете, как у животных: сперва они входят в хлев, испражняются, мочатся, потом навоз начинает разлагаться, перегорать, и животным становится тепло. Им нравится в стойле и не хочется никуда из него уходить. Я хочу сказать, что так и люди ощущают «тепло» греха и не хотят уходить. Они чувствуют зловоние, но им неохота уходить от тепла. Если в хлев войдёт новичок, то он не сможет выдержать этого зловония. А другой уже привык, он постоянно живёт в хлеву, и смрад его не беспокоит.

О грехе и диаволе

— А некоторые, геронда, оправдываются тем, что такая греховная жизнь не в наши дни началась. «Посмотри, — говорят, — что творилось в древнем Риме!..»

— Да, но в Риме люди поклонялись идолам, были язычниками. И апостол Павел в Послании к Римлянам обращался к язычникам, принявшим святое крещение, но не отставшим ещё от злых привычек[1]. Не надо брать за образец примеры наибольшего упадка из каждой эпохи. Сегодня грех ввели в моду. Подумать только — ведь мы же православный народ, но до чего мы докатились! А о других народах даже и говорить нечего... Но хуже всего то, что нынешние люди, повально увлекаясь грехом и видя, что кто-то не следует духу времени, не грешит, имеет капельку благоговения, — называют его отсталым, ретроградом. Таких людей задевает, что кто-то не грешит. Грех они считают прогрессом. А это хуже всего. Если бы современные, живущие в грехе люди, по крайней мере, признавали, что они живут греховно, то Бог помиловал бы их. Но они оправдывают то, чему нет оправдания, и поют греху дифирамбы. А считать грех прогрессом и говорить, что нравственность отжила свой век — это, кроме всего прочего, самая страшная хула на Святого Духа. Поэтому если кто-то, живя в миру, подвизается, хранит свою жизнь в чистоте, то это имеет немалую цену. Таких людей ждёт великая мзда.

В старые времена распутник или пьяница даже на базар стыдился пойти, потому что люди стали бы над ним насмехаться. А если женщина погуливала, то она и нос-то из дома боялась высунуть. И, можно сказать, это являлось некой сдерживающей грех силой. А сегодня, если человек живёт

---

[1] См. Рим. 1:24–32.

правильно, если, к примеру, девушка живёт в благоговении, то про неё говорят: «Да она что, с луны свалилась?» И вообще, в старину, если люди мирские совершали грех, то они, несчастные, переживали чувство своей греховности и становились маленько посмиренней. Они не высмеивали тех, кто жил духовно, но, напротив — любовались ими. А в наши времена те, кто грешат, не чувствуют за собой вины. Уважения к другим у них тоже нет. Всё сравняли с землёй. Если человек не живёт по-мирски, то грешники делают из него посмешище.

Людей обличает совесть

Франция — это не какая-нибудь там развивающаяся страна, она шагает впереди многих. Но тем не менее в последние годы[2] 80 000 французов стали мусульманами. Почему? А потому, что грех вошёл у них в моду, но их обличает совесть, и они хотят её успокоить. Древние греки, желая оправдать свои страсти, придумали себе двенадцать богов. Так же и французы — постарались найти себе такую религию, которая оправдывала бы их страсти, чтобы этот вопрос их больше не беспокоил. Мусульманство, можно сказать, их устраивает: жён можно брать, сколько хочешь, а в жизни иной эта вера обещает плова — непочатый край, сметаны — хоть пруд пруди, а мёду — просто море разливанное. И если умершего омоют после смерти тёплой водой, то он якобы очищается от грехов — сколько бы их ни было. Идут к Аллаху чистенькими! Да что тут ещё нужно? Так всё удобно! Но французы не найдут себе покоя. Они стремятся к внутреннему миру, но не найдут его, потому что страстям оправдания нет.

---

[2] Произнесено в ноябре 1988 г.

Что бы ни придумывали люди, за каким бы бесчувствием они ни прятались — покоя они всё равно не находят. Стремясь оправдать то, чему нет оправдания, они терзаются в душе. Они издёрганы изнутри. Поэтому несчастные ищут себе развлечения, бегают по барам и дискотекам, напиваются пьяными, смотрят телевизор… То есть их обличает совесть, и, чтобы забыться, они занимаются глупостями. И даже когда спят — думаешь, они спокойны? У человека есть совесть. Совесть — самое первое Священное Писание, данное Богом первозданным людям. Мы «снимаем» совесть с наших родителей как фотокопию. Как бы человек ни попирал свою совесть — она всё равно будет обличать его изнутри. Поэтому и говорят: «Его червь точит». Ведь нет ничего слаще, чем мирная, спокойная совесть. Такой человек чувствует себя внутренне окрылённым, и тогда он летит.

Отходя от Бога, человек испытывает адскую муку

Я не помню дня, в который не испытывал бы Божественного утешения. Перерывы иногда бывают, и тогда я чувствую себя плохо. Таким образом, я в состоянии понять, насколько плохо живёт большинство людей. Они отошли от Бога и поэтому лишены Божественного утешения. Чем дальше человек отходит от Бога, тем ему труднее. А если иметь Бога, то можно не иметь ничего больше и ничего больше не желать. Всё дело в этом. Если же у человека есть всё, но нет Бога, то он испытывает внутренние мучения. Поэтому, насколько возможно, нам необходимо приблизиться к Богу. Только близ Бога человек находит радость — настоящую, вечную. Живя вдали от Сладкого Иисуса, мы пьём горькую чашу. Когда ветхий человек становится человеком — сыном царским, он питается божественным наслаждением, небесной сладостью и переживает райское радование, уже в этой жизни отчасти ощущает райскую радость. От меньшей райской радости человек каждый день переходит к большей и большей. Он задаётся вопросом: «Неужели в раю есть что-то выше того, что я переживаю сейчас?» Он переживает такое состояние, что не может заниматься никаким делом. От этой божественной теплоты и сладости его ноги гнутся в коленях, словно свечи. Его сердце захлёбывается, трепещет от радости, хочет прорвать тонкую глиняную перегородку грудной клетки и улететь — потому что земля и всё земное кажутся сердцу ничего не стоящими пустяками.

Вначале человек находился в общении с Богом. Однако после он отошёл от Бога и стал чувствовать себя так, как если бы сначала он жил во дворце, а потом, навсегда оказавшись за дворцовыми воротами, смотрел на дворец издали и плакал. Как страдает ребёнок, находясь вдали от матери, так страдает, мучается человек, удалившийся от Бога. Отходя от Бога, человек испытывает адскую муку. Диаволу удалось увести человека от Бога так далеко, что люди стали поклоняться истуканам и приносить в жертву этим истуканам своих детей. Как же это страшно! И вот ведь бесы: откуда они их только откапывают, стольких «богов»? «Бог» Хамос[3]!.. Одно имечко услышишь — уже хватит! Однако больше всех мучается сам диавол — ведь он отошёл от Бога, от любви дальше всех. Но если уходит любовь, то начинается адская мука. Что противоположно любви? Злоба. А злоба и мучение — это одно и то же.

Тот, кто отошёл от Бога, принимает бесовское воздействие, тогда как тот, кто живёт с Богом, приемлет Божественную благодать. Благодать Божия приложится тому,

---

[3] Χαμώς — «бог» потомков Моава, старшего сына Лота (см. 3 Цар 11:7); χαμός (новогреч.) — пропажа, погибель, урон. — *Прим. пер.*

кто её имеет. А если человек имеет немного благодати, но обращается с ней без должного благоговения, то у него отнимется и то немногое, что у него есть[4]. Современным людям не хватает благодати Божией, потому что, греша, они отбрасывают от себя и те крохи благодати, которые имеют. А когда уходит Божественная благодать, в человека яростно устремляются все бесы. В соответствии с тем, насколько люди отошли от Бога, они чувствуют огорчение в этой жизни. В жизни иной они будут переживать вечное огорчение. Насколько человек живёт согласно воле Божией, настолько — ещё в этой жизни — он в некоторой степени вкушает часть райской сладости. Или уже в этой жизни мы будем отчасти переживать райскую радость и отсюда направимся в рай, или же мы будем отчасти переживать адскую муку и — упаси нас от этого, Боже, — попадём в ад. Рай — это то же самое, что добро, адская мука — то же самое, что зло. Делая добро, человек чувствует радость. Делая грех — страдает. Чем больше добра делает человек, тем больше он радуется, чем больше делает зла, тем сильнее страдает его душа. Чувствует ли радость вор? Какая там радость — ведь её чувствует тот, кто делает добрые дела. Тут вон даже если найдёшь что-нибудь на дороге и поднимешь, сказав себе, что это вещь твоя, — и то сразу потеряешь покой. Нашедший не знает, кто потерял эту вещь, он никого не обидел и не ограбил, однако покоя всё равно лишается. А что же говорить о воре! Даже когда человек просто что-то принимает от другого — он не чувствует той радости, которую испытывает, когда сам что-то даёт. А уж какая там радость, если воровать и обижать самому! Поэтому посмотрите на тех, кто обижает и обманывает других: какие у них страшные лица, как уродливо они гримасничают!

---

[4] Ср. Лк. 19:26.

Человеку заплатит тот хозяин, на которого он работает

Люди, удалившиеся от Бога, никогда не испытывают утешения и мучаются вдвойне. Тот, кто не верует в Бога и будущую жизнь, не только лишён утешения, но и приговаривает себя к вечной муке. Человеку заплатит тот хозяин, на которого он работает. Если ты работаешь на чёрного хозяина, то уже здесь он сделает твою жизнь чёрной. Если ты работаешь греху, то с тобой расплатится диавол. Если ты возделываешь добродетель, то тебе заплатит Христос. И чем больше работаешь Христу, тем просветлённее и радостнее становишься. Но мы говорим: «Работать Христу? Да что мы, спятили!» Как это страшно! Непризнание Жертвы Христовой ради человека! Христос претерпел распятие, чтобы искупить нас от греха, чтобы очистился весь человеческий род. Что сделал для нас Христос и что делаем для Него мы?..

Люди хотят грешить и иметь добренького Бога. Такого Бога, чтобы Он нас прощал, а мы продолжали бы грешить. То есть чтобы мы творили всё, что хотим, а Он прощал нас, чтобы Он прощал нас не переставая, а мы дули бы в свою дуду. Люди не веруют и от этого ненасытно бросаются в грех. С этого, то есть с неверия, начинается всё зло. Люди не верят в иную жизнь и поэтому не считаются ни с чем. Обижают и обманывают друг друга, бросают своих детей… Творится такое, что язык не поворачивается сказать. Нешуточные грехи. Такие грехи, что даже святые отцы не предусмотрели подобного в священных канонах. Как сказал Бог о Содоме и Гоморре: «Не верю, неужто и правда творятся такие грехи? Пойду, посмотрю»[5].

---

[5] См. Быт. 18:21.

Если люди не покаются, не возвратятся к Богу, то они потеряют вечную жизнь. Человек должен помочь себе почувствовать глубочайший смысл жизни. Он должен прийти в себя, чтобы ощутить Божественное утешение. Задача в том, чтобы человек духовно возрос, а не просто воздерживался от грехов.

ГЛАВА ВТОРАЯ
О том, что в наши дни диавол разгулялся не на шутку

Своим грехом мы даём диаволу права над собой

В мире сегодня очень много беснования. Диавол разгулялся не на шутку, потому что нынешние люди дали ему много прав. Люди подвергаются страшным бесовским воздействиям. Один человек объяснил это очень верно: «Раньше диавол занимался людьми, а сейчас он ими не занимается. Он выводит их на свою дорогу и напутствует: „Ну, ни пуха ни пера!" А люди бредут по этой дороге сами». Это страшно. Посмотрите: бесы в стране Гадаринской спросили у Христа позволения войти в свиней[1], потому что свиньи не давали диаволу прав над собой и он не имел право войти в них без разрешения. Христос разрешил ему это, чтобы наказать израильтян, поскольку закон запрещал им употреблять в пищу свинину.

— А некоторые, геронда, говорят, что диавола нет.

— Да, мне тоже один человек посоветовал убрать из французского перевода книги «Преподобный Арсений

[1] См. Лк. 8:26–33.

Каппадокийский»² те места, где говорится о бесноватых. «Европейцы, — говорит, — этого не поймут. Они не верят в то, что диавол существует». Видишь как: они всё объясняют психологией. Если бы евангельские бесноватые попали в руки психиатров, они подвергли бы их лечению электрошоком! Христос лишил диавола права делать зло. Он может делать зло, только если сам человек даст ему на это права. Не соучаствуя в таинствах Церкви, человек даёт лукавому эти права и становится уязвим для бесовского воздействия.

— Геронда, а как ещё человек может давать диаволу такие права?

— Логика³, прекословие, упрямство, своеволие, непослушание, бесстыдство — всё это отличительные черты диавола. Человек становится уязвим для бесовского воздействия настолько, насколько он имеет в себе перечисленные выше свойства. Однако, когда душа человека очистится, в него вселяется Святый Дух, и человек наполняется благодатью. Если человек испачкает себя смертными грехами, в него вселяется дух нечистый. Если же грехи, которыми испачкал себя человек, не смертны, то он находится под воздействием лукавого духа извне.

К несчастью, в нашу эпоху люди не хотят отсечь свои страсти, собственное своеволие. Они не принимают советов от других. После этого они начинают говорить с бесстыдством и отгоняют от себя благодать Божию. А затем человек — куда ни шагни — не может преуспеть, потому что он стал уязвим для бесовских воздействий. Человек уже не в себе, потому что извне им командует диавол.

---

² Русский перевод издан Свято-Троицкой Сергиевой Лаврой в 1997 г. — *Прим. пер.*

³ Под «логикой» преподобный подразумевает рационализм, рассудочность.

Диавол не внутри его — Боже упаси! Но даже и извне он может командовать человеком.

Человек, оставленный благодатью, становится хуже диавола. Потому что диавол не делает всего сам, но подстрекает людей на зло. Например, он не совершает преступлений, но подбивает на это людей. И от этого люди становятся бесноватыми.

Исповедь лишает диавола прав над человеком

Если бы люди, по крайней мере, сходили к духовнику и поисповедовались, то исчезло бы бесовское воздействие и они снова смогли бы думать. Ведь сейчас из-за бесовского воздействия они не в состоянии даже подумать головой. Покаяние, исповедь лишает диавола прав над человеком. Недавно[4] на Святую Гору приезжал один колдун. Какими-то чародейскими колышками и сеточками он перегородил в одном месте всю дорогу, ведущую к моей каливе. Если бы там прошёл человек, не исповедавший свои грехи, то он бы пострадал, не зная даже причины этого. Увидев на дороге эти колдовские сети, я сразу же осенил себя крестным знамением и пошёл по ним ногами — всё порвал. Потом пришёл в каливу и сам колдун. Он рассказал мне о всех своих замыслах и сжёг свои книги.

Диавол не обладает никакой силой и властью над человеком верующим, ходящим в церковь, исповедующимся, причащающимся. Диавол только погавкивает на такого человека, всё равно что беззубая собака. Однако он обладает большой властью над человеком неверующим, давшим ему права над собой. Такого человека диавол может и загрызть — в этом случае у него есть зубы и он терзает

---

[4] Произнесено в июне 1985 г., когда преподобный Паисий Святогорец жил в келье «Панагуда».

ими несчастного. Диавол обладает над душой властью в соответствии с правами, которые она ему даёт.

Когда умирает человек, духовно упорядоченный, то восхождение его души на Небо подобно мчащемуся поезду. Гавкающие псы несутся за поездом, захлёбываясь лаем, пытаются забежать вперёд, а поезд всё мчится и мчится — какую-нибудь шавку ещё и пополам переедет. Если же умирает человек, духовное состояние которого оставляет желать лучшего, то его душа словно находится в поезде, который ползет еле-еле. Он не может ехать быстрее, потому что неисправны колёса. Псы впрыгивают в открытые двери вагонов и кусают людей.

Когда диавол приобрёл над человеком большие права, возобладал над ним, должна быть найдена причина происшедшего, чтобы диавол был лишён этих прав. В противном случае, сколько бы ни молились за этого человека другие, — враг не уходит. Он калечит человека. Священники его отчитывают-отчитывают[5], а в конечном итоге несчастному становится ещё хуже, потому что диавол мучает его больше, чем раньше. Человек должен покаяться, поисповедоваться, лишить диавола тех прав, которые он сам ему дал. Только после этого диавол уходит, а иначе человек будет мучиться. Да хоть целый день, хоть два дня его отчитывай, хоть недели, месяцы и годы — диавол обладает правами над несчастным и не уходит.

---

[5] *Изгнание нечистых духов (экзорцизм или отчитка)* — установленный Церковью чин, во время которого священник, читая особые заклинательные молитвы, изгоняет нечистых духов из людей, одержимых ими. Преподобный Паисий подчёркивает, что прибегающий к помощи отчитки одержимый обязательно должен покаяться, поисповедоваться в своих грехах перед духовником и иметь решимость жить по-христиански. Подробно о бесновании и отчитке говорится в III томе «Слов» преподобного Паисия. — *Прим. пер.*

К чистому созданию Божию диавол не приближается

— Геронда, как же получается, что я порабощаюсь страстям?
— Человек порабощается страстям, дав диаволу права над собой. Запусти всеми своими страстями диаволу в рожу. Этого и Бог хочет, это и в твоих же собственных интересах. То есть гнев, упрямство, тому подобные страсти обрати против врага. Или, лучше сказать, продай свои страсти тангалашке, а на вырученные деньги накупи булыжников и бросай ими в диавола, чтобы он к тебе даже не приближался. Обычно мы, люди, невнимательностью или гордыми помыслами сами позволяем врагу делать нам зло. Тангалашка может воспользоваться одним только помыслом или словом. Помню, была одна семья — очень дружная. Как-то раз муж в шутку начал говорить жене: «Ой, разведусь я с тобой!» — а жена ему тоже в шутку: «Нет, это я с тобой расторгну брак!» Просто так говорили, без задней мысли, но дошутились до того, что этим воспользовался диавол. Он устроил им маленькое осложнение, и они уже всерьёз готовы были на развод — ни о детях не подумали, ни о чём другом. К счастью, нашёлся один духовник и поговорил с ними. «Вы что же, — говорит, — из-за этой глупости разводитесь?»

Если человек уклоняется от заповедей Божиих, то его борют страсти. И если человек предоставил страстям бороть его, то потом для этого не нужен и диавол. Ведь у бесов тоже есть «специализация». Они простукивают человека, выискивают, где у него «болит», стремятся выявить его немощь и таким образом побороть его. Надо быть внимательными, закрывать окна и двери — то есть наши чувства. Надо не оставлять для лукавого открытых трещин, не давать ему пролезать через них внутрь. В этих трещинах и пробоинах наши слабые места. Если оставить врагу даже маленькую трещинку, то он может протиснуться внутрь и причинить вред. Диавол входит в человека, у которого в сердце есть грязь. К чистому созданию Божию диавол не приближается. Если сердце человека очистится от грязи, то враг убегает и снова приходит Христос. Как свинья, не найдя грязи, хрюкает и уходит, так и диавол не приближается к сердцу, не имеющему нечистоты. Да и что он забыл в сердце чистом и смиренном? Итак, если мы увидим, что наш дом — сердце — стал вражеским обиталищем — избушкой на курьих ножках, то мы должны её немедленно разрушить, чтобы ушёл тангалашка — наш злобный квартиросъёмщик. Ведь если грех живёт в человеке долгое время, то, естественно, диавол приобретает над этим человеком большие права.

— Геронда, а если человек раньше жил нерадиво и тем самым дал искусителю права над собой, а теперь хочет исправиться, начать жить внимательно, то борет ли его тангалашка?

— При обращении к Богу человек получает от Него силу, просвещение и утешение, необходимые в начале пути. Но только лишь человек начнёт духовную борьбу, как враг воздвигает против него жестокую брань. Вот тогда-то необходимо проявить немножко выдержки. А иначе как искоренятся страсти? Как произойдёт совлечение ветхого человека? Как уйдёт гордость? А так человек понимает, что сам, своими силами, он не может сделать ничего. Он смиренно просит милости Божией, и к нему приходит смирение. То же самое происходит, когда человек хочет отстать от дурной привычки, например от курения, наркотиков, пьянства. Вначале он чувствует радость и бросает эту привычку. Потом он видит, как другие курят, употребляют наркотики, пьют, и терпит сильную брань. Если человек преодолеет эту брань, то потом ему уже нетрудно отказаться от этой страсти, повернуться к ней спиной.

Надо немножко и поподвизаться, побороться. Тангалашка своё дело делает — так что же мы не делаем своего?

Не будем заводить с тангалашкой бесед

У всех нас имеются наследственные страсти, но сами по себе они нам не вредят. Всё равно что человек рождается, к примеру, с родинкой на лице, которая придаёт ему особую красоту. Но если эту родинку расковырять, то может возникнуть раковая опухоль. Не надо позволять диаволу расковыривать наши страсти. Если позволить ему расковырять нашу слабость, то у нас начинается духовный рак.

Надо иметь духовную отвагу, презирать диавола и все его лукавые помыслы-«телеграммы». Не будем заводить с тангалашкой бесед. Даже все адвокаты на свете, соберись они вместе, не смогли бы переспорить одного маленького диаволёнка. Не веди бесед с искусителем и так порвёшь с ним связи и избежишь искушений. Скажем, с нами что-то случилось: с нами несправедливо обошлись, нас обругали. Испытаем: не виноваты ли мы в этом сами? Если не виноваты, то нас ждёт мзда. На этом надо остановиться: углубляться не нужно. Если человек продолжит беседовать с тангалашкой, то тот ему потом таких кружев наплетёт[6], такую свистопляску устроит... Тангалашка внушает исследовать происшедшее по законам его, тангалашкиной, «правды» и доводит человека до ожесточения.

Помню, как итальянские войска, уходя из Греции, оставили после себя палатки с грудами ручных гранат. А пороха после них оставались целые кучи. Люди забирали себе эти

---

[6] То есть тангалашка занимает человека «тонким рукодельем» — внушает ему помыслы, чтобы человек был постоянно «занят», находился в расстроенном состоянии и не мог работать духовно. Таким образом диавол делает человека более слабым.

палатки и то, что было внутри. Дети играли с гранатами, и знаете, сколько их, несчастных, погибло!

Разве можно играть с гранатами! Так и мы — неужели будем с диаволом в игрушки играть?

Диавол бессилен

— Геронда, помысел говорит мне, что диавол обладает огромной силой, особенно в наши дни.

— Диавол обладает не силой, а злобой и ненавистью. Всесильна любовь Божия. Сатана корчит из себя всесильного, но не справляется с этой ролью. Он кажется сильным, но на самом деле совершенно бессилен. Многие из его разрушительных планов разваливаются, ещё не начав осуществляться. Неужели отец — очень хороший и добрый — позволил бы какой-то там шпане бить своих детей?

— А я, геронда, боюсь тангалашек.

— Чего ты их боишься? У тангалашек нет никакой силы. Христос всесилен, а диавол — самое настоящее гнильё. Разве ты не носишь на себе крест? Диавольское оружие силы не имеет. Христос вооружил нас Своим Крестом. Враг обладает силой только тогда, когда мы сами складываем наше духовное оружие. Был случай, когда один православный священник показал колдуну маленький крестик и тем самым привёл в трепет беса, которого этот колдун призвал своим чародейством.

— А почему он так боится Креста?

— Потому что, когда Христос приял оплевания, заушения и побои, тогда сокрушились царство и власть диавола. Каким же удивительным образом Христос одержал над ним победу! «Тростью сокрушилась держава диавола», — говорит один святой. То есть власть диавола сокрушилась, когда Христу был нанесён последний удар тростью по голове. Стало быть, оборонительное духовное средство против диавола — терпение, а сильнейшее оружие против него — смирение. Сокрушение диавола есть самый целебный бальзам, излитый Христом во время Его Крестной Жертвы. После распятия Христа диавол словно змея, лишённая яда, словно пёс с вырванными зубами. У диавола отнята его ядовитая сила, у псов, то есть бесов, вырваны зубы. Они сейчас обезоружены, а мы вооружены Крестом. Бесы не могут сделать созданию Божию ровным счётом ничего, если мы сами не дадим им на это права. Они только и могут что дебоширить — власти-то у них нет.

Однажды, живя в каливе Честного Креста, я совершил замечательное всенощное бдение! Ночью на чердаке собралось множество бесов. Сначала они со всей силы лупили по чему-то кувалдами, а потом стали шуметь, словно катали по чердаку здоровые чурбаны, кряжи деревьев. Я крестил потолок и пел: «Кресту́ Твоему́ покланя́емся, Влады́ко…»[7]. Когда я заканчивал петь, они опять начинали катать чурбаны. «Сейчас, — сказал я им, — разделимся на два клироса. Вы на верхнем катайте чурбаны, а я здесь, на нижнем, буду петь». Когда я начинал петь, они останавливались. Я пел то «Кресту́ Твоему́…», то «Го́споди, ору́жие на диа́вола Крест Твой дал Еси́ нам…»[8]. В псалмопении я провёл отраднейшую ночь. Как только я умолкал, они продолжали меня забавлять. И ведь какой у них обширный репертуар! Каждый раз придумывают что-то новенькое!..

— А когда Вы запели тропарь в первый раз, они что, не ушли?

— Нет. Только я заканчивал — как вступали они. Видно, надо было петь бдение на два клироса. Прекрасное было бдение. Я пел с чувством! Чудные были дни…

---

[7] «Кресту́ Твоему́ покланя́емся, Влады́ко, и Свято́е Воскресе́ние Твое́ сла́вим» — стихира Честному Кресту.
[8] Воскресная стихира 8-го гласа на хвалитех.

— Геронда, а как выглядит диавол?

— Знаешь, какой он «красавчик»? Ни в сказке сказать, ни пером описать! Если бы ты только его увидела!.. Как премудро любовь Божия не позволяет человеку видеть диавола! Увидев его, большинство умерло бы от страха. Подумай, если бы люди видели, как он действует, если бы увидели, до чего он «хорош» собой!.. Правда, некоторые устроили бы себе из этого приятное развлечение. Забыл, как оно называется-то?.. «Кино», что ли?.. Однако такие «кинопросмотры» дорого стоят, и, даже несмотря на высокую цену, увидеть такое всё равно непросто.

— А рога и хвост у дьявола есть?

— Есть, есть. И рога, и хвост, и все причиндалы!

— Геронда, бесы стали такими страшилами после своего падения, после того как они превратились из ангелов в демонов?

— Конечно после. Они сейчас такие, словно их молнией ударило. Если молния попадает в дерево, то разве оно не становится в мгновение ока обгорелым бревном? Вот и они сейчас такие, словно в них попала молния. Было время, и я говорил тангалашке: «Приходи, чтобы я тебя видел и не попадался тебе в лапы! Сейчас я на тебя только смотрю, а уже видно, какой ты злющий! А попадись я тебе в лапы — у, представляю, что меня ждёт тогда!»

Диавол глуп

— Геронда, знает ли тангалашка, что у нас в сердце?

— Ещё чего! Не хватало ещё, чтобы он ведал сердца людей. Сердца ведает только Бог. И только людям Божиим Он иногда для нашего блага открывает, что у нас на сердце. Тангалашка знает только лукавство и злобу, которые он сам насаждает в тех, кто ему служит. Наших добрых помыслов он не знает. Только из опыта он иногда догадывается о них, но и здесь в большинстве случаев даёт маху! И если Бог не попустит диаволу что-то понять, то тангалашка постоянно во всём будет ошибаться. Ведь диавол — это такая темнотища! «Видимость — ноль»! Предположим, у меня есть какой-то добрый помысел. Диавол о нём не знает. Если у меня есть помысел злой, то диавол знает его, потому что он сам мне его всевает. Если я сейчас хочу куда-то пойти и сделать доброе дело, например спасти какого-то человека, то диавол не знает об этом. Однако если сам диавол подскажет человеку: «Иди и спаси такого-то», то есть подбросит ему такой помысел, то он сам подстегнёт его гордость и поэтому будет знать о том, что у этого человека на сердце.

Всё это очень тонко. Помните случай с аввой Макарием[9]? Однажды он встретил диавола, который возвращался из ближайшей пустыни. Он ходил туда искушать живших там монахов. Диавол сказал авве Макарию: «Вся братия очень жестока со мной, кроме одного моего друга, который слушается меня и, когда видит меня, крутится, как веретено». — «Кто этот брат?» — спросил авва Макарий. «Его имя Феопемпт», — ответил диавол. Преподобный пошёл в пустыню и нашёл этого брата. Очень тактично он привёл его к откровению помыслов и духовно помог ему. Снова повстречавшись с диаволом, авва Макарий спросил его о братьях, живущих в пустыне. «Все они очень жестоки со мной, — ответил ему диавол. — И что хуже всего, тот, кто прежде был моим другом, не знаю отчего, изменился, и сейчас он самый жестокий из всех». Диавол не знал, что авва Макарий ходил к брату и исправил его, потому что преподобный действовал смиренно, от любви. Диавол не имел прав относительно доброго помысла аввы. Но если бы преподобный возгордился, то он бы

---

[9] См. Достопамятные сказания о подвижничестве святых и блаженных отцов. Об авве Макарии Египетском, п. 3.

отогнал от себя благодать Божию и диавол получил бы эти права. Тогда он знал бы о намерении преподобного, потому что в этом случае тангалашка сам подстёгивал бы его гордость.

— А если человек где-то высказал свой добрый помысл, то может ли диавол его подслушать и потом искушать этого человека?

— Как же он подслушает, если в сказанном нет ничего от диавола? Однако если человек высказал свой помысл с тем, чтобы погордиться, то диавол вмешается. То есть если у человека есть предрасположенность к гордости и он гордо заявляет: «Я пойду и спасу того-то!» — то диавол подключится к делу. В этом случае диавол будет знать о его намерении, тогда как если человек побуждаем любовью и действует смиренно, то диавол об этом не знает. Необходимо внимание. Это дело очень тонкое. Недаром святые отцы называют духовную жизнь «наукой из наук».

— Геронда, однако, бывает, что колдун предсказывает, к примеру, трём девушкам, что одна выйдет замуж, другая тоже, но будет несчастна, а третья останется незамужней, и это сбывается. Почему?

— У диавола есть опыт. Например, инженер, видя дом в аварийном состоянии, может сказать, сколько ещё времени он простоит. Так и диавол видит, как человек живёт, и из опыта заключает, чем он кончит.

У диавола нет остроты ума, он очень глуп. Он весь сплошная путаница, конца-края не сыщешь. И ведёт себя то как умный, то как дурак. Его плутни — топорной работы. Так устроил Бог, чтобы мы могли его раскусить. Надо быть сильно помрачённым гордостью, чтобы не раскусить диавола. Имея смирение, мы в состоянии распознать диавольские сети, потому что смирением человек просвещается и сродняется с Богом. Смирение — это то, что делает диавола калекой.

Зачем Бог попускает диаволу нас искушать

— Геронда, скажите, зачем Бог попускает диаволу нас искушать?

— Затем, чтобы отобрать Своих детей. «Делай, диавол, всё, что хочешь», — говорит Бог. Ведь что бы ни делал диавол — в итоге он всё равно обломает себе зубы о краеугольный камень — Христа. И если мы веруем в то, что Христос есть краеугольный камень, то нам ничего не страшно.

Бог не попускает испытание, если из него не выйдет чего-то хорошего. Видя, что добро, которое произойдёт, будет больше, чем зло, Бог оставляет диавола делать своё дело. Помните Ирода? Он убил четырнадцать тысяч младенцев и пополнил небесное воинство четырнадцатью тысячами мучеников-ангелов. Ты где-нибудь видела мучеников-ангелов? Диавол обломал себе зубы! Диоклетиан, жестоко мучая христиан, был сотрудником диавола. Но, сам того не желая, он сделал благо Христовой Церкви, обогатив её святыми. Он думал, что истребит всех христиан, но ничего не добился — только оставил нам в поклонение множество святых мощей и обогатил Церковь Христову.

Бог уже давно мог бы расправиться с диаволом, ведь Он — Бог. И сейчас, стоит Ему только захотеть, Он может скрутить диавола в бараний рог, на веки вечные отправить его в адскую муку. Но Бог не делает этого для нашего блага. Разве Он позволил бы диаволу терзать и мучить Своё создание? И, однако, до какого-то предела, до времени Он позволил ему это, чтобы диавол помогал нам своей злобой, чтобы он искушал нас и мы прибегали к Богу. Бог попускает тангалашке искушать нас, только если это ведёт к добру. Если это к добру не ведёт, то Он ему этого не попускает. Бог всё попускает для нашего блага. Мы должны в это верить. Бог позволяет диаволу делать зло, чтобы человек боролся. Ведь не тёрши, не мявши — не будет и калача. Если бы диавол не искушал нас, то мы могли бы возомнить о себе, будто мы святые. И поэтому Бог попускает ему уязвлять нас своей злобой. Ведь, нанося нам удары, диавол выбивает весь сор из нашей пропыленной души, и она становится чище. Или же Бог позволяет ему набрасываться и кусать нас, чтобы мы прибегали к Нему за помощью. Бог зовёт нас к Себе постоянно, но обычно мы удаляемся от Него и вновь прибегаем к Нему, только когда подвергаемся опасности. Когда человек соединится с Богом, то лукавому некуда втиснуться. Но, кроме этого, и Богу незачем позволять диаволу искушать такого человека, ведь Он попускает это для того, чтобы искушаемый был вынужден прибегнуть к Нему. Но, так или иначе, лукавый делает нам добро — помогает нам освятиться. Ради этого Бог его и терпит.

Бог оставил свободными не только людей, но и бесов, поскольку они не вредят, да и не могут повредить душе человека, исключая те случаи, когда сам человек хочет повредить своей душе. Напротив, люди злые или невнимательные — которые, не желая этого, делают нам зло, — готовят нам воздаяние. «Не будь искушений, — никто бы не спасся»[10], — говорит один авва. Почему он так утверждает? Потому что от искушений происходит немалая польза. Не потому, что диавол был бы когда-нибудь способен сделать добро, нет — он зол. Он хочет разбить нам голову и бросает в нас камень, но Добрый Бог… ловит этот камень и вкладывает его нам в руку. А в ладошку другой руки Он насыпает нам орешков, чтобы мы покололи их этим камнем и покушали! То есть Бог попускает искушения не для того, чтобы диавол нас тиранил. Нет,

---

[10] *Авва Евагрий.* Наставления о деятельной жизни. См.: Добротолюбие (в русском переводе). Т. I. Свято-Троицкая Сергиева Лавра, 1992. С. 637.

Он позволяет ему искушать нас, чтобы таким образом мы сдавали экзамены на поступление в иную жизнь и при Втором Христовом Пришествии не имели чрезмерных претензий. Нам надо хорошенько понять, что мы воюем с самим диаволом и будем воевать с ним, пока не уйдём из этой жизни. Пока человек жив, у него много работы, дабы сделать свою душу лучше. Пока он жив, у него есть право на сдачу духовных экзаменов. Если же человек умрёт и получит «двойку», то из списка экзаменуемых он отчисляется. Пересдачи уже не бывает.

Диавол не хочет покаяться

Благий Бог сотворил ангелов. Однако от гордости некоторые из них пали и стали бесами. Бог создал совершенное творение — человека — для того, чтобы он заменил отпадший ангельский чин. Поэтому диавол очень завидует человеку — созданию Божию. Бесы горланят: «Мы совершили один проступок, и Ты нас тиранишь, а людей, у которых на счету так много провинностей, Ты прощаешь». Да, прощает, но люди каются, а бывшие ангелы пали так низко, что стали бесами, и вместо того, чтобы покаяться, становятся всё лукавее, всё злобнее. С неистовством они устремились на разрушение созданий Божиих. Денница был самым светлым ангельским чином! А до чего он дошёл… От гордости бесы удалились от Бога тысячи лет назад, и по гордости они продолжают удаляться от Него и остаются нераскаянными. Если бы они сказали только одно «Го́споди, поми́луй», то Бог что-нибудь придумал бы для их спасения. Если бы они только сказали «согреши́х», но ведь они этого не говорят. Сказав «согреши́х», диавол снова стал бы ангелом. Любовь Божия беспредельна. Но диавол обладает настырной волей, упрямством, эгоизмом. Он не хочет уступить, не хочет спастись. Это страшно. Ведь когда-то он был ангелом!

— Геронда, скажите, а помнит ли диавол своё прежнее состояние?

— Ты ещё спрашиваешь! Он весь — огонь и неистовство, потому что не хочет, чтобы стали ангелами другие, те, кто займут его прежнее место. И чем дальше, тем хуже он становится. Он развивается в злобе и зависти. О, если бы человек ощутил состояние, в котором находится диавол! Он плакал бы день и ночь. Даже когда какой-нибудь добрый человек изменяется к худшему, становится преступником, его очень жаль. А что же говорить, если видишь падение ангела!

Как-то раз одному монаху[11] стало очень больно за бесов. Приклонив колена, пав ниц, он молился Богу следующими словами: «Ты — Бог, и стоит Тебе захотеть, Ты можешь найти способ для спасения и этих несчастных бесов, которые сперва имели столь великую славу, а сейчас обладают всей злобой и коварством мира, и если бы не Твоё заступничество, то они погубили бы всех людей». Монах молился с болью. Произнося эти слова, он увидел рядом с собой морду пса, который показывал ему язык и его передразнивал. Видимо, Бог попустил это, желая известить монаха, что Он готов принять бесов, лишь бы они покаялись. Но они сами не желают своего спасения. Посмотрите: падение Адама уврачевалось пришествием Бога на землю, вочеловечением. Но падение диавола не может быть уврачевано ничем иным, кроме его собственного смирения. Диавол не исправляется потому, что не хочет этого сам. Знаете, как был бы рад Христос, если бы диавол захотел исправиться! И человек не исправляется лишь в том случае, если не хочет этого сам.

---

[11] Как было выяснено позднее, этим монахом был сам преподобный Паисий.

— Геронда, так что же, диавол знает, что Бог есть Любовь, знает, что Он любит его, и, несмотря на это, продолжает своё?

— Как не знает! Но разве его гордость позволит ему смириться? А кроме этого, он ещё и лукав. Сейчас он старается приобрести весь мир. «Если у меня будет больше последователей, — говорит он, — то в конце концов Бог будет вынужден пощадить все Свои создания, и я тоже буду включён в этот план!» Так он полагает. Поэтому он хочет привлечь на свою сторону как можно больше народу. Видите, куда он клонит? «На моей, — говорит, — стороне столько людей! Бог будет вынужден оказать милость и мне!» Он хочет спастись без покаяния! А разве не то же самое сделал Иуда? Он знал, что Христос освободит умерших из ада. «Пойду-ка я в ад прежде Христа, — сказал Иуда, — чтобы Он освободил и меня!» Видишь, какое лукавство? Вместо того чтобы попросить у Христа прощения, он сунул голову в петлю. И посмотрите, благоутробие Божие согнуло смоковницу, на которой он повесился, но Иуда, не желая остаться в живых, поджал под себя ноги, чтобы они не касались земли. И всё это ради того, чтобы не сказать одно-единственное «прости». Как это страшно! Так и стоящий во главе эгоизма диавол не говорит «согреших», но без конца бьётся над тем, чтобы перетянуть на свою сторону как можно больше народу.

От смирения диавол рассыпается в прах

Смирение обладает великой силой. От смирения диавол рассыпается в прах. Оно — самый сильный шоковый удар по диаволу. Там, где есть смирение, диаволу не находится места. А если нет места диаволу, следовательно, нет и искушений. Как-то раз один подвижник принудил тангалашку сказать «Святы́й Бо́же…». «Святы́й Бо́же, Святы́й Кре́пкий,

Святы́й Безсме́ртный!» — протарабанил тангалашка и на этом остановился, «поми́луй нас» не говорил. «Скажи: „Поми́луй нас!"» — Куда там! Если бы он сказал эти слова, то стал бы ангелом. Тангалашка может сказать всё, что хочешь, кроме «поми́луй нас», потому что для произнесения этих слов необходимо смирение. В прошении «поми́луй нас» есть смирение — и просящая великой милости Божией душа приемлет просимое.

Что бы мы ни делали, необходимы смирение, любовь, благородство. Ведь это так просто — мы усложняем нашу духовную жизнь сами. Будем, насколько возможно, усложнять жизнь диавола и облегчать жизнь человека. Сложны для диавола и легки для человека любовь и смирение. Даже слабый, болезненный, не имеющий сил для подвижничества человек может победить диавола смирением. Человек может в одну минуту превратиться в ангела или в тангалашку. Как? Смирением или гордостью. Разве много времени понадобилось для того, чтобы Денница превратился из ангела в диавола? Его падение произошло за несколько мгновений. Самый лёгкий способ спастись — это любовь и смирение. Поэтому нам нужно начать с любви и смирения, а уже потом переходить к остальному.

Молитесь Христу о том, чтобы мы постоянно радовали Его и расстраивали тангалашку, коли ему так нравится адская мука и он не хочет покаяться.

ГЛАВА ТРЕТЬЯ
О мирском духе

Диавол правит суетой

— Геронда, почему диавола называют «миродержцем»? Он что, правда, владычествует миром?

— Этого ещё не хватало, чтобы диавол правил миром! Сказав о диаволе *кня́зь ми́ра сего́*[1], Христос имел в виду не то, что он миродержец, но то, что он господствует суетой, ложью. Да разве можно! Разве Бог допустил бы диавола до миродержительства? Однако те, чьи сердца отданы суетному, мирскому, живут под властью *миродержи́теля ве́ка сего́*[2]. То есть диавол правит суетой и теми, кто порабощён суете, миру. Ведь что значит слово «мир»? Украшения, суетные финтифлюшки, не так ли?[3] Итак, под властью диавола находится тот, кто порабощён суетой. Сердце, пленённое суетным миром, удерживает душу в состоянии неразвивающемся, а ум — в помрачении. И тогда человек только кажется человеком, по сути же он является духовным недоноском.

---

[1] Ин. 16:11.
[2] См. Еф. 6:12.
[3] Значения слова ко́смоς («мир») в древнегреческом языке: 1) украшение, наряд; 2) порядок; 3) мир, вселенная; 4) всё мирское и земное. См.: А. Д. Вейсман. Греческо-русский словарь. СПб, 1899. С. 725.

Помысел говорит мне, что величайший враг нашей души, враг больший, чем даже диавол, — это мирской дух. Он сладко увлекает нас и навеки оставляет нас с горечью. Но если бы мы увидели самого диавола, то нас охватил бы ужас, мы были бы вынуждены прибегнуть к Богу и без сомнения шли бы в рай. В нашу эпоху в мир вошло много мирского, много духа мира сего. Это мирское разрушит мир. Приняв в себя мир сей, став изнутри мирскими, люди изгнали из себя Христа.

— Геронда, почему же мы не понимаем, как много зла приносит мирской дух, и увлекаемся им?

— Потому что мирской дух проникает в нашу жизнь мало-помалу. Как ёж к зайцу в домик входил: сначала он попросил у зайца разрешения просунуть в его домик свою голову, чтобы она не мокла под дождём. Потом просунул в домик одну лапку, потом другую, и, наконец, весь протиснулся внутрь, и своими иголками вытеснил косого из его жилища. Так и мирское мудрование обманывает нас маленькими уступками и мало-помалу овладевает нами. Зло идёт вперёд потихоньку. Если бы оно продвигалось резкими скачками, то мы бы не обманывались. Когда озорники ошпаривают лягушку, то льют на неё кипятком по капельке. Если вылить на лягушку весь кипяток сразу, то она подпрыгнет и убежит от опасности. Если же чуть полить на неё кипяток, то сначала она стряхнёт его, а потом успокоится. Если продолжать лить понемногу, то сперва она опять будет его немного стряхивать, но постепенно обварится, даже не заметив как. «Да что же ты, квакушка! Раз на тебя плеснули кипятком, вскакивай и беги!» Нет, не убегает. Надувается, надувается, а потом обваривается. Так же поступает и диавол — он «обдаёт нас кипятком» по капельке, а в конечном итоге, не заметив как, мы оказываемся «сваренными».

Предпочтение должно быть отдано красоте души

Душа, которую трогают красоты вещественного мира, подтверждает, что в ней живёт суетный мир. Поэтому она увлекается не Создателем — а созданием, не Богом — а глиной. То, что эта глина чиста и не имеет греховной грязи, значения не имеет. Пленяясь мирскими красотами, которые, хотя не греховны, не перестают, тем не менее, быть суетными, сердце ощущает временную радость — радость, лишённую Божественного утешения, внутреннего окрыления с духовным ликованием. Когда же человек любит духовную красоту, то наполняется и хорошеет его душа.

Если бы человек, и особенно монах, ведал своё внутреннее неприглядство, то за внешними красотами он бы не гнался. Душа так испачкана, так замызгана, а мы будем заботиться, например, об одежде? Одежду мы стираем, утюжим, и снаружи мы чисты, но какие мы внутри — об этом лучше и не спрашивать. Поэтому, обратив внимание на свою внутреннюю духовную нечистоту, человек не будет терять время на то, чтобы скрупулёзно вычищать свою одежду до последнего пятнышка — ведь эта одежда в тысячу раз чище его души. Но, не обращая внимания на скопившийся в нём духовный мусор, человек тщательно старается вывести со своей одежды даже самое маленькое пятнышко. Всю заботу нужно обратить на чистоту духовную, на внутреннюю, а не на внешнюю красоту. Предпочтение должно быть отдано не суетным красотам, а красоте души, духовной красоте. Ведь и Господь наш сказал, что весь мир не стоит столько, сколько стоит одна душа[4].

---

[4] См. Мф. 16:26.

Мирские пожелания

Тех, кто не обуздывает своего сердца, стремящегося к таким вещественным пожеланиям, без которых можно обойтись (о плотских похотях не идёт даже и речи), тех, кто не соберёт свой ум в сердце, чтобы вместе с душой отдать их Богу, — ждёт сугубое несчастье.

— Геронда, желать чего-то это всегда плохо?

— Нет, само по себе сердечное пожелание не является злым. Но вещи, пусть даже и не греховные, пленяя частичку моего сердца, уменьшают мою любовь ко Христу. И такое негреховное хотение тоже становится злым, потому что через него враг мешает моей любви ко Христу. Если я желаю получить что-то полезное, например книгу, и это полезное пленяет частичку моего сердца, то такое пожелание недобро. Почему книга должна пленять часть моего сердца? Что лучше — хотеть книгу или вожделевать Христа? Любое пожелание человека — каким бы хорошим оно ни казалось, — всё-таки ниже Христа или Пресвятой Богородицы. Разве может Бог не отдать мне всего Себя, если я отдам Ему своё сердце? Бог ищет сердца человека. *Даждь Ми, сы́не, твое́ се́рдце*[5]. И если человек отдаст Ему своё сердце, то после Бог даёт ему то, что любит его сердце, лишь бы это было ему не во вред. Сердце не растрачивает себя зря только тогда, когда оно отдаётся Христу. И только во Христе человек в этой жизни обретает отдачу божественной любви, а в жизни иной, вечной — божественное радование.

Нам следует избегать мирских вещей, чтобы они не пленяли нашего сердца. Будем пользоваться вещами простыми, такими, чтобы они лишь обеспечивали наши потребности. Однако будем заботиться о том, чтобы используемые нами

---

[5] Притч. 23:26.

вещи были надёжными. Желая пользоваться какой-то красивой вещью, я отдаю этой красоте всё своё сердце. Для Бога потом в сердце не остаётся места. Например, проходя мимо какого-то дома, ты видишь роскошные украшения, мрамор, отделку, восхищаешься камнями и кирпичами и оставляешь среди всего этого своё сердце. Или ты видишь в магазине красивую оправу для очков, и тебе хочется её купить. Если ты её не купишь, то оставишь своё сердце в этом магазине. Если же купишь и будешь носить, то твоё сердце будет вставлено в эту оправу и приклеено к ней. Особенно легко попадаются на эту удочку женщины. Женщин, которые не растрачивают своё сердце по суетным пустякам, немного. Я хочу сказать, что диавол расхищает их богатые сердца с помощью всего мирского, цветного, блестящего. Если женщине понадобится тарелка, то она будет стараться найти тарелку с цветочками. Можно подумать, что в тарелке без цветочков прокиснет её стряпня! А некоторые духовные женщины попадаются на серьёзных рисунках — двуглавых византийских орлах и тому подобном. А потом спрашивают: «Почему мы бесчувственны по отношению к духовному?» Но как же ты придёшь в чувство, если твоё сердце распылено по шкафчикам и блюдечкам? У тебя нет сердца, есть лишь кусок мяса — сердечная мышца, которая тикает в твоей груди подобно часам. А такой механической работы сердца хватает лишь на то, чтобы ноги переставлять. Потому что немного сердца уходит к одному, немного к другому, и для Христа ничего не остаётся.

— Геронда, стало быть, греховны даже столь простые пожелания?

— Эти пожелания, насколько бы безгрешными они ни были, ещё хуже, чем желания греховные. Ведь греховная похоть когда-нибудь почувствуется человеком как грех — со временем он начнёт испытывать угрызения совести и приложит старание, чтобы исправиться. Он покается, скажет: «Согреших, Боже мой». Тогда как эти «добрые» пожелания, напротив, его не беспокоят, человек полагает, что у него всё в порядке. «Я, — говорит, — люблю всё хорошее, всё красивое. Ведь и Бог тоже создал всё красивым». Да, это так, но любовь такого человека направлена не к Творцу, а к тварному. Поэтому хорошо, если мы отсекаем всякое пожелание. Когда человек прилагает какое-то усилие ради Христа, жертвует тем, что он любит — каким бы хорошим оно ни было, — и делает то, что не любит, Бог даёт ему большой покой.

До того как сердце очистится, оно имеет мирские хотения, и они его радуют. Однако, очистившись, сердце печалится от мирских хотений, чувствует к ним отвращение. И тогда сердце радуется духовному. Таким образом, гнушаясь мирскими хотениями, сердце становится чистым. Не почувствовав отвращения к этим хотениям, сердце увлекается ими. Но видишь, как получается: мы не хотим даже чуточку стеснить нашего ветхого человека, а хотим исполнять его прихоти. Как же после этого мы станем подражателями Христу?

— Геронда, если мне трудно отсечь какое-то пожелание, то надо ли упорствовать в борьбе?

— Да. Пусть даже твоё сердце испытывает огорчение из-за того, что ты не идёшь у него на поводу и не делаешь то, что оно любит, — его не надо слушаться, потому что, послушавшись его, ты испытаешь сначала мирскую радость, а после — мирскую тревогу. Если же ты не слушаешься своего сердца и оно огорчается тем, что ты не пошёл у него на поводу, а ты этому радуешься, то приходит Божественная благодать. А стяжание Божественной благодати и есть наша задача. То есть для стяжания Божественной благодати должны быть отсечены пожелания — даже хорошие, должно быть отсечено своеволие. Тогда человек смиряется.

А когда он смирится — приходит Божественная благодать. Охладев к мирскому, сердце возрадуется духовно. Надо, насколько это возможно, выучиться избегать мирского утешения, заниматься внутренним духовным деланием для стяжания утешения Божественного.

Мирские радости — это радости вещественные

— Геронда, часто люди мирские говорят, что, имея все блага, они ощущают какую-то пустоту.

— Настоящую, чистую радость можно обрести близ Христа. Соединившись с Ним в молитве, ты увидишь свою душу наполненной. Люди мира сего ищут радость в наслаждениях. Некоторые духовные люди ищут радость в богословских диспутах, беседах и тому подобном. Но, когда их богословские разговоры заканчиваются, они остаются с пустотой и спрашивают себя, что им делать дальше. Каким бы ни было то, чем они занимаются, — греховным или нейтральным — результат одинаков. Пошли бы уж лучше тогда поспали, чтобы утром пойти на работу со свежей головой.

Духовная радость не приходит к тому, кто исполняет мирские похотения своего сердца. Такого человека посещает беспокойство. Духовные люди чувствуют тревогу от мирской радости. Мирская радость не постоянна, не истинна. Это временная, сиюминутная радость — радость вещественная, недуховная. Мирские радости не «заряжают» человеческую душу, а лишь засоряют её. Ощутив духовную радость, мы не захотим радости вещественной. *Насыщуся, внегда́ яви́ти ми ся сла́ве Твое́й*[6]. Мирская радость не восстанавливает, но отнимает силы духовного человека.

---

[6] Пс. 16:15.

Посади человека духовного в мирские апартаменты — он там не отдохнёт. Да и человек мирской: ему будет лишь казаться, что он отдыхает, а на самом деле он будет мучиться. Внешне будет радоваться, но внутреннего удовлетворения это ему не принесёт, и он будет страдать.

— Геронда, среди мирских порядков дышать тесно!

— Людям тесно дышать, но ведь они и сами этой тесноты хотят! Как лягушка — ведь она сама прыгает в пасть змеи. Змея подстерегает возле водоёма и не отрываясь смотрит на лягушку. Засмотревшись на змею и потеряв над собой контроль, лягушка, как зачарованная, бежит с кваканьем в её пасть. Змея отравляет её ядом, чтобы она не сопротивлялась. Тут лягушка пищит, но даже если прийти к ней на помощь и прогнать змею, лягушка всё равно подохнет, будучи уже отравленной.

— Геронда, почему люди радуются мирским вещам?

— Нынешние люди не думают о вечности. Себялюбие помогает им забыть о том, что они потеряют всё. Они не осознали ещё глубочайшего смысла жизни, не ощутили иных, небесных радостей. Сердце этих людей не устремляется радостно к чему-то высшему. Например, ты даёшь человеку тыкву. «Какая восхитительная тыква!» — говорит он. Ты даёшь ему ананас. «Ну и чешуя же у этих ананасов!» — говорит он и выбрасывает ананас, потому что он никогда его не пробовал. Или скажи кроту: «Как прекрасно солнце!» — он опять зароется в землю. Те, кого удовлетворяет вещественный мир, подобны глупым птенцам, которые сидят в яйце без шума, не пытаются пробить скорлупу, вылезти и порадоваться солнышку — небесному полёту в райскую жизнь, но, сидя неподвижно, умирают внутри яичной скорлупы.

Мирской дух в духовной жизни

— Геронда, иногда Вы говорите, что такой-то человек глядит через европейскую лупу, а не с помощью восточного духа. Что Вы хотите этим сказать?

— Я хочу сказать, что он глядит европейским глазом, европейской логикой, без веры, по-человечески.

— А что такое восточный дух?

— «…Восто́к восто́ков, и су́щии во тьме и се́ни…»[7]

— То есть?

— Говоря, что кто-то уловил восточный дух и оставил дух европейский, я хочу сказать, что, оставив логику, рационализм, человек уловил простоту и благоговение. Ведь простота и благоговение — это и есть православный дух, в котором почивает Христос. Сегодня духовным людям часто не хватает простоты — той святой простоты, которая восстанавливает силы души. Не отказавшись от мирского духа, не начав вести себя просто, то есть не думая, как на тебя посмотрят или что о тебе скажут другие, человек не вступает в родство с Богом, со святыми. Для того чтобы вступить в такое родство, необходимо начать жить в духовном пространстве. Чем с большею простотой ведёт себя человек — особенно в монашеском общежитии — тем глаже, «обкатанней» он становится, потому что стираются выпуклости страстей. Если же это не так, то он старается слепить из себя человека ложного. Поэтому, чтобы уподобиться ангелам, постараемся сбросить с себя костюмы мирского карнавала.

Знаете, чем отличаются люди мирские от людей духовных? Люди мирские заботятся о том, чтобы был чистым

---

[7] «Посети́л ны есть свы́ше, Спас наш Восто́к Восто́ков, и су́щии во тьме и се́ни обрето́хом Истину, и́бо от Де́вы роди́ся Госпо́дь» — светилен по 9-й песни на утрени Рождества Христова.

их двор. Их не интересует, замусорен ли их дом внутри. Они чистят двор и заметают сор внутрь дома. «Людям, — говорят, — виден двор, дом изнутри они не видят». То есть пусть я буду замусорен внутри, но не извне. Им хочется, чтобы другие ими любовались. Люди же духовные заботятся о том, чтобы дом был чист внутри. Их не волнует, что скажут о них люди, потому что Христос обитает в доме — в сердце, а не во дворе.

Однако бывает, что и духовные люди ведут себя напоказ, по-мирски и, скажем более определённо, по-фарисейски. Такие люди думают не о том, как попасть в рай, к Богу, но о том, как в этой жизни показаться хорошими. Они лишают себя всех духовных радостей, тогда как они могли бы переживать райское состояние уже здесь. И таким образом они остаются людьми перстными. Они стараются вести духовную жизнь по мирским обычаям. Однако внутри они пусты — Бога в них нет.

К несчастью, мирской дух оказал сильное влияние даже на духовных людей. А если люди духовные действуют и думают по-мирски, то что остаётся делать и думать людям мирским? Когда я попросил некоторых людей помочь юношам-наркоманам, то они мне ответили: «Если мы устроим приют для наркоманов, то на это дело никто не захочет жертвовать. Поэтому лучше мы устроим дом престарелых». Я не говорю, что дом престарелых не нужен — нужен и ещё как. Но если мы исходим из таких предпосылок, то наша благотворительность закончится крахом. Люди не понимают того, что мирская удачливость — это духовная неудача.

Мирской дух в монашестве

— Геронда, многие говорят нам: «Вы здесь как в раю живёте».

— Молитесь, чтобы не остаться без другого рая. Я был бы доволен, если бы на людей мирских производило впечатление ваше духовное развитие, но сами вы — как раз по причине этого самого развития — не видели бы того впечатления, которое производите на других, не стремились бы произвести какого-либо впечатления, чтобы оно было внутреннее и естественное, происходило само по себе. Постарайтесь не потерять себя в бесполезном — иначе вы потеряете Христа. Старайтесь, чтобы ваша совесть становилась как можно более монашеской. Живите духовно, как монахини. Не забывайте о Христе, чтобы и Он помнил о вас. Моя цель не в том, чтобы вас огорчать, но в том, чтобы помогать вам, укреплять вас. Мирской дух, проникая в монашество, огорчает Самого Христа. Постарайтесь различать этот чуждый дух и гоните его прочь.

К несчастью, мирской дух проник из мира и во многие монастыри. Причина этого в том, что в нашу эпоху некоторые духовные наставники направляют течение монашества по мирскому руслу, и к благодатному святоотеческому духу души иноков не текут. Я вижу, что сегодня в монастырях господствует дух, противоположный святоотеческому. Доброго, святоотеческого монахи не принимают. То есть они не живут духовно. Действуя во имя послушания и отсечения своей воли, они уравнивают духовные высоты с землёй и занимаются мирским своеволием. Живя так, они не преуспевают, потому что вместе с ними в монастыре «подвизается» искуситель, мирской дух. Мы не имеем права истолковывать заповеди Божии, как нам выгодно. Мы не имеем права изображать монашество таким, каким нам хочется. Признавать свои немощи и смиренно просить милости Божией — дело совсем другое. Величайшее зло, по-моему, в том, что некоторые считают этот мирской дух прогрессом. Следовало бы осознать этот дух падением и извлевать его из себя, чтобы духовно очиститься.

И тогда сразу же придёт Дух Святый, который освящает, извещает и утверждает души.

А есть и такие монахи, которые говорят: «Мы должны проявить нашу культуру». Какую культуру? Мирскую? Было бы естественно, если бы мы, как монахи, проявляли нашу духовную культуру, духовное развитие. Какое духовное развитие? А вот какое: не стараться опередить людей мирских в развитии мирском, ведь это мирское развитие мучает даже их, не говоря уже о монахах. Наша духовная скорость должна была быть такой высокой, чтобы и люди мира сего увлекались вслед за нами. Если мы, монахи, делаем то же самое, что какой-нибудь высокодуховный мирянин, то людям мирским это опять-таки не на пользу, потому что пример высокодуховного мирянина у них есть и без нас. Наша жизнь должна быть более высокой, чем жизнь духовных мирян. Монах не должен ставить перед собой цели показать другим какое-то мирское развитие. Это наносит монашеству оскорбление. Монах, мыслящий по-мирски, показывает, что он сбился с пути — он вышел в путь ради Христа, но его душа стремится в мир. Путём мирского развития, которое считается прогрессом, монашество приходит к духовному разложению.

Из монашества исчезает очень многое, подобно тому как из мира исчезают честь, уважение, и их называют отжившими свой век. Поэтому мне больно до того, что хоть криком кричи. Мне хочется уйти куда-нибудь подальше, чтобы не видеть всего этого. Тот, кто не пережил ничего высшего, не очень-то переживает за свою духовную жизнь, в которой он устраивает всё по своему типикону. Однако знаете, какая мука жить по такому типикону человеку, который вкусил чего-то высшего? Если бы Христос удостоил меня жить так, как я хочу, по-монашески, и умереть молодцом, то я считал бы это смертью в бою, на передовой. Сейчас такое время, что умереть, пойти на исповедничество, совершить жертву стоит и только ради того, чтобы не были хулимы святые отцы.

Мы всё читаем и читаем о преподобных отцах, но даже немножко не задумываемся о том, где и как они жили. Господь сказал: *Ли́си я́звины и́мут, Сын же Челове́ческий не и́мать где главу́ подклони́ти*[8]. Это потрясает. Преподобные отцы старались жить в пещерах и быть похожими на Христа. Они ощущали радость Христову, потому что подражали Ему во всём. Их интересовало только это. Святые отцы превратили пустыню в духовный град, а мы сегодня превращаем её в мирской город. Церковь Христова убегает в пустыню, чтобы спастись[9], а мы превращаем пустыню в мирской город. А люди соблазнятся этим, останутся без помощи, и после им будет не за что ухватиться. Вот эту-то великую опасность я вижу в переживаемые нами трудные годы. При том, что сегодня нам следовало бы жить более по-монашески, чтобы иметь Божественные силы, мы, к несчастью, попадаем под влияние мирского духа, он изменяет нас в худшую сторону, и мы становимся бессильными. То есть мы сами изгоняем из себя наш дух и становимся мёртвым телом.

Монахи, которые живут в монашестве внешне, сегодня есть. Они не курят, не совершают плотских грехов, читают «Добротолюбие», сыплют цитатами из святых отцов. В миру те из детей, кто не врал, осенял себя крестным знамением, ходил в Церковь, а когда становился постарше, был несколько внимателен в нравственном отношении, считали, что этого достаточно. Точно такой же жизнью живут в некоторых монастырях, и это привлекает туда мирян. Но, познакомившись с такими монахами поближе, миряне видят, что они ничем не отличаются от людей мира

---

[8] Мф. 8:20 и Лк. 9:58.
[9] Ср. Откр. 12:6.

сего, потому что весь мирской дух они сохраняют. А если бы они курили, читали газеты, разговаривали о политике, то миряне, по крайней мере, избегали бы их как людей мира сего, и монашество не повреждалось бы.

Чем духовно ослабленный монах может тронуть сердце мирского человека? Если оставить спирт в открытой бутылке, то он выдохнется, потеряет всю свою крепость, не сможет ни убивать микробов, ни гореть. А если заправить таким выдохшимся спиртом спиртовку, то он вдобавок испортит и фитиль. Так и монах: будучи невнимательным, он отгоняет от себя Божественную благодать и после этого имеет лишь схиму — вид монаха. Он подобен выдохшемуся спирту и не может «прижечь» диавола. Ведь «свет монахов суть ангелы, а свет человеков — монахи!»[10] Но «выдохшиеся» монахи перестают быть светом. Знаете, насколько разрушительно мирское мудрование! Если из монашества уходит его духовная сила, то в нём уже ничего не остаётся. Ведь *áще соль обуя́ет*[11], то она не годится даже на удобрение. Помои, мусор становятся перегноем, но не соль. Если «удобрить» солью растение, то она его сожжёт. В ту эпоху, которую мы сейчас переживаем, монашеству следует ярко сиять. Всей этой гнили и разложению требуется соль. Если в монастырях не будет мирского мудрования, если их состояние будет духовным, то это станет их величайшим приношением обществу. Им не нужно будет ни говорить, ни делать что-то ещё, потому что они будут говорить своей жизнью. Сегодня мир нуждается именно в этом.

---

[10] «Свет монахов суть ангелы, а свет для всех человеков монашеское житие; и поэтому да подвизаются иноки быть благим примером во всём, *никому же ни в чем же претыкание дающе* ни делом, ни словами (2 Кор. 6:3). Если же свет сей бывает тма, то оная тма, то есть сущие в мире, кольми паче помрачаются». (*Иоанн Лествичник, прп.* Лествица. Слово 26, п. 31.)

[11] Мф. 5:13.

А посмотрите на католиков — до чего дошли они! Помню, как много лет назад, когда я был в монастыре Стомион в Конице, кто-то принёс мне обрывок газеты, где было написано: «Триста католических монахинь выразили протест — сначала в связи с тем, что их не допустили на просмотр художественного фильма в кинотеатре, а потом другой протест — почему их платья не до колен, а до щиколоток». Прочитав это, я был настолько возмущён, что даже сказал: «Да в конце концов, зачем же вы становились монахинями?» А в конце заметки было написано, что они сбросили рясы, вернулись в мир. Но с таким образом мыслей они вернулись в него ещё раньше. А в другой раз мне довелось увидеть католическую монахиню, которая занималась якобы миссионерской работой и была — как бы это выразиться — ну всё равно что некоторые зело мирские девицы. Совершенно никакого отличия! Так не попустим же и мы этому европейскому духу вселиться в нас, чтобы и нам не дойти до такого.

— Геронда, отбросить мирское мудрование представляется мне тяжёлым делом.

— Это нетрудно, но только необходимо бодрствование. Постоянно размышляй о том, что говорил Арсений Великий: «Ради чего ты ушёл из мира?..»[12] Мы забываем, ради чего пришли в монастырь. Худо-бедно, но начинают хорошо все, вот только не все хорошо заканчивают, потому что забывают, ради чего они уходят в монастырь.

— Геронда, Вы сказали, что дух мира сего проникает в монашество и стираются его духовные критерии. Устоит ли истинный дух монашества?

— Это ненастье нашло, но Бог не оставит.

— Геронда, а мне пришёл такой помысел: «Есть ли ещё монашеские братства духовного направления?»

---

[12] См.: Достопамятные сказания. Об авве Арсении, п. 40.

— Не хватало ещё, чтобы таких братств не было! Тогда Матерь Божия под конвоем отправила бы всю нашу «братву» в места не столь отдалённые!.. Есть монахи, живущие очень духовно, без шума. Такие души есть в каждом монастыре, в каждой епархии. Как раз эти редкие души подвигают Бога на милость, и поэтому Он терпит нас.

Мирской дух — это болезнь

Самое важное сегодня — не приспосабливаться к этому мирскому духу. Такое неприспособленчество — свидетельство о Христе. Постараемся, насколько возможно, не дать этому потоку увлечь, унести нас по мирскому руслу. Умная рыба на крючок не попадается. Видит наживку, понимает, что это такое, уходит из этого места и остаётся непойманной. А другая рыба видит наживку, спешит её проглотить и тут же попадается на крючок. Так и мир — у него есть наживка, и он ловит на неё людей. Люди увлекаются мирским духом и потом попадаются в его сети.

Мирское мудрование — это болезнь. Как человек старается не заразиться какой-либо болезнью, так ему надо стараться не заразиться и мирским мудрованием — в любой его форме. Для того чтобы духовно развиваться и здравствовать, чтобы радоваться ангельски, человек не должен иметь ничего общего с мирским духом.

ГЛАВА ЧЕТВЁРТАЯ
О великом грехе несправедливости

Несправедливость собирает гнев Божий

Если у человека есть благословение Божие, то это великое дело. Это настоящее богатство! То, что благословенно, — стоит и не разрушается. То, что не имеет благословения, не держится. Несправедливость — великий грех. Смягчающие вину обстоятельства есть у всех грехов, но не у несправедливости — она собирает гнев Божий. Как это страшно! Те, кто несправедливо поступает с другими, собирают огонь на собственную главу. Люди совершают какую-то несправедливость, и вот умирают их близкие, но они не могут уразуметь причину этого. Но как могут преуспеть люди, совершающие столько несправедливостей? Совершая их, они дают диаволу права над собой, и потом у них начинаются несчастья, болезни, прочие злоключения… И, не понимая духовных причин этих бед, они просят тебя помолиться о том, чтобы выздороветь.

Большинство злоключений происходит от несправедливостей. Например, если несправедливостью люди наживают себе богатство, то несколько лет они как сыр в масле катаются, но потом тратят всё несправедливо собранное на врачей. Ведь в псалме как написано: *Лу́чше ма́лое пра́веднику, па́че бога́тства гре́шных мно́га*[1]. «Злая разжива — только ветру нажива», — говорит пословица. Всё, что накапливается неправдой, уходит, разлетается по ветру. Болезни, банкротства, прочие несчастья, происходящие как испытания от Бога, случаются редко и с весьма немногими. Такие люди будут иметь от Бога чистую мзду, и обычно они становятся впоследствии более богатыми, подобно Иову[2]. А кроме того, тела многих умерших остаются в земле неразложившимися как раз по этой причине: при жизни эти люди совершили какую-то несправедливость[3].

Неправедный человек испытывает страдания

Человек неправедный — да и вообще любой, кто в чём-то провинился перед другим и не попросил прощения, — терзается от угрызений собственной совести, а кроме того — от негодования того человека, которого он обидел. Ведь если тот, с кем поступили несправедливо, не простит своего обидчика и будет сетовать на него, то последний начнёт испытывать сильные терзания, страдать. Он не сможет уснуть, он будет чувствовать себя, словно его швыряют штормовые волны. Уму непостижимо — как он ощущает негодование обиженного им! Когда один человек любит другого и думает о нём, то последний ощущает эту любовь. В случае с обидчиком происходит нечто подобное. О, тогда возмущение обиженного выворачивает ему душу! Даже если он находится где-то далеко — хоть в Австралии,

---

[1] Пс. 36:16.
[2] См. Книгу Иова.
[3] На Святой Афонской Горе и вообще в Греции останки усопших через 3–4 года после кончины извлекают из могил, омывают и складывают в особых усыпальницах. Если тело усопшего не разложилось, то его вновь закапывают в могилу и усугубляют молитву о упокоении почившего. — *Прим. пер.*

хоть в Йоханнесбурге, — если чья-то душа возмущена по его вине, то он не находит себе покоя.

— А если он бесчувственный?

— Думаешь, бесчувственные люди не испытывают страданий? Испытывают, только они отвлекают себя развлечениями, чтобы забыться. Может быть и такое: неправедно обиженный простил виновного, но в его сердце ещё осталось немного возмущения. Тогда и сам он в некоторой степени страдает, но виновный в его возмущении страдает очень сильно. Однако если тот, кто виновен, попросит прощения и неправедно обиженный его не простит, то страдать начинает он сам. Нет пламени, которое жжёт сильнее, чем внутреннее жжение души, происходящее от угрызений совести. Совесть такого человека ещё в этой жизни мучается, её непрестанно гложет внутренний червь. Но нет сомнения, что в иной, вечной жизни *червь неусыпа́ющий*[4] будет глодать его совесть ещё сильнее, если в этой жизни человек не покается и не возвратит своим ближним то, что он неправдой отнял у них, — хотя бы своим благим произволением, если сделать это иным способом уже невозможно.

Помню одного адвоката, который сделал людям много несправедливостей. Как же он мучился в конце жизни! В области, где находилась его адвокатская контора, было много животноводов, и поэтому были нередки случаи потрав скотом посевов и лугов. Виновные в потравах пастухи обращались за помощью к этому адвокату, и тот, с помощью лукавства, поворачивал дело так, что убеждал в их невиновности и агронома, и мирового судью, а несчастные земледельцы не только не находили справедливости, но ещё и обретали неприятности на свою голову. Этого адвоката все знали как облупленного, и никто из честных людей к нему даже близко не подходил. И вот послушайте,

---

[4] См. Мк. 9:44.

что посоветовал одному духовно чуткому пастуху, живущему в тех краях, его духовник.

У этого пастуха было небольшое стадо овец и собака. Однажды собака ощенилась, и пастух раздал всех щенят. В те же самые дни потерялась одна овечка, оставив ягнёночка-сосунка. Ягнёнок, не находя матери, бегал за собакой и приучился к её молоку. Собака чувствовала облегчение. Оба животных так привыкли к этому, что искали друг друга. Как ни старался их разлучить бедный пастух, они всё равно сходились вместе. Пастух, будучи духовно чутким человеком, не знал, можно ли есть мясо этого ягнёнка, и решил спросить об этом у духовника. Духовник, зная, что пастух беден, подумал и сказал: «Нет, сынок, мясо этого ягнёнка есть нельзя, потому что он вскормлен собачьим молоком. Сделай-ка вот что: отнеси этого ягнёнка в подарок нашему адвокату, потому что и другие пастухи носят ему ягнят и сыр. Пусть он и ест это мясо, ведь только у него есть на это благословение: все люди знают, какой он несправедливый».

Состарившись и будучи прикованным к постели, неправедный адвокат мучился от кошмаров и не мог спать. Это продолжалось годы. Вдобавок его разбил паралич, и он не мог говорить. Духовник старался убедить его хотя бы написать свои грехи на бумаге, но несчастный вконец потерял контроль над собой. Священник был вынужден прочитать над ним молитву «седми отроков над немощным и неспящим»[5], чтобы тот хоть немножко уснул, а также заклинательные молитвы, чтобы хоть как-то облегчить его состояние. Так адвокат и скончался, и теперь остаётся лишь молиться Богу, чтобы Он дал его душе действительный покой.

---

[5] См.: Большой Требник. Молитва на немощного и неспящего. М.: Синодальная типография, 1884. Л. 165 об.

— Геронда, многие люди уверены, что на них навели колдовскую порчу. Может ли порча навредить человеку?

— Если у человека есть покаяние и он исповедуется, то не может. Для того чтобы порча навредила человеку, он сам должен чем-то дать диаволу право над собой. Например, человек несправедливо поступает по отношению к кому-то, обманом совращает девушку, совершает ещё что-нибудь подобное этому. В этом случае ему надо покаяться в содеянном, испросить прощения у того, кого он обидел, поисповедоваться, исправить и загладить то, что он сделал. В противном же случае — хоть все священники соберутся его отчитывать — колдовская порча не рассеивается. Да хотя бы ему и не сделали никакой порчи — для того чтобы он мучился, будет достаточно лишь одного озлобления обиженной им души. Несправедливость бывает двух видов: материального и нравственного. Материальная несправедливость — это когда человек несправедлив с кем-то в материальном, вещественном отношении. Нравственная несправедливость, это когда кто-то, к примеру, закружит голову девушке и совратит её. А если обманутая девушка вдобавок сирота, то обманувший её обременяет свою душу в пять раз больше. Знаешь, как быстро пуля находит таких безнравственных людей на войне? На войне Божественную справедливость и попечение Божие о людях видно особенно отчётливо. Война не терпит бесчестия — человека безнравственного быстро находит пуля. Однажды наши две роты должны были сменить на передовой батальон, который уходил на отдых. Во время смены коммунисты пошли на нас в атаку, и закипел бой. А один солдат из уходящего батальона совершил за день до этого мерзкое бесчестие — насилие над несчастной беременной женщиной. Ну и что же: в том бою был убит только он один! Разве это не страшно? Все потом говорили: «Так этой скотине и надо — поделом шлёпнули».

А ещё это случается с теми, кто лукавит, стремится убежать да улизнуть — в конечном итоге оказываются убиты именно они. Те, в ком есть сильная вера, естественно, и живут честно, по-христиански. И вот что замечено: такие люди берегут честь своего тела, и это защищает их от вражеских пуль и осколков даже лучше, чем если бы они носили на себе частицу Честного Креста Господня.

Неправда причиняет страдания и потомкам

— Геронда, когда я ушла в монахини, мои родные обошлись со мной несправедливо. Могу ли я сейчас взыскать с них то, что мне полагается по закону?

— Нет, это неправильно.

— Да, но я боюсь, как бы за ту несправедливость, которую они сделали, их не постигло какое-нибудь несчастье.

— Ты только посмотри, сколько у тебя чистого любочестия! Если бы я был на твоём месте, то сказал бы им так: «Для себя мне ничего не нужно. Однако я хотела бы, чтобы вы своими руками раздали бедным ту часть наследства, которая принадлежит мне. И прежде всего помогите нашим бедным родственникам. Я говорю это для того, чтобы ваших детей не постиг гнев Божий». Ведь иногда бывает и такое: отец даёт чужим людям милостыню на помин своей души — например, даёт деньги на какое-то богоугодное заведение, — но собственным детям при этом не оставляет ничего.

Может случиться, что в какой-то семье дед или бабушка совершали какие-то несправедливые поступки, но на них самих это никак не отразилось. Однако наказание постигает их детей или внуков, которые заболевают и бывают вынуждены растратить на врачей то, что было собрано неправдой, чтобы таким образом оплатить долги предков. Помню одну семью, на которую обрушилось много напастей. Сначала тяжкая болезнь поразила главу семьи: несколько лет он промучился, будучи прикованным к постели, и после этого умер. Затем умерла его жена и дети — один за другим. Недавно умер и последний — пятый ребёнок. Эта семья была прежде очень богатой, но дошла до нищеты, поскольку, чтобы заплатить врачам и покрыть разные другие расходы, они распродавали всё, что имели, за бесценок. «Почему же на них сыпется столько болезней и бед?» — удивлялся я. С некоторыми членами этой семьи я был знаком. По ним было видно, что их беды не имеют ничего общего с теми благословенными испытаниями, которые посылает Своим избранникам Бог. «Скорее всего, — подумал я, — в их случае вступили в действие духовные Божии законы». Чтобы развеять сомнения, я постарался расспросить об их семье некоторых достойных доверия стариков — их земляков, которые рассказали мне следующее. Глава этой семьи получил от своего отца какое-то наследство и впоследствии увеличил его, совершив разные несправедливые деяния. Например, какая-то вдова просила у него взаймы денег, чтобы выдать замуж свою дочь. Свой долг она вернула бы после уборки и обмолота хлеба. Он же давал ей деньги при условии, что она перепишет на его имя свой участок под строительство дома. Будучи в нужде, несчастная давала ему всё, что он просил. Другой человек просил взаймы для того, чтобы уплатить долг банку. Взятые деньги он вернул бы после уборки хлопка, но несправедливый глава семьи не соглашался и требовал взамен целое поле. Несчастный, боясь преследований со стороны банка, отдавал ему своё поле. Третий просил одолжить немного денег, чтобы заплатить врачам, и злой заимодавец требовал у него корову. Бедняк отдавал ему то, что он просил. Таким способом этот человек сколотил себе немалое состояние. Однако весь ропот страдальцев ударил не только по нему самому и его жене, но даже по их детям. Таким образом вступили в действие духовные законы и самим членам семьи несправедливого богача пришлось оказаться в шкуре тех, кто был обижен ими. Так, для оплаты врачей и прочих расходов, связанных с болезнями, несчастными случаями и другими бедами, они за бесценок распродали всё, что имели. Из больших богачей они превратились в нищих, и ушли из жизни все — один за другим. Конечно, Бог будет судить их в соответствии со Своей великой любовью и справедливостью. А те, кто, находясь в нужде, были вынуждены продать последнее, чтобы заплатить врачам или кому-то ещё, и из-за этого обнищали, получат мзду в соответствии с той неправдой, которую они претерпели. Люди же несправедливые, претерпевая такие несчастья, оплачивают ими свои долги перед Богом.

Тот, кто поступает с нами несправедливо, благодетельствует нам

— Геронда, как мы должны относиться к человеку, который поступает с нами несправедливо?

— Как мы должны к нему относиться? Как к нашему великому благодетелю, который делает на наше имя вклады в Божию сберегательную кассу. Такой человек навеки делает нас богатыми. Разве этого мало? Разве мы не любим того, кто нам благодетельствует, разве мы не выражаем ему свою признательность? Точно так же мы должны любить и быть благодарны тому, кто поступает с нами несправедливо, потому что он благодетельствует нам для вечности. Как люди неправедные навеки лишены оправдания, так и те, кто с радостью приемлет неправду, получают оправдание вечное.

Один благоговейный человек, глава семьи, претерпевал у себя на работе много несправедливостей. Но у него было много доброты, и все неправды он терпел без ропота. Однажды он приехал на Афон, пришёл ко мне в каливу и, рассказав о своих искушениях, спросил: «Что ты посоветуешь мне сделать?» — «Продолжай, как начал, — ответил я. — Уповай на Божественную правду и Божественное воздаяние и терпи. У Бога ничего не пропадает. Делая так, ты вкладываешь свои богатства в сберегательную кассу Бога. Нет сомнений, что в жизни иной ты получишь воздаяние за те испытания, которые на тебя навалились. Но, кроме этого, знай и то, что Благий Бог даёт воздаяние несправедливо обиженному человеку ещё в этой жизни, если и не всегда ему самому, то обязательно — его детям. Бог промышляет о Своём создании, знает, чем ему воздать».

Если человек терпит, то всё встаёт на свои места. Бог всё устраивает. Но требуется терпение, терпение, в котором нет рассудочности. Раз Бог всё видит и следит за всем, то человек должен без остатка вверять себя Ему. Посмотри на Иосифа[6] — ведь он молчал, когда братья продавали его в рабство. Он мог сказать: «Я их брат», но не сказал ни слова — зато потом Бог сказал Своё слово и сделал его царём. Если же у человека нет терпения, то его жизнь превращается в муку — ему хочется, чтобы всё совершалось так, как удобно ему, так, чтобы ему было хорошо. Но, естественно, и что покоя он не находит, и происходит всё не так, как он хочет.

Если человек в этой жизни претерпел несправедливость от людей или от бесов, то Бог из-за этого не переживает, потому что душа такого человека получает прибыль. Однако мы часто говорим, что кто-то поступает с нами несправедливо, тогда как, в сущности, мы сами несправедливы к другим. В этом случае нужно быть внимательными и осознать, что виноваты мы сами.

---

[6] См. Быт. 37:20 и далее.

«Ему́же дань — дань»[7]

— Геронда, когда мы покупаем что-то для монастыря, некоторые торговцы отказываются выписывать нам счёт[8]. Что делать в таких случаях?

— Счёт они должны выписывать вам всегда, однако вы и сами должны ограничить свои запросы. Ограничьте свои потребности необходимым, не заводите лишних строек и ремонтов. Я бы на вашем месте поступал именно так. А что нужно — Бог пошлёт. Прося, чтобы нам не выписывали счёта, мы — монахи — подталкиваем на грех и других, которые говорят: «Ну, раз уж так ведут себя даже монастыри…» Знаете, как соблазняем других мы — люди, стремящиеся исполнить заповеди Божии, если ведём себя подобным образом? *Ему́же дань — дань*, — говорит Священное Писание. Посылая письма не по почте, а с кем-то, я всё равно наклеиваю на конверт марки. Люди мирские находят себе оправдание в подобных вещах, но если таким же образом ведут себя монастыри, то это показывает их неискренность и то, что Евангелие отошло у них на задний план. Не отдавая материального, вещественного (как заповедует Евангелие: *если кто-то хочет взять у тебя рубашку, то отдай ему и верхнюю одежду*[9]), мы совершаем тем самым дурную проповедь, и после этого люди мирские оправдывают свои падения, стараются найти себе оправдание, чтобы как-то успокоить свою совесть. Нам надо быть внимательными, потому что в день Страшного Суда нам будет нечем оправдаться. Наша задача — получить, главным образом, духовную, а не только материальную

---

[7] Рим. 13:7.

[8] Не выписывая счёта, торговцы скрывают совершённую торговую сделку от налоговых органов, и покупатель не платит положенного налога, который в Греции очень высок (до 25% стоимости товара). — *Прим. пер.*

[9] Ср. Мф. 5:40.

прибыль. И если по какой-то причине вам не выписывают счёта, то вы должны считать, что потерпели духовный ущерб.

— А иногда, геронда, бывает такое: человек жертвует в монастырь небольшую сумму денег и просит дать ему расписку в том, что он пожертвовал больше. Что делать в таких случаях?

— Скажите ему: «Расписок на бо́льшие суммы мы не даём. Если Вас это не устраивает, то давайте мы возвратим Вам деньги, может быть, Ваше желание исполнят где-то в другом месте». Смотрите, не заразитесь болезнью такого рода.

— Один мастер, геронда, попросил, чтобы мы уволили его из монастыря, чтобы он мог вступить в кассу безработных, а потом вновь поступить на работу к нам.

— Нет, брат ты мой, это не дело! Если у человека есть хоть капля совести, то он на такое не пойдёт. Не подобает заниматься такими вещами в монастыре. Лучше заплатить ему вдвойне — пусть даже в монастыре и нет лишних денег, лишь бы он не шёл на такое мошенничество. Ведь это тяжёлый грех! Благословение приносит благословение, а неправда приносит разрушение. В этом отношении будьте очень внимательны. И не торгуйтесь с теми, кто трудится в обители, ведь потом из-за этого в монастырях бывают пожары и разрушения.

Государственный служащий клянётся честно выполнять свои обязанности[10]. Мы, монахи, даём не такую клятву, но вдвое бо́льшую: мы даём духовный обет, и если мы его нарушаем, то наш грех — вдвое больше. Старайтесь удержать равновесие, сохранить в монашестве что-то иного, не мирского, порядка. Я вижу, как зреет нарыв. Он прорвётся,

---

[10] Государственные служащие в Греции дают присягу честно выполнять свои обязанности. — *Прим. пер.*

очистится. Тем, кто находится в духовно неправильном состоянии, Бог Своей благодати не даёт — иначе Он помогал бы диаволу. Старайтесь иметь искренность, честность. То, что происходит сейчас, похоже на состояние пьяного, который еле держится на ногах. Разве такое может долго продолжаться? Разразится гнев Божий. Нам предстоит сдача экзаменов. В первом туре медь отделится от золота, во втором станет видно, сколько каратов золота в каждом из нас.

Мир изолгался. Люди становятся лжецами, они устроили себе ещё одну совесть. Но я не могу становиться лжецом, не могу изменять своё «я» из-за того, что этого требует общество. Уж лучше я буду страдать. Требуется внимание, чтобы не попасть в эту мирскую колею. Но и существующая сейчас экономическая система вовсе не содействует людям в том, чтобы быть честными. Они вынуждены занижать свои доходы в отчётах перед налоговыми органами, идти на другие подобные махинации. Одних моих знакомых налоговых инспекторов — людей верующих — я даже отругал. «Что же вы творите? — сказал я им. — Постарайтесь сохранить хоть чуточку закваски! Знаете, сколько людей жалуются на вас? Человек приходит в налоговую инспекцию и говорит: „У меня доход в один миллион", а налоговый инспектор пишет, что у него доход в три миллиона. Некоторые декларируют только третью часть своих доходов, и вот налоговые инспектора считают обманщиками и остальных и всех равняют под одну гребёнку. Но если к вам придёт человек, у которого есть совесть, то, облагая его втрое большим налогом, вы вынуждаете его становиться вором. То есть вместо того, чтобы хоть немножко повлиять на общее положение дел в лучшую сторону, вы делаете прямо противоположное». В ответ на это они сказали мне, что не различают, когда им говорят правду, а когда — ложь. «Вы станете это различать, — сказал я, — если будете жить духовной жизнью».

Тогда вы сможете и отличать правду от лжи. Бог будет извещать вас, и это станет для вас понятно».

Как изолгался мир

Злоба людей перешла все границы. Люди стремятся обмануть друг друга и обман считают достижением. Правда, как же изолгался мир! Делают всё недобросовестно, халтурно, но денег при этом дерут больше, чем в прежние времена. И вообще, что ни возьми, всё изолгалось и исхалтурилось. Однажды кто-то принёс мне рассаду помидоров. Каждое растение было посажено в крошечный целлофановый пакетик, заполненный комочками земли вперемешку с чернозёмом и крупным песком, чтобы из пакетика не уходила влага. То есть поливать рассаду водичкой им тяжело! Смесь была не унавоженная — только сверху чуть-чуть посыпали — как перчинки всё равно! Ну и что же — когда я достал рассаду из пакетиков, оказалось, что все корни сгнили. Пришлось на какое-то время полностью присыпать рассаду землёй, чтобы она дала новые корни.

Ох, как же дурачат людей! Принесли мне как-то большую коробку со сладостями. Я не открывал её и ждал, когда придёт большая группа паломников. «Иначе, — думал я, — сладости останутся несъеденными и в открытой коробке их испортят муравьи». Однажды, когда собралось много народу, я посчитал, что сладостей в коробке должно хватить на всех и ещё остаться. Открыв коробку, я увидел, что почти вся она была заполнена пенопластом и только в середине было крохотное свободное место для сладостей — то есть почти вся коробка оказалась пустой! В другой раз мне принесли красивую подарочную коробку с лукумом, перевязанную лентой. «Приберегу-ка я её для детей из Афониады»[11], — решил я. Но когда я открыл её, оказалось, что лукум был старый и уже чёрствый. Я такого жёсткого лукума людям не даю — выбираю помягче.

— Геронда, те, кто занимается этим, не понимают, что это неправда?

— Они считают это достижением, потому что в наше время грех вошёл в моду и неправда считается находчивостью. К несчастью, мирской дух оттачивает ум в лукавстве, и тот, кто несправедливо поступает со своим ближним, считает это достижением. Вдобавок ко всему, про него говорят: «Ишь ты, ловкач, прямо диавол какой-то!» — в то время как внутренне этот человек мучается от обличений совести, испытывает малую адскую муку.

Если человек справедлив, то Бог на его стороне

Сегодня в этом мире уже не хватает места для всех. Если человек хочет жить честно и духовно, то ему не находится места в мире.

— А почему, геронда, ему не находится места?

— Если чуткий, тонкий человек окажется среди жестокости и бессердечия и его жизнь сделают беспросветной, то как он сможет это выдержать? Или он должен, подобно всем, становиться сквернословом, подстраиваться под других во всём остальном, или же ему надо уходить. Но и уйти он не может, потому что ему нужно как-то жить. Например, хозяин, торговец сеном, говорит своему работнику: «Я тебе

---

[11] *Афониа́да* (Афонская церковная академия) — расположенное на Святой Афонской Горе закрытое учебное заведение для мальчиков. Основана в 1753 г. Помимо предметов, входящих в программу средней школы, воспитанники Афониады изучают богословские и церковно-прикладные дисциплины (Священное Писание, жития святых, литургику, древнегреческий язык, византийское церковное пение, иконопись и др.). — *Прим. пер.*

доверяю, потому что ты не воруешь. Но к хорошему сену надо подмешивать и гнилое. Загружая клевер, среди хороших охапок ты должен класть и немного перепревших». Чтобы удержать у себя честного работника, хозяин делает его каким-нибудь начальником, но последний вынужден поступать так, как говорит хозяин, — иначе его вышвырнут за дверь. Потом бедняга теряет сон, начинает пить таблетки. Знаете, как мучаются несчастные люди! Знаете, какие трудности, какие насилия многие терпят на работе от начальников? Их жизнь делают беспросветной. И что им делать? Бросить работу? У них семья. Оставаться? Мучение. Такой тупик, что некуда и ступить. Прямо как зёрнышко промеж двух жерновов — хоть криком кричи. Приходится терпеть, бороться.

Бывает и такое: на одного человека сваливают всю работу, а его сослуживец приходит только для того, чтобы получать зарплату. Я знаю одного такого человека, он был управляющим в одной организации. После выборов его сняли с должности и на его место поставили другого — члена той партии, что пришла к власти. Этот новый управляющий не имел даже среднего образования. Управляющим-то его сделали, но работы он не знал, и поэтому его предшественника не могли перевести на другое место. Ну и какой же тогда они нашли выход? А вот какой: поставили в кабинет управляющего ещё один письменный стол! Всю работу делал старый управляющий, а новый только сидел сложа руки: сигаретки, кофеёк, болтовня... Ни стыда ни совести! И умом он вдобавок совсем не блистал — нёс всякую ахинею, а вся ответственность ложилась на старого управляющего. Дошло до того, что бедняга был вынужден уйти. «Слушай-ка, — сказал он новому, — я, пожалуй, уйду. Кабинет у нас тесный — два стола еле помещаются. Оставайся ты лучше один». Ну и ушёл, потому что тот сделал его жизнь беспросветной. И ведь не день и не два, а каждый Божий день у тебя над душой стоит такой тип — это же сущее мучение!

Человека справедливого остальные обычно спихивают на самое последнее место или даже вообще оставляют без места. С такими людьми обходятся несправедливо, о них вытирают ноги, переступают, как говорят, через трупы. Но чем сильнее люди давят на такого справедливого человека, чем ниже они его опускают, тем сильнее и выше поднимает его Бог — как вода выталкивает вверх поплавок. Однако необходимо огромнейшее терпение. От терпения многое встаёт на свои места. Тот, кто хочет жить добродетельно и быть честным в отношении своей работы — будь он рабочим, торговцем или кем угодно ещё, должен решиться на то, что, начав работать честно, он дойдёт до того, что ему, к примеру, нечем будет платить за аренду — если, скажем, у него магазин. Но таким образом к нему придёт благословение Божие. Однако не надо стремиться честностью и низкими ценами привлечь к себе побольше покупателей и заказчиков. Не это должно быть целью честности — в таком случае Бог ничего не даст. Бог не оставит человека, если он скажет так: «Стану жить по Богу. Несправедливо не буду поступать ни с кем. Буду называть настоящую цену каждому товару: к примеру, этому цена пятьдесят драхм, а тому — двести». Он станет поступать так, а в то же время другой торговец будет продавать ту вещь, которая стоит пятьдесят драхм, за пятьсот — и разбогатеет. Однако в конце концов обманщика раскусят, и он дойдёт до того, что ему придётся закрывать свою лавочку, потому что ему будет нечем платить даже за аренду. А честный торговец потихоньку дойдёт до того, что у него отбоя не будет от покупателей, и, чтобы справляться с их наплывом, он будет вынужден постоянно брать на работу всё новых и новых продавцов! Но вначале надо пройти через испытания. Добрый человек испытывается, когда проходит через руки злых — подобно шерсти в чесальном станке.

Если человек слушается диавола, живёт хитростью и лукавством, то Бог не благословляет его труды. То, что люди делают с лукавством, успеха не имеет. Может показаться, что дело лукавых людей преуспевает, но в конце концов оно всё равно рухнет. В каком угодно деле самое главное — приступать к нему, стремясь к благословению Божию. Если человек живёт по правде, то Бог на его стороне. А если он вдобавок имеет сколько-нибудь дерзновения к Богу, то совершаются чудеса. Живя по Евангелию, человек живёт со Христом и имеет право на Божественную помощь. А как же иначе? Ведь он имеет на неё право. Вся основа именно в этом. Если это есть, то бояться нечего. Значимо то, чтобы Христу, Божией Матери и святым было благоугодно каждое наше действие. Тогда благословение Христово, Божией Матери и святых пребудет на нас, тогда на нас будет почивать Святый Дух. Честность человека — самое лучшее Честное Древо. Если кто-то нечестен и носит на себе частичку Честного Древа, то это всё равно как если бы он не носил ничего. Если же у честного человека и нет частички Честного Древа, то Божественную помощь он всё равно получает. А представляешь, если у него вдобавок к его честности есть ещё и частичка Честного Древа!..

Праведный человек приемлет воздаяние ещё в сей жизни

Я видел души, которые хотя и были несправедливо обижены, добрыми помыслами перетерпевали неправду, и благодать омывала их в этой жизни. Много лет назад меня посетил один благоговейный христианин — человек простой и добрый. Он просил меня помолиться о его детях, чтобы Христос просветил их и, придя в совершенный возраст, они не возроптали на своих родственников за ту великую несправедливость, которую те им сделали. Потом он рассказал мне, в чём было дело, и я понял, что он действительно был человеком Божиим. Он был старшим из пяти детей своего отца, и после того, как тот неожиданно умер, он заменил его своим братьям и сёстрам. Как добрый отец, он работал не покладая рук, приобретал имущество, земельные участки, обеспечивал семью. Двух сестёр выдал замуж. Младшие братья тоже женились и все хорошие угодья, масличные сады и прочее забрали себе, а ему оставили негодные, бесплодные, песчаные участки. Наконец сам он тоже женился, и у него родилось трое детей. Он был уже немолодым человеком и думал о том, что его дети, повзрослев, могут понять, что с ними обошлись несправедливо, и начнут роптать. «Я не расстраиваюсь из-за этой несправедливости, — говорил он мне, — потому что читаю Псалтирь. Одну кафизму вечером и две перед рассветом. Я уже почти что выучил Псалтирь наизусть, и ни в одном псалме не говорится, чтобы люди неправедные преуспевали, но говорится, что о людях праведных промышляет Бог. Мне, отец мой, не жалко тех участков, что я потерял, — мне жаль моих братьев, губящих свои души». Этот благословенный человек уехал. В следующий раз он посетил меня примерно через десять лет. Он пришёл очень радостный и спросил: «Помнишь ли ты меня, отец, помнишь ли?» — «Да», — ответил я ему и спросил, как его дела. «Сейчас, — говорит, — я стал богатым!» — «Как же это, брат, ты стал богатым?» — «А вот как: те негодные песчаные участки, что у меня были, очень поднялись в цене, потому что были расположены на берегу моря. Сейчас у меня много денег, и я пришёл к тебе для того, чтобы спросить, что мне с ними делать». — «Построй, — говорю, — своим детям домик и отложи какие-то средства им на учёбу — пока они не станут на ноги». — «Детям, — говорит, — я уже отложил, но всё равно остаётся много». — «Тогда помоги бедным — сначала родственникам, а потом и другим». — «Уже помог, отец, но всё равно остаётся много!» — «Пожертвуй деньги на строительство храма и часовен в вашей деревне». — «И на это пожертвовал, но всё равно остаётся много!» Тогда я сказал ему, что буду молиться, чтобы Христос просветил его творить добро там, где в этом есть наибольшая необходимость. Потом я спросил: «А как поживают твои братья, где они?» Он расплакался и сквозь слёзы проговорил: «Не знаю, отец мой, даже и следы потерялись. Участки в деревне, масличные сады и угодья они распродали. Где они сейчас — я не знаю. Сперва уехали в Германию, потом в Австралию, и сейчас о них ни слуху ни духу». Я не знал, что он так расстроится из-за братьев, и пожалел, что спросил об этом. После я утешил его, и он ушёл в мире. Я сказал ему: «Давай будем вместе молиться, чтобы и о них тоже получить радостные известия». Потом мне на память пришёл следующий псалом: *Ви́дех нечести́ваго превознося́щася и вы́сящася я́ко ке́дры лива́нския, и мимоидо́х, и се не бе, и взыска́х его́, и не обре́теся ме́сто его́*[12]. С его несчастными братьями произошло именно это.

Итак, нет ничего хуже неправды. Старайтесь же иметь благословение Божие на всё, что бы вы ни делали.

---

[12] Пс. 36:35–36.

ГЛАВА ПЯТАЯ
«Благослови́те, а не кляни́те…»[1]

Один человек спросил меня: «Почему мы поём в Великую Четыредесятницу: *Приложи́ им зла, Го́споди, приложи́ зла сла́вным земли́*[2]? Ведь это же проклятие». Я ответил ему: «Когда варвары ни с того ни с сего идут войной на какой-то народ, желая его уничтожить, и народ молится, чтобы их постигло зло — то есть чтобы сломались их колесницы, заболели их лошади, чтобы им что-то помешало, то хорошо это или плохо? Священное Писание имеет в виду именно это — чтобы они встретили препятствие на своём пути. Это не проклятие».

— Геронда, а когда проклятие имеет силу?

— Проклятие имеет силу в том случае, когда оно является реакцией на несправедливость. Например, если одна женщина поднимет на смех другую — страдающую — или сделает ей какое-то зло и пострадавшая её проклянёт, то прерывается род той, что поступила несправедливо. То есть если я делаю кому-то зло и он меня проклинает, то его проклятия имеют силу. Бог попускает проклятиям иметь силу, подобно тому как Он попускает, к примеру,

---

[1] Рим. 12:14.
[2] Ис. 26:15.

одному человеку убить другого. Однако если несправедливости не было, то проклятие возвращается назад — к тому, от кого оно изошло.

— А как можно освободиться от проклятия?

— Покаянием и исповедью. Я знаю много подобных случаев. Люди, пострадавшие от проклятия, осознав, что их прокляли, потому что они в чём-то были виновны, покаялись, поисповедовались, и все их беды прекратились. Если тот, кто виновен, скажет: «Боже мой, я сделал такую-то и такую-то несправедливость. Прости меня!» — и с болью и искренностью расскажет о своих грехах на исповеди священнику, то Бог простит его, ведь Он — Бог.

— А наказание постигает только того человека, на которого направлено проклятие, или же и того, от кого оно исходит?

— Тот, на кого направлено проклятие, мучается в этой жизни. Однако тот, от кого исходит проклятие, мучается в этой жизни и будет мучиться в жизни иной, потому что если он не покается и не поисповедуется, то там будет наказан Богом как преступник. Ну ладно, может быть, кто-то действительно тебя чем-то обидел. Но, проклиная обидевшего тебя человека, ты словно берёшь пистолет и его убиваешь. По какому праву ты так поступаешь? Что бы тебе ни сделал твой обидчик — убивать его ты не имеешь права. Если человек кого-то проклинает, то это значит, что в нём есть злоба. Человек проклинает другого, когда со страстью, с негодованием желает ему зла.

Проклятие, исходящее от человека, который прав, имеет немалую силу. Особенно сильно проклятие вдовы. Помню, у одной старухи была лошадка, и она оставляла её пастись на опушке леса, а поскольку лошадь была неспокойная, привязывала её крепкой верёвкой. Однажды три соседки из этой же самой деревни пошли в лес нарубить дров. Одна была богатая, другая — вдова, а третья — сирота, и очень бедная. Увидев привязанную лошадь, они сказали: «Давайте возьмём верёвку и свяжем ею дрова». Они разрезали верёвку на три части, и каждая взяла себе отрезок — чтобы стянуть вязанки дров. А лошадь-то и ушла. Пришла старуха, не нашла лошади и стала возмущаться. Начала везде искать — пока нашла, вся измучилась. Наконец, найдя её, она с негодованием сказала: «Пусть на той самой верёвке поволокут того, кто её взял!» Прошло какое-то время, и однажды брат богатой соседки баловался с оружием (которое осталось от итальянцев) — думая, что оно не заряжено. Но оно оказалось заряжено, произошёл выстрел, и пуля попала богатой женщине в шею. Надо было нести её в больницу. Решили нести на деревянной лестнице — как на носилках, а чтобы раненая не упала, надо было привязать её к лестнице. Нашли тот ворованный кусок верёвки, но его не хватило. Побежали по соседям, принесли ещё два ворованных куска, привязали несчастную к лестнице и понесли в больницу. Так исполнилось проклятие старухи: и её «поволокли на той самой верёвке». В конце концов несчастная умерла — упокой её, Господи. Видите, на кого подействовало проклятие: на богатую, которая не испытывала материальной нужды. Две другие женщины были бедные и поэтому имели некоторые смягчающие вину обстоятельства.

Болезни и несчастные случаи, происходящие от проклятия

Многие болезни, причины которых не могут найти врачи, возможно, произошли от проклятия. А врачи что — разве они найдут проклятие? Как-то раз ко мне в каливу принесли одного парализованного. Вымахал здоровенный дядя, а не мог сидеть! Его туловище не гнулось, было как деревянное. Один человек нёс его на спине, а другой поддерживал сзади. Я поставил несчастному два пенька, и он кое-как на них устроился. Его спутники сказали мне, что он находится в таком состоянии с пятнадцатилетнего возраста и мучается вот уже восемнадцать лет. «Но разве такое может случиться ни с того ни с сего? — подумал я. — Быть такого не может, здесь скрыта какая-то причина». Я начал расспрашивать и узнал, что этого юношу кто-то проклял. Что же случилось? А вот что: как-то он ехал в школу, сел в автобус и развалился на сиденье. На одной остановке в автобус вошли пожилой священник и один старичок и встали возле него. «Встань, — сказал ему кто-то, — уступи место старшим». А он, не обращая ни на кого внимания, развалился ещё больше. Тогда стоявший рядом старичок сказал ему: «Вот таким вытянутым и останешься навсегда — не сможешь сидеть». И это проклятие подействовало. Видишь как: юноша-то был с наглецой. «А чего я, — говорит, — буду вставать? Я за своё место заплатил». Да, но ведь и другой тоже заплатил. Стоит человек пожилой, уважаемый, а ты — пятнадцатилетний юноша — расселся. «Вот от этого-то всё и произошло, — сказал я ему. — Чтобы стать здоровым, постарайся покаяться. Тебе требуется покаяние». И как только несчастный понял и осознал свою вину, он сразу же стал здоров.

А сколько нынешних бед происходит от проклятия, от негодования! Знайте: если в какой-то семье многие умирают или гибнет вся семья, то причина этого или в несправедливости, или в колдовстве, или в проклятии. У одного отца был сын, который то и дело уходил из дома и шатался неизвестно где. Однажды отец в приступе раздражения сказал ему: «Ты у меня доходишься — придёшь раз и навсегда!» И вот в тот же самый вечер, когда паренёк возвращался домой, прямо напротив их подъезда его насмерть сбила машина. Он как упал, так и остался лежать, потом друзья взяли его тело и принесли домой. После его отец приехал на Святую Гору и пришёл ко мне в каливу. Он плакал и говорил: «Мой ребёнок убился прямо на пороге моего дома». Начал рассказывать, а потом говорит: «Я ему перед этим сказал кое-что». — «Что же ты ему сказал?» — «Он гулял по ночам неизвестно где, я разгневался и сказал ему: „Ты у меня придёшь раз и навсегда!" Может быть, от этого и произошла беда?» — «Ну а от чего же ещё? — ответил я. — Постарайся покаяться, поисповедоваться». Видите как: ты, говорит, на этот раз придёшь раз и навсегда — и ребёнка приносят мёртвым. А отец давай потом волосы на себе рвать да плакать...

Родительское проклятие действует очень сильно

Знайте, что проклятие и даже просто негодование родителей действуют очень сильно. И даже если родители не проклинали своих детей, а просто пришли из-за них в возмущение, то у последних нет потом ни одного светлого дня: вся их жизнь — одно сплошное мучение. Потом такие дети очень страдают всю свою земную жизнь. Конечно, в жизни иной им легче, потому что своими страданиями они погашают некоторые здешние долги. Происходит то, о чем говорит святой Исаак: «вкушает своей геенны»[3], то есть страданиями здесь, в этой жизни, человек уменьшает свою адскую муку, потому что страдание в этой жизни есть вкушение адской муки. То есть когда вступают в силу духовные законы, человек несколько освобождается от геенны, от мучения.

---

[3] «Наказуемый здесь за свой срам вкушает своей геенны». См. *Исаак Сирин, прп.* Слова подвижнические. Слово 71. М., 1993. С. 365.

Но и те родители, что словами «посылают» своих детей к диаволу, «посвящают» их ему. После этого диавол имеет права на таких детей, он говорит: «Ты посвятил их мне». В Фарасах[4] жили муж и жена. Их ребёнок был очень плаксивым, и отец постоянно говорил: «Да чтоб тебя нечистый забрал!» Ну и что же: отец так говорил младенцу и по попущению Божию тот стал исчезать из колыбели. Потом несчастная мать шла к Хаджефенди[5]. «Благослови, Хаджефенди! Моего ребёнка утащили бесы». Хаджефенди шёл к ним в дом, читал молитвы над колыбелью и младенец возвращался. И так продолжалось без конца. «Хаджефенди, благослови!» — снова и снова говорила несчастная женщина и спрашивала: «Чем же всё это закончится?» — «Мне, — отвечал ей святой, — к вам ходить нетрудно. А тебе разве сложно приходить и звать меня? Значит, когда-нибудь диаволу это надоест, и он оставит твоего сына в покое». С того самого дня ребёнок перестал пропадать. Но когда он вырос, его прозвали «дьявольское отродье». Он баламутил всё село — не давал покоя никому. Как же мучился от этого мой отец[6]! Этот малый сперва шёл к одному поселянину и говорил: «Такой-то сказал про тебя то-то», потом шёл к другому и говорил ему то же самое. Люди ссорились между собой, доходило даже до потасовок. Потом, понимая, что на каждого из них возвели напраслину, они договаривались схватить клеветника и расправиться с ним. Но тот ухитрялся сделать так, что в конце концов оба просили у него прощения! Настолько он преуспел в коварстве! Настоящее «дьявольское отродье»! Бог попустил это для того, чтобы,

---

[4] *Фара́сы* — главное из шести греческих селений в Кесарии Каппадокийской, родина преподобного Арсения Каппадокийского и преподобного Паисия.

[5] *Хаджефенди́* (от тур. «хаджи» — паломник и «эфенди» — господин) — так называли преподобного Арсения Каппадокийского за то, что он неоднократно совершил паломничество в Святую Землю.

[6] Отец преподобного Паисия был старостой села.

увидев продолжение истории с исчезновением младенца, люди образумились, сдерживали себя и были очень внимательны. О том, как будет судить этого человека Бог, мы сейчас не говорим. Понятно, что смягчающих вину обстоятельств у него много.

Величайшее сокровище для людей, живущих в миру, — родительское благословение. Подобно тому как в жизни монашеской величайшее благословение то, которым благословил тебя твой старец. Поэтому и говорят: «Не упусти родительское благословение». Помню, у одной матери было четверо детей. Никто из них не женился и не вышел замуж. Мать плакала: «Умру, — говорила, — от горя: никто из моих детей не женился. Помолись за них». Она была вдовой, её дети — сиротами. Мне стало за них больно. Молился я, молился, но безрезультатно. «Что-то здесь не то», — подумал я. «На нас, — говорили её дети, — навели порчу». — «Да нет, — говорю, — это не от порчи, порчу видно… А может быть, ваша мать проклинала вас?» — «Верно, отче, — отвечают, — в детстве мы очень шалили, и она постоянно с утра до вечера твердила нам: „Да чтоб вам обрубками быть!"» — «Идите, — говорю, — к матери и скажите ей истинную причину вашей неустроенности, чтоб она пришла в чувство. Скажите, чтобы она покаялась, поисповедовалась и с сегодняшнего дня, не переставая, благословляла вас». И за полтора года все четверо создали семьи! По всей видимости, эта несчастная, мало того что была вдовой, но ещё и легко впадала в состояние раздражения и уныния. Озорники выводили её из себя, и за это она их проклинала.

— А если родители проклянут своих детей и потом умрут, то как дети могут избавиться от родительского проклятия?

— Приглядевшись к себе, они, скорее всего, признают, что в своё время бедокурили, мучили родителей и поэтому те их прокляли. Если они осознают свою вину, искренне покаются и исповедают свои грехи, то всё у них наладится. Преуспевая духовно, они помогут и своим усопшим родителям.

— И меня, геронда, когда я уходила в монастырь, проклинали мои родители…

— Такие проклятия — единственные из всех — становятся благословением.

«Благородное проклятие»

— Геронда, а правильно ли, когда обижают, говорить про обидчика: «Бог ему воздаст за его зло»?

— Тот, кто так говорит, делает себя посмешищем лукавого. Такой человек не понимает, что, говоря так, он «благородно» проклинает других. Некоторые говорят о себе, что они люди чуткие, имеют любовь и душевную тонкость и терпят несправедливости, которые делают им другие. Но вместе с тем они говорят о тех, кто их обижает: «Да воздаст им Бог за их зло». В этой жизни все люди сдают экзамены, чтобы перейти в иную, вечную жизнь — в рай. Помысл говорит мне, что такое «благородное проклятие» находится ниже духовного проходного балла и христианину оно непозволительно. Ведь Христос не учил нас любви такого рода. *Отче, отпусти́ им, не ве́дят бо, что творя́т*[7], — вот какой любви учит Он. А кроме того, лучшее благословение из всех — это когда нас незаслуженно проклинают и мы молча, с добротой это принимаем.

Если люди поверхностные или лукавые — те, кто имеют злобу и извращают истину, — оклевещут нас или поступят с нами несправедливо, постараемся, если можем, не искать

---

[7] Лк. 23:34.

себе оправдания в том случае, когда несправедливость касается лично нас. И слов: «Да воздаст им Бог» — говорить не будем, потому что это тоже проклятие. Хорошо, если мы от всего сердца простим наших обидчиков, попросим Бога укрепить нас понести тяжесть клеветы и будем, насколько возможно незаметно, продолжать духовную жизнь. И пусть те, чьим типиконом является суждение и осуждение других, поступают с нами несправедливо — ведь таким образом они без устали готовят нам золотые венцы для истинной жизни. Конечно, люди, живущие с Богом, никогда не проклинают других, потому что в них нет злобы, но лишь доброта. Зло, которым бросают в этих освящённых людей другие, освящается — каким бы оно ни было. А сами живущие с Богом при этом переживают великую, невидимую другим радость.

Сглаз

Зависть, имеющая в себе злобу, может повредить другим. Это и есть сглаз — действие бесовское.

— Геронда, разве Церковь признает сглаз?

— Да, есть даже особая молитва «От презо́рства оче́с»[8]. «Дурной глаз» вредит другим тогда, когда человек говорит что-то с завистью.

— Геронда, многие просят у нас ладанки от сглаза для младенцев. Можно ли такие ладанки носить?

— Нет, нельзя. Говорите мамам, чтобы надевали на малышей крестики.

— Геронда, а если кто-то сделает какую-нибудь прекрасную вещь, другой её похвалит, первый примет похвалу

---

[8] См.: Εὐχολόγιον Α΄. Ἁγισματάριον. ΑΓΙΟΝ ΟΡΟΣ. 2001. Σ. 161. Преподобный Паисий неоднократно подчёркивал, что молитву «От презорства очес» может читать только священник.

с гордым помыслом и затем эта вещь каким-либо образом повредится, это сглаз?

— Нет, это не сглаз. В этом случае вступают в действие духовные законы. Бог забирает от человека Свою благодать, и поэтому происходит вред. Сглаз имеет место в редких случаях. Особенно люди, имеющие зависть со злобой, — а таких немного — могут сглазить других. Например, завистливая женщина видит маму с очаровательным малышом и со злобой говорит: «А почему у меня нет такого ребёнка? Почему Бог дал его ей?» В этом случае малыш может пострадать: будет не спать, начнёт плакать, мучиться, потому что она сказала это со злобой. И если бы этот ребёнок заболел и умер, то такая злобная и завистливая женщина радовалась бы. Другой, к примеру, видит чужого телёнка, страстно хочет, чтобы он принадлежал ему, и животное вскоре околевает.

Однако часто сама мать виновата в том, что мучается её ребёнок. К примеру, мать видит чужого худенького малыша и говорит: «Ну и худоба! Просто кожа да кости!» Своим полюбовалась, а к чужому отнеслась свысока. Но слова, со злобой сказанные о чужом ребёнке, бьют по её собственному чаду. И чадо, не будучи виновато, страдает из-за матери. Несчастный малыш тает на глазах — в наказание матери, чтобы она осознала свою вину. Но, конечно, сам ребёнок в этом случае причисляется к мученикам. Суды Божии — это бездна.

Исходящее от сердца благословение есть благословение Божественное

…Ну, а сейчас я тоже «предам вас проклятию»! Вот оно: «Да преисполнит Бог ваши сердца Своей благостью и Своей многой любовью до такой степени, чтобы вы стали безумны, чтобы ваш ум был уже оторван от земли и отныне пребывал близ Него, на Небе. Так становитесь же безумны от божественного безумия Божией любви! Да опалит Бог Своей любовью ваши сердца!..» Вот какому «проклятию» я вас предаю и не принуждайте меня его повторять — ведь моё доброе «проклятие» исходит от моего сердца и поэтому обладает силой. Ещё находясь в санатории[9], я вас жалел. Некоторые из вас ждали восемь лет, говорили: «Устроим монастырь», но монастыря всё не было и не было. Совсем, бедные, истомились! Тогда я сказал вам: «Как только меня выпишут из больницы, монастырь вырастет, быстро, как растут грибы после дождя. Уже через год будете в монастыре!» И ведь действительно: за год был создан монастырь. Тогда в санатории я говорил это от сердца, а у вас было доброе расположение, поэтому Бог вас и не оставил. Иного объяснения этому я не нахожу.

Если тебе станет больно за человека, который имеет смирение и от сердца просит тебя помолиться, к примеру, о том, чтобы ему избавиться от какой-то мучающей его страсти, и ты скажешь ему: «Не бойся, ты станешь лучше», то тем самым ты дашь ему Божественное благословение. В этом добром пожелании много любви, много боли, и поэтому оно обладает силой. Это угодно Богу, и Он исполняет благословение. Значит, и сама по себе боль, которую один человек чувствует за другого, — это уже всё равно что благословение.

Однажды, когда я был солдатом, наш командир послал меня исполнить обещание, данное нами святому Иоанну Предтече после того, как он помог нам на войне. Мы дали обет купить для одной церквушки святого Предтечи два больших храмовых подсвечника. Итак, мне надо было купить подсвечники, а заодно сопроводить одного нашего

---

[9] В 1966 г.

сослуживца в город Навпакт[10] для передачи его военному трибуналу. Помню, другие офицеры говорили командиру: «Ну и конвоира ты ему подыскал!» Несчастный, которого мне предстояло сопровождать, был родом из Эпира[11], по профессии музыкант, человек бедный, женатый, с детьми. Он обвинялся в самостреле, то есть в нанесении телесного увечья себе самому для того, чтобы его отправили в тыл. «Лучше, — рассудил он, — жить с одной ногой, чем быть убитым». Сначала мы с ним приехали в Агринио[12], где у него были знакомые. «Пойдём, — говорит, — проведаем их». — «Ну что же, — отвечаю, — пойдём». «Пойдём сюда, пойдём туда», — что поделать, приходилось мне всюду с ним ходить. Ох, какие же мытарства! К тому же он не хотел, чтобы я сдавал его трибуналу. Да мне и самому было жаль бедолагу, стало за него очень больно, и я сказал ему: «Вот увидишь — всё у тебя обойдётся и устроишься лучше всех! Наш командир пришлёт объяснительную записку по твоему делу, и тебя пристроят в какое-нибудь тихое место — так что и детям своим сможешь помогать, и жизнь твоя будет в безопасности». Добравшись наконец до Навпакта, мы узнали, что в трибунал уже пришло письмо от командира и дело на нашего самострельщика закрыто. А ведь ему грозил расстрел — время было военное, суровое. Командир пожалел его, поскольку он был главой семьи, и назначил поваром в Центр распределения новобранцев. Его семья перебралась поближе к этому Центру, и войну он провёл лучше всех, а поскольку солдаты иногда не приходили обедать в столовую, у него оставалась еда, и он кормил своих детей. После войны все ему говорили: «Да тебе было лучше всех!» Потому что мы сидели в горах,

---

[10] *Навпа́кт* — город и порт в юго-западной Греции. — *Прим. пер.*
[11] *Эпи́р* — область в западной Греции. — *Прим. пер.*
[12] *Агри́нио* — город в юго-западной Греции. — *Прим. пер.*

в снегах. То, что я пожелал ему, было угодно Богу, потому что я сказал с болью, от сердца. Поэтому Бог и исполнил это благословение.

Помню и другой подобный случай — в мою бытность в Конице, в обители Стомион. Восьмого сентября в обители престольный праздник — Рождество Пресвятой Богородицы. После праздника паломники оставили всё вверх дном. Я стал потихоньку наводить порядок. Смотрю, моя сестра и ещё одна девушка остались мне помогать. У этой второй девушки было ещё две сестры — одна старшая, другая младшая. Обе сестры уже вышли замуж, а она ещё оставалась незамужней. Сколько же у неё было любочестия! Осталась помогать, и когда мы всё вычистили и убрали, сказала: «Отче, если есть другая работа, то мы останемся и сделаем всё, что нужно». — «Какое же любочестие!» — подумал я. Я вошёл в храм и от всего сердца сказал: «Пресвятая Богородице, устрой её Сама. Мне нечего ей дать». Да если бы у меня что-то и было, она всё равно бы ничего не взяла. Ну и что же: возвращается она домой, а там её дожидается один мой бывший сослуживец — не парень, а просто золото, очень хороший и из хорошей семьи. Они поженились и жили прекрасно. Видите, как вознаградила её Пресвятая Богородица!

ГЛАВА ШЕСТАЯ
О том, что грех приносит несчастья

— Ты опрыскала деревья ядом от гусениц?
— Опрыскала, геронда.
— Вас, монахинь, столько — и не можете убить какой-то гусеницы! Когда во время оккупации на поля напала саранча, сюда, в Халкидики[1], привезли из Ватопедского монастыря святой Пояс Пресвятой Богородицы[2] — и саранча целыми тучами падала в море. А в Эпире, помню, она покрывала поля, как снег. Мы все вышли тогда на поля — собирали саранчу простынями и уносили. А какой же тогда был голод! Лучше и не спрашивай… Пшеница после саранчи снова пришла в себя, но была уже очень и очень слабая.

Нашествия саранчи, войны, засухи, болезни — это бич. И дело не в том, что Бог хочет таким образом воспитать человека, нет, эти несчастья — следствие удаления человека от Бога. Всё это происходит потому, что человек

---

[1] *Халкидики́* — полуостров и административная единица в северо-восточной Греции. Одной из трёх оконечностей полуострова Халкидики является Святая Гора Афон.— *Прим. пер.*
[2] *Пояс Пресвятой Богородицы* — одна из величайших христианских святынь, хранимая в монастыре Ватопед на Святой Афонской Горе. — *Прим. пер.*

отрывается от Бога. И приходит гнев Божий — для того чтобы человек вспомнил о Боге и попросил Его помощи. Не то, чтобы Бог устраивал всё это и отдавал повеления о том, чтобы на человека пришло то или иное несчастье. Нет, но Бог, видя до какой степени дойдёт злоба людей и зная, что они не изменятся, попускает случиться несчастью — для их вразумления. Это не значит, что Бог устраивает всё это Сам.

Иисусу Навину Бог велел не истреблять одно языческое племя — филистимлян, чтобы, когда евреи забывали Бога, филистимляне становились для них бичом[3]. Итак, когда евреи удалялись от Бога, диавол вступал в свои права, возбуждал свою «братву» — филистимлян, и они шли на евреев войной. Они брали еврейских младенцев и разбивали их о камень, чтобы уничтожить всех. Но когда враги напали на Израиль без вины со стороны евреев, то на стороне евреев воевал Сам Бог. Бог поразил язычников градом камней и уничтожил их, потому что в этом случае израильтяне имели право на Божественное вмешательство[4].

Сколько же обетований дал Бог о храме Соломоновом! И, однако, сколько раз этот храм сгорал и уничтожался! Когда народ израильский отходил от Бога, пророки начинали взывать к людям и призывали их образумиться, но их усилия были тщетны: как о стенку горох. Люди успокаивали себя следующим помыслом: «Когда Соломон построил храм, Бог ниспослал множество благословений и сказал, что с этого места будут благословляться и освящаться все люди[5]. Значит, всё это останется невредимым — и наши стены, и наш храм. Такое обетование дал Бог». Да, Бог дал такое обетование, но при условии, что и сами израильтяне

---

[3] См. Нав. 13:1–2 и Суд. 3:1–4.
[4] См. Нав. 10:11.
[5] См. 3 Цар. 9:1–9.

будут жить правильно. Бог дал благодать храму Соломона, но когда израильтяне переставали хранить заповеди, то по Его попущению храм предавался огню или разрушению. А покаявшись, израильтяне возводили храм заново. Например, когда они отошли от Бога при царе Седекии, пришёл Навуходоносор, поджёг храм, разрушил иерусалимские стены, а евреев в узах отвёл в вавилонский плен[6]. Конечно, в плен отвели и тех, кто был невиновен, но эти люди имели чистое воздаяние. Те, чья вина была велика, её искупили. А те пострадавшие, чья вина была не столь велика, получили малое воздаяние. Когда кто-то становится причиной гнева Божия и невиновные тоже подвергаются страданиям, то, несмотря на то что невиновных страдальцев ждёт мзда, виновный в их страданиях всё равно преступник, потому что невиновные люди могли бы унаследовать Небесное Царство и без мучений, тогда как сейчас они мучаются.

Мы должны знать, что люди верующие, хранящие заповеди Божии, приемлют благодать Божию и Бог — как бы это получше выразиться — «в обязательном порядке» помогает им в эти нелёгкие годы. Я слышал, что в Америке появилась новая болезнь[7]. Многие из тех, кто живёт противоестественной, греховной жизнью, заболевают ей и умирают. А сейчас я узнал, что эта болезнь появилась и у нас. Видите, не Бог уничтожает людей — люди сами истребляют свой род, сами уничтожают себя. То есть не Бог их наказывает, но своей греховною жизнью они сами создают для себя наказание. И видно, что искореняются те люди, жизнь которых не имеет смысла.

— Геронда, а почему не могут найти лекарство от рака? Этого не попускает Бог или же люди сами не призывают Божественную помощь?

---

[6] См. 4 Цар. 24 и далее.
[7] Преподобный имеет в виду СПИД (произнесено в ноябре 1984 года).

— Худо то, что, если даже и будет найдено лекарство от рака, появится какая-нибудь другая болезнь. Сперва был туберкулёз — нашли лекарство от туберкулёза — появился рак. А если Бог поможет победить рак, то появится другая болезнь. Причиной появления новой болезни будут сами люди, и конца-края этому не будет.

Человеколюбиво всё, что попускает Бог

— Геронда, а для чего Бог попускает случиться какому-то несчастью?

— Этому может быть много причин. В одном случае Бог попускает несчастье, чтобы из этого произошло что-то лучшее, в другом случае — в «педагогических» целях. Одни получают воздаяние, другие расплачиваются за грехи — не пропадает ничего. Знайте, что всё попускаемое Богом человеколюбиво, даже, к примеру, гибель людей. Ведь Бог «сердоболен». Помните, скольких заклал пророк Илия[8]? Триста жрецов Вааловых! Он сказал им: «Молитесь вы, и я тоже буду молиться. У кого огонь зажжётся сам по себе, у того и истинный Бог». Тогда жрецы Вааловы стали кричать: «Услыши ны, боже наш Ваале, услыши ны!» Ни ответа ни привета. «Ваш бог, — говорит им пророк Илия, — чем-то занят и вас не слышит. А ну, кричите громче!» Они продолжали кричать и, по своему обыкновению, резали свои тела ножами, чтобы от боли их крики были сильнее и Ваал их услышал. В конце концов, когда они ничего не добились, пророк Илия сказал: «Намочите мои дрова», потом говорит им: «Утройте!» Дрова и жертву облили водой — один раз, потом ещё, ещё! Налили столько, что дрова стали сырыми и вода растекалась вокруг жертвенника. Как только пророк Илия помолился, с неба

---

[8] См. 3. Цар. 18:17–40.

ниспал огонь и попалил всё возложенное на жертвенник для жертвоприношения — вместе с самим жертвенником! «Схватите жрецов, — сказал пророк народу, — потому что они совращают народ в идолослужение». И потом он заклал всех этих лжепророков.

Многие говорят: «Помилуйте, но как же пророк Илия мог заклать стольких людей?» У Бога нет жестокости, и у пророка её тоже не было. Однако идольские жрецы к тому времени прельстили уже весь народ. Дошло до того, что пророк был вынужден сказать, что он остался один! Подумать только! Но, кроме того, идольские жрецы страдали от собственных ран больше, чем от меча пророка Илии, который положил конец их страданиям. Их боль от самоистязаний была сильнее. Видишь: всё, что попускает Бог, человеколюбиво, тогда как раны, которые они наносили сами себе, были для них мучительны.

— А почему, геронда, в Ветхом Завете наказание Божие приходило столь незамедлительно?

— Людям Ветхого Завета был понятен такой язык, такой закон. Бог был тогда таким же, как и сейчас, но ветхозаветный закон был предназначен для людей того времени, потому что по-другому они не понимали. Пусть ветхозаветный закон не покажется вам жестоким и отличным от Евангелия. Для той эпохи этот закон был благотворным. Жестоким был не закон, жестоким было то поколение. Нынешние люди могут, конечно, совершать и ещё большие жестокости, но сейчас они, по крайней мере, в состоянии это понять. В наши дни стоит закачаться какой-нибудь лампаде, как люди приходят в такой трепет! А в те времена Бог чего только ни делал! Смотри: Он поразил фараона десятью язвами, чтобы вывести израильтян из Египта, иссушил Чермно́е море, чтобы они могли через него пройти. Днём Он давал им облако, чтобы их не жгло солнце, а ночью — огненный столп, чтобы указывать им путь. И после всех этих чудес они дошли до того, что попросили сделать им золотого тельца и стали поклоняться ему как Богу[9]! Нынешние же люди ни за что бы не сказали, что какой-то там телец может привести их в Землю обетованную.

Сегодня Бога отодвигают на последнее место

Благий Бог подаёт нам свои богатые благословения. Не проявим же неблагодарности и не станем Его прогневлять, ибо *грядёт гнев Божий на сыны противления*[10]. Да не будем же и мы такими сынами. Люди нашей эпохи не пережили ни войн, ни голода. «И в Боге, — говорят они, — мы тоже не нуждаемся». Они имеют всё и поэтому ничего не ценят. Однако если наступят нелёгкие времена, голод или что-то подобное и им нечего будет есть, то они как следует поймут цену и хлебушка, и простого варенья, и всего, чего они тогда лишатся. Если мы не славим Бога, то Он попускает прийти какому-нибудь испытанию — чтобы мы ценили то, что имеем. Если же мы ценим то, что у нас есть, то Бог не попускает произойти никакому злу.

В прежние времена, когда не было всех этих многих удобств, когда наука ещё не сделала таких больших шагов вперёд, людям приходилось во всех трудностях прибегать к Богу, и Бог помогал им. А сейчас наука добилась больших успехов, и поэтому Бога отодвигают на последнее место. Сегодня люди идут по жизни без Бога, планируют то одно, то другое, надеются то на пожарную охрану, то на буровые скважины, на пятое, на десятое… Но что могут сделать люди без Бога? Они лишь наведут на себя гнев Божий. Видишь как, когда нет дождей, люди не говорят: «Будем молиться Богу», а говорят: «Будем бурить скважины

---

[9] См. Исх. 32:1–6.
[10] Еф. 5:6.

для колодцев». Худо то, что из-за всех этих технических средств так думают не только неверующие, но даже верующие — и они потихоньку начинают забывать о силе Божией. К счастью, Бог терпит нас. Но люди даже и не понимают того, что Бог промышляет о них.

Как-то пришли ко мне несколько человек и стали говорить: «Мы не нуждаемся в Боге: у нас есть артезианские колодцы». И это в то время, когда надо больше, чем когда бы то ни было, просить Бога, чтобы Он совершил сугубое чудо — потому что люди делами своих рук исказили уже и природу. Как-то я наблюдал за тучами — их носило ветром то туда, то сюда, они то собирались в одном месте, то перелетали в другое, то подскакивали вверх, то падали вниз... Поднимается ветер и начинает разгонять дождевые тучи, а люди вместо того, чтобы сказать: «Сейчас Бог должен совершить сугубое чудо, чтобы их удержать», говорят: «Мы не нуждаемся в Боге». К счастью, Бог не относится к нашим словам как к чему-то серьёзному, иначе нам пришлось бы несладко...

В поисках воды люди бурят скважины артезианских колодцев на глубину 100–150 метров, но воды не находят. В Навплионе[11] пробурили скважину глубиной сто восемьдесят метров — и вместо пресной воды докопались до морской. Другие решили провести реку Эленос[12] в Афины. А чтобы провести её в Афины, понадобится десять лет работы и огромные расходы, но потом и эта вода всё равно закончится. Люди не говорят «согрешѝх». Недавно, когда была засуха[13], в одну глухую деревушку приехал какой-то политический деятель и сказал жителям, что в их деревне установят систему для очистки канализационных

---

[11] *На́вплион* — город и порт на Пелопоннесе (южная Греция). — *Прим. пер.*
[12] *Э́ленос* — река в Центральной Греции. — *Прим. пер.*
[13] Произнесено в ноябре 1990 г.

вод — чтобы у них была вода для питья. И ведь отнеслись к этой затее как к чему-то выдающемуся! А такие вещи и в мыслях-то допускать неприлично! Посмотрите, до чего доходят люди: пьют, извиняюсь за выражение, собственную мочу! Если что-то подобное делается в каком-нибудь большом городе, где люди уклонились от истинного пути, тогда ладно, этому есть хоть какое-то оправдание, потому что в городе увлеклись мирским духом. Но, когда жителям глухой деревушки в качестве решения проблемы предлагают очищать и пить собственную мочу и они (вместо того, чтобы обратить свой взор к Богу, сказать одно-единственное слово «согреши́х» и получить от Него воду) считают предложенное серьёзной затеей, — это страшно.

А в одном святогорском монастыре додумались посадить сосны, а потом продать их для бумажной промышленности. И Бог наказал их — все посаженные деревья засохли. Да что же, брат ты мой, Святая Гора станет производителем салфеток и туалетной бумаги? Понимаете, что творится? И вот трудились, сажали деревья, и всё, что посадили, — засохло. Гнев Божий!..

— Геронда, а они поняли свою ошибку?

— Ах, да в том-то и дело, что нет! После этого они привезли из Германии установки для бурения, чтобы выкачивать воду из глубины земли. В результате исчезла и та вода, что была раньше. Видишь, куда может завести торгашеский подход к делу, если теряется духовная чуткость! Поэтому из монашества мало-помалу и исчезает благоговение. Не понимают того, что если не будет дождя, то ничего не поможет — исчезнет и та вода, что ещё остаётся в водоёмах. Люди используют одну лишь логику, а Бога отодвигают на последнее место.

В Ветхом Завете описывается такой случай[14]. Во время осады Самарии сирийцами в городе закончилась даже вода. Началось ужасное бедствие, голод, издыхали животные, а матери дошли до того, что ели своих детей. Пророк Елисей пошёл к управляющему царя Иорама и сказал ему: «Животные пали, люди умирают от голода, но Бог пошлёт нам Свою помощь». Управляющий ко всему подходил с позиций логики. «Как Он поможет? — сказал он пророку. — С неба, что ли, пришлёт?» — «Завтра, — ответил ему пророк, — Бог ниспошлёт нам помощь, но только тебе порадоваться этому не придётся». И действительно: на следующий день Бог навёл на вражеский стан страшную панику. Сирийцам послышался топот лошадиных копыт, стук колесниц, в их ушах зазвенело, и они подумали, что на помощь израильтянам пришли египтяне. Они обратились в бегство, а всё, что у них было, — шатры, продовольствие, оружие — оставили в стане. А когда они достигли своего отечества, искуситель навёл на них такую страшную сумятицу, что сто восемьдесят тысяч человек перебили друг друга. Между тем четверо прокажённых, сидевших у ворот Самарии, сказали друг другу: «Не пойти ли нам во вражеский стан — может быть, найдём какую-нибудь пищу? Ведь так или иначе умирать». Подходят к одному шатру — никого. Подходят к другому — никого! Врагов — ни души! Набирают продуктов, вещей — целые мешки набили. Потом они вернулись в город и сказали израильтянам, что враги сняли осаду. Но израильтяне решили, что это военная хитрость. «Враги спрятались, — сказали они, — чтобы заставить нас открыть ворота и таким образом войти в город». Тогда один военачальник предложил: «У нас осталось пять лошадей. Может быть, пошлём на разведку воинов — посмотреть, что происходит?» Воины

---

[14] См. 4 Цар. 7.

отправились каждый в своём направлении и, вернувшись, сообщили: «Враги в панике бежали, бросив всё, что у них было». Тогда все израильтяне побежали к городским воротам, чтобы выйти из города, набрать во вражеском стане продовольствия и разных вещей. А тот самый управляющий находился в городских воротах и пытался навести там порядок. И вот, ринувшаяся через ворота толпа его растоптала. Всё получилось так, как и предсказал пророк Елисей: управляющий увидел Божию помощь, но порадоваться ей ему не пришлось. Видите, как Бог расставил всё по местам?

Да пожалеет Бог мир и пошлёт нам дождь

Насколько же премудро всё устроено Богом! Тают снега — наполняются источники. Но вот сейчас[15] — ни снега, ни дождя. Что же из всего этого выйдет? Что будут пить люди? Да пожалеет Бог мир, да умилостивится Он над нами и пошлёт дождь. Ведь если будет продолжаться засуха, то потихоньку засохнут даже листья на деревьях. На маслинах не будет видно не то что зелёного плода, но даже зелёного листочка. Что бы ни посеял человек, если Бог не покропит сверху святой водою, то есть дождём, то всё посаженное засохнет. Дождь — это святая вода.

Несчастные люди, что же они будут делать при нехватке воды, привыкнув к её изобилию? Бог не даёт воду за грехи, но можно даже и просто рассуждать по-человечески: как может хватить воды, если люди её так расточительно расходуют? Представляю, что будет твориться в городах! Ведь только для одного сливного бачка в туалете нужна целая здоровенная жестяная банка воды. Города наполнятся микробами, начнётся холера.

---

[15] Произнесено в ноябре 1990 г. во время сильной засухи.

Люди будут умирать, оставаться без погребения, а сверху трупы будут посыпать каким-нибудь порошком для дезинфекции. К нашему счастью, Бог ещё не оставил мир совсем и промышляет о нём.

Мы живём в апокалиптические времена. Чем, по-вашему, являются засуха, бездождие, которые мы терпим из года в год? Разве бывали раньше засухи, подобные нынешней? Вот и здесь, в Халкидики, пересохла река, погибла рыба, зловоние распространилось по всей округе. И в Салониках остро встала проблема с водой. В Марафонском озере[16] уровень воды очень понизился, и уже виднеются островки суши. В Пинеосе[17] уровень воды тоже упал. В Эвросе[18] было раньше хоть немного воды, но выше по течению болгары перегородили её плотиной, и она сошла на нет. Если начнётся какая-нибудь заваруха, то танки легко пройдут через реку. И на Кипре — если в нынешнем году снова не будет дождя, то проблема с водой встанет очень остро. И разве только это? Ещё столько всего… Деревья — одни засыхают, другие поражены болезнями… Люди заболевают и умирают. Если люди не каются, то какой там будет дождь, разве Бог даст его? Но знаете, как всё меняется, если иметь доверие Богу? Иметь Бога своим союзником — шуточное ли дело? Для Бога нет затруднительных положений, Ему нетрудно найти выход из любой ситуации. Для Бога всё просто. Он не использует бо́льшую силу для сверхъестественного и меньшую — для естественного, одну и ту же силу Он применяет во всём. Лишь бы человек прилепился к Нему — вот что самое главное.

---

[16] *Марафонское озеро* — озеро в юго-западной Греции, источник снабжения Афин водой. — *Прим. пер.*

[17] *Пинео́с* — река в Фессалии. — *Прим. пер.*

[18] *Э́врос* — река в Северной Греции (в Болгарии носит название Марица). — *Прим. пер.*

А молитесь ли вы о дожде, или этот вопрос вас не занимает? Сейчас у людей самая пора пахать землю и начинать сев. Поля уже должны быть засеяны, но люди ещё не могут справиться даже со вспашкой[19]. Это бездождие — испытание от Бога. А молиться в случае таких испытаний и есть дело монаха. Не скрою, что я вами недоволен. В прошлую засуху, когда люди из-за бездождия были вынуждены скосить пшеницу на сено, вы даже и не пошевелились помолиться. Почему? Потому, что сами вы поливаете огород из шланга? Чтобы такое было в последний раз — вам должно быть больно за людей. Узнавая о происходящем, совершайте об этом молитву. И мне пишите о том, что происходит. Вам предстоит сдача экзаменов. Если вы их сдадите — то есть если пойдёт дождь, — то я сделаю вас своими соработниками в молитве. А всё, что будет подавать нам Божий Промысл, мы с вами станем делить между собой.

Когда, молясь о дожде, я вижу, что на небе появилась хотя бы одна тучка, то я славлю Бога за то, что Он её прислал, — пусть дождь даже и не пойдёт. А моя совесть укоряет меня в том, что во мне самом есть много духовных туч, которые отгоняют Божии облака. Если мы будем смиренно просить милости Божией, то Бог поможет. Во время засухи молитва смиренного человека собирает дождевые тучи. Будем всегда молиться и о том, чтобы посланный Богом дождь обладал и духовным действием, чтобы он тушил тот духовный пожар, который, по диавольской злобе, бушует в мире и опаляет души людей.

Я обрадовался, услышав, как некоторые говорят: «Мы недостойны, но вот Бог нас опять пожалел: дал маленько дождика и снега». Если у нас будут такие смиренные помыслы, то Бог даст нам больше. По крайней мере, признание своего недостоинства — это уже покаяние.

---

[19] Из-за того, что почва очень сухая. — *Прим. пер.*

К счастью, ещё осталось немного закваски. Просите Бога, чтобы Он взял отвёртку и подкрутил винтики в головах у людей. Я вижу, что некоторые из тех, кто занимает высокие должности, расположены по-доброму. Они понимают, к чему мы идём.

Будем просить Бога, чтобы Он дал миру покаяние

О, если бы мы осознавали Божие долготерпение! Для строительства Ноева ковчега понадобилось сто лет[20]. Думаете, Бог не мог быстро построить какой-то там ковчег? Конечно, мог, но Он оставил Ноя мучиться сто лет, чтобы остальные тоже поняли, что их ждёт, и покаялись. «Смотрите, — говорил людям Ной, — будет потоп! Покайтесь!» Но его поднимали на смех. «Что за ящик он строит!» — иронизировали современники Ноя и продолжали своё. И сейчас Бог может за две минуты потрясти весь мир и заставить его измениться — так чтобы все стали верующими и даже «суперверующими». Как? А вот как: если Он переключит тумблер на «землетрясение» и станет потихонечку поворачивать регулятор усилителя: сначала на «5 баллов Рихтера», потом — на «6», потом — на «7»… На «восьми» многоэтажки начнут качаться как пьяные и биться одна о другую. На «десятке» все скажут: «Согрешили! Умоляем Тебя, спаси нас!» А может быть, люди даже дадут обет уйти в монахи — все до одного! Но лишь только землетрясение закончится — люди, хотя и будут ещё немного покачиваться, но уже смогут удерживаться на ногах, опять побегут в бары и на дискотеки! Потому что в таком обращении людей к Богу не будет настоящего покаяния, они произнесут слова покаяния поверхностно, чтобы спастись от зла.

---

[20] См. Быт. 5:32 и далее.

— Геронда, а если какое-то, к примеру, стихийное бедствие случается как гнев Божий и праведные люди молят Бога о милости, то слышит ли Бог их молитвы?

— Знаешь, в чём тут дело? У людей нет покаяния, и поэтому Бог не слышит молитвы праведников. Если прогневав Бога, мы признаём свою вину, это совсем другое дело — тогда Бог умилостивляется над нами и нам помогает. Но если человек не признаёт, что он прогневал Бога, и продолжает дудеть в свою дуду, то как Бог услышит молитвы праведных? Для того чтобы Бог простил человека, совершившего какой-то проступок, человек должен этот проступок осознать. А кроме того, если погрешности совершают люди духовные, то смягчающих вину обстоятельств у них нет. «О на́ших гресе́х и о людски́х неве́дениях»[21] — говорится в одной молитве. Если проступки несчастных мирских людей — это «неве́дения», то проступки людей духовных — это уже «греси́». Поэтому если проступок совершают духовные люди, то это не шутки. Смягчающие вину обстоятельства есть у людей мирских.

В нынешнем году[22], когда Успенским постом на Святой Горе разбушевался пожар, творилось что-то ужасное. Все самые лучшие пожарные собрались на Афоне, но никто из них не мог ничего сделать, им оставалось только смотреть, как бушует пламя. Самолёты пожарной охраны, казалось, только усиливали и раздували пожар ещё больше. Один монастырь обнесли специальными противопожарными поясами, чтобы воспрепятствовать огню пройти через них, но огонь — наперекор всем поясам — перескочил внутрь монастыря — в архондарик — туда, где его никто не ждал. Святая Гора горела пятнадцать

---

[21] Молитва приношения по Великом входе на Божественной Литургии святого Иоанна Златоустаго.

[22] Произнесено в ноябре 1990 г.

дней — и пятнадцатого августа²³ огонь погас сам по себе. Некоторые говорили: «А почему Матерь Божия его не погасит?» То есть мы доходим уже до того, что начинаем хулить имя Божие. Но вот когда через шесть дней опять начался пожар — на этот раз уже в другом месте Святой Горы, — сразу же пошёл дождь и всё погасил. Один пожар погас, а другой — нет. Неужели непонятно почему?

Некоторые люди, не зная действующих духовных законов, молятся с болью, но не бывают услышаны, поскольку происходящее несчастье является гневом Божиим. А другие при каком-то бедствии совсем не молятся — ни одной чётки, потому что признают справедливость гнева Божия, целью которого является вразумление людей. Да подаст Бог больше просвещения нам, монахам, потому что по большей части мы — юродивые девы²⁴, а наши светильники наполнены водой — один только фитиль чуточку пропитан маслом. А люди мирские ждут, что мы осветим им путь и они не будут спотыкаться!

Будем же просить Бога, чтобы Он дал миру покаяние и мы избежали Его праведного гнева. Грядущего гнева Божия нельзя избежать иначе, как покаянием и хранением Божиих заповедей.

---

²³ По старому стилю, т.е. в самый день Успения Пресвятой Богородицы. — *Прим. пер.*
²⁴ См. Мф. 25:1–13.

ЧАСТЬ ВТОРАЯ
О СОВРЕМЕННОЙ КУЛЬТУРЕ

«Культура — это хорошо, но для того, чтобы она принесла пользу, необходимо „окультурить" ещё и душу».

ГЛАВА ПЕРВАЯ
О Божией премудрости и окружающей среде

«Вся прему́дростию сотвори́л еси́...»[1]

— Геронда, можно мы разорим ласточкины гнёзда? Ласточки разводят грязь, и собираются клопы.

— А ты сама можешь слепить хоть одно ласточкино гнёздышко? Ах, что за красоту сотворил Бог единым лишь Своим словом! Какая гармония, какое разнообразие! Куда ни взгляни — во всём видны Божии премудрость и величие. Посмотри на небесные светила, на звёзды — с какой простотой рассыпала их Его Божественная рука! Отвеса и уровня, которыми пользуются мастера, Он при этом не применял. А как отдыхает человек, глядя на звёздное небо! Тогда как от выставленных в ровный ряд мирских светильников человек очень устаёт. С какой гармонией всё устроено Богом! Посмотри-ка на леса, посаженные человеком: деревья стоят армейскими шеренгами — всё равно что роты солдат. А как восстанавливает силы человека настоящий, а не искусственный лес!

---

[1] Пс. 103:24.

Одни деревца — поменьше, другие — побольше, каждое дерево отличается от другого даже цветом. У одного крохотного Божия цветочка благодати больше, чем у целой охапки искусственных бумажных цветов. Они отличаются друг от друга так же, как дух отличается от духо́в[2].

Удивительно всё, что создано Богом. Взять человеческий организм — да ведь это целое предприятие. Бог премудро определил всему своё место — сердцу, печени, лёгким. И растения — как же премудро Он их устроил! Во время оккупации[3] мы посадили пять стремм[4] дынь и поливали их. Как-то, думая сделать лучше и очистить дыни, я обрезал у них большие листья, расположенные возле корней. Однако оказалось, что эти большие листья — своего рода «фильтры» или «почки» растений — они забирают в себя всю горечь. Ох, ну и дыни у нас тогда были! Просто язык обжигали!..

— Всё-то Вы, геронда, подмечаете!..

— Да, я во всём нахожу Бога! И в растениях, и в животных — во всём. Да и как тут не удивляться! Крошечная пичужка отправляется в путешествие, достигает Африки, потом — без компаса — возвращается обратно и находит своё гнёздышко! А люди — имея карты, дорожные указатели — сбиваются с пути. И ведь птицы путешествуют по небу, а не по суше — то есть зарубок после себя не оставляют. Летят в вышине, над морем! Ну скажи, пожалуйста, на чём там оставишь зарубки? А есть ещё такие малые птахи, так они садятся на спины аистам — всё равно что на самолёты! Настоящие авиапассажиры! Птицы, летя над морем, садятся на какой-нибудь остров и отдыхают. Однажды, живя

---

[2] В греческом тексте замечательная игра слов: τὸ ἄϋλον ἀπὸ τὸ νάυλον (букв. — как невещественное от полиэтилена). — *Прим. пер.*

[3] Оккупация Греции в 1941–44 гг. Германией, Италией и Болгарией. — *Прим. пер.*

[4] *Стре́мма* — мера площади, равная 1000 м². — *Прим. пер.*

в каливе Честного Креста, я увидел, как с востока летят птицы, похожие на воробьёв, только крупнее и красивее. Их была целая стая. Но вот четыре-пять птиц, по всей вероятности, выбились из сил и не могли лететь дальше. Тогда от стаи оторвалось ещё около пятнадцати птиц — остальные продолжали лететь, — сели на дерево вместе с уставшими птицами, посидели, немножко отдохнули, а потом все вместе взмыли в небо и продолжили полёт. И первым делом они поднялись очень высоко, чтобы сориентироваться и догнать остальных. На меня произвело впечатление то, что стая не оставила уставших птиц одних, но выделила им ещё пятнадцать товарищей — «группу содействия».

Насколько же красиво создал всё Бог! Только посмотри на котят: какие же они пёстрые! А какие у них красивые шубки! Нам, людям, стоит ещё позавидовать одеянию животных! Да такой шубы не носила и сама королева! Куда ни повернись — во всём увидишь премудрость Божию. А какая красота была раньше, когда всё было естественно! Вон петушок — ведь он кукарекает независимо от погоды. Стоит на одной ножке, а как только она затечёт, кричит: «Кукареку!» — «Прошло, — говорит, — столько-то часов». Потом встаёт на другую ногу, а когда затекает и она — снова: «Кукареку!» И смотри, он кукарекает в полночь, в три и в шесть часов утра. Неизменно каждые три часа. А ведь у петуха нет ни будильника, ни батареек. И заводить его тоже не нужно...

Всё, что вы видите и слышите, используйте как средство сообщения с Горним. Всё должно возводить вас к Небу. Так, от творения человек постепенно восходит к Творцу. Американцы, слетав на Луну, по крайней мере, оставили там пластину с надписью: *Небеса́ повéдают слáву Бо́жию*[5]. Русские тоже летали в космос, но Гагарин сказал, что Бога

---

[5] Пс. 18:2.

он не видел. Ну правильно, а как бы ты Его увидел? Ведь ты же летел не с воздетыми к небу руками, а с задранными кверху ногами... А потом от всего этого доходят до того, что говорят: «Вселенную создала природа». Целую Вселенную... Каково? Да тут если сломается какая-нибудь старая машина, то целая куча мастеров и специалистов собирается, чтобы её чинить. Думают, стараются — это об одной-то старой машине. Тогда как Бог, безо всякого там электричества, вращает целый земной шар, и ни батарейки не кончаются, ни моторчик не останавливается. С какой скоростью Он его вращает — и человек этого даже не чувствует! Страшное дело! Если бы Земля вращалась с меньшей скоростью, то человек бы кувыркался. Земля вращается с такой большой скоростью, а вода из моря не выливается, хотя её так много. И звёзды, такие огромные, движутся с головокружительной скоростью, но при этом не соприкасаются друг с другом, издалека не подпускают другие звёзды к себе. А человек, создав какой-нибудь там самолёт, восхищается и гордится. Но стоит ему чуточку повредиться в уме, как он начинает нести всякие глупости и сам этого не понимает.

Чего сегодня удалось достичь людям

Культура — это хорошо, но для того, чтобы она принесла пользу, необходимо «окультурить» ещё и душу. Иначе культура закончится катастрофой. «Зло, — сказал святой Косма Этолийский, — придёт от людей грамотных»[6]. Несмотря на то что наука продвинулась далеко вперёд и достигла столь больших успехов, люди, стремясь помочь миру, делают это

---

[6] «Беда придёт к вам от образованных». См.: *Зоитакис А.* Житие и пророчества Космы Этолийского. М.: Святая Гора, 2007. С.136. Пророчество святого Космы относится к образованным людям, не имеющим страха Божия.

так, что разрушают его, сами этого не понимая. Бог позволил человеку делать всё по собственному разумению, но, не слушая Бога, человек губит сам себя. Человек сам разрушает себя тем, что он создаёт.

Люди XX века — чего же они достигли своей культурой и цивилизацией! Они свели мир с ума, они загрязнили атмосферу, они испортили всё на свете. Если колесо сойдёт с оси, то продолжает вращаться без цели. Так и люди — сойдя с оси Божией гармонии, они мучаются. В старину люди страдали от войны, сегодня они страдают от цивилизации. Тогда из-за войны люди из городов переселялись в деревни и жили, имея какой-нибудь небольшой огородик. А сейчас люди не смогут жить в городах и будут из них уходить из-за натиска цивилизации. Тогда война приносила людям смерть, а сейчас цивилизация приносит им болезни.

— Геронда, а отчего так сильно распространился рак?

— Чернобыль и всё подобное этому, думаешь, что — прошли бесследно? Оттуда всё и идёт. Вот тебе люди — всё это их плоды… Народ страшно изуродован. В какую эпоху было столько больных? В старину люди такими не были. А сейчас, какое бы письмо из тех, что мне присылают, я ни открыл, так обязательно встречу или рак, или душевное заболевание, или инсульт, или разрушенные семьи. Прежде рак был редкостью. Ведь жизнь-то была естественной. О том, что попускал Бог, речь сейчас не идёт. Человек ел естественную пищу и отличался отменным здоровьем. Всё было чистым: фрукты, лук, помидоры. А сейчас даже естественная пища калечит человека. Те, кто питается одними фруктами и овощами, терпят ещё больший вред, потому что всё загрязнено. Если бы так было раньше, то я умер бы в молодом возрасте, потому что в монашестве я питался тем, что давал огород: луком-пореем, марулей[7], обычным

---

[7] *Мару́ля* (лату́к) — один из видов съедобного салата. — *Прим. пер.*

луком, капустой и подобным этому — и чувствовал себя прекрасно. А сейчас — удобряют, опрыскивают… Подумать только — чем питаются нынешние люди!.. Душевное неспокойствие, пищевые суррогаты — всё это приносит человеку болезнь. Применяя науку без рассуждения, люди приводят в негодность самих себя.

— Геронда, а почему раньше люди были выносливее в подвижничестве и их здоровье было крепче, чем у нас? Имело ли значение то, чем они питались?

— Да, ведь в те времена пищевые продукты были чистыми. По-моему, это и без объяснений понятно. Всё, чем питались люди, было созревшим. А сейчас, чтобы овощи и фрукты не портились, их срывают недоспелыми и складывают в холодильник. Срывают с дерева недозрелые зелёные плоды и оставляют их дозревать в ящиках. Раньше плод, созрев, падал с дерева сам или же отрывался от ветки, едва лишь ты дотрагивался до него рукой. Дети кушали хлебушек со сливочным маслом или молоком, и это давало им здоровье. Но люди, помимо того что ели хорошую, здоровую пищу, ещё шевелили своими мозгами и, заболевая чем-нибудь, понимали, от пищи это или нет. А сейчас и пища ненатуральная и мозгами не шевелят.

Сколько же халтурного производит сейчас человек! Шерсть потихонечку выводят из употребления. Найти шерстяную майку, чтобы она впитывала пот, — это целая проблема. Надев майку, я сразу понимаю, есть ли в ней синтетика. Если есть, то я не могу вздохнуть, весь извожусь, мучаюсь не знаю как! И ведь считают, что такие майки прочнее, лучше, чем натуральные. Считают это прогрессом! Но полезны ли они для здоровья? Нет, наоборот, изготавливая такие вещи, люди своему здоровью вредят. И наклеивают этикетку: «Изготовлено из девственно чистой шерсти»! Да, пожалуй, и другие словечки найдут для рекламы — ещё почище! Овцы у нас остались сейчас только для мяса, потому что шерсть мы делаем из нефти. А гусеницы-шелкопряды говорят: «Ну раз вы хотите шёлк лучше, чем наш, то и делайте его сами!..»

Люди потеряли терпение

— Геронда, почему у нас сегодня нет терпения?

— Всё, что сегодня происходит, людям не на пользу. Прежде и жизнь была умиротворённой, и сами люди были умиротворёнными, очень выносливыми — способными терпеть. Сегодня вся эта вошедшая в мир спешка сделала людей нетерпеливыми. В прежнее время человек знал, что помидоры он начнёт есть в конце июня. Ему и в голову не приходило есть помидоры раньше времени. Люди ждали августа, чтобы покушать арбуза, они знали, когда придёт время есть смоквы, когда — дыни. А что происходит сейчас? Торговцы едут в Египет и закупают там помидоры раньше времени, хотя, пока не созреют помидоры, в Греции есть апельсины — с теми же самыми витаминами. Нет, апельсинов, видишь ли, не хотят! Да, брат ты мой, потерпи маленечко и покушай пока чего-нибудь другого! Нет — во что бы то ни стало поедут в Египет и привезут помидоров. На Крите посмотрели-посмотрели на такое дело и стали строить теплицы, чтобы и у них помидоры созревали раньше. А кончилось тем, что устроили теплицы по всей Греции, чтобы есть помидоры и зимой. Убиваются и строят теплицы для всех овощей, чтобы в любое время года иметь на столе всё, что сердце пожелает, и не ждать положенного времени.

Это бы ещё ладно, куда ни шло. Но ведь идут и дальше. С вечера помидоры зелёные, а утром их уже везут в магазины красными, мясистыми! Одному министру я даже сказал пару ласковых насчёт этого. «Теплицы, — говорю, — это ещё куда ни шло. Но ведь фрукты, помидоры, другие плоды выращивают на гормонах! Плоды-то зреют за одну ночь, но на тех несчастных, у кого повышенная чувствительность к гормональным препаратам, выходит, наплевать? Пусть себе болеют, да?..» Животных тоже испортили. Хоть кур возьми, хоть телят. Сорокадневных цыплят накачивают гормонами до веса шестимесячных. Человек ест их мясо, но какую он от него получит пользу? Чтобы коровы давали больше молока, их тоже пичкают гормонами. Коровы дают больше молока, но потом производители не могут это молоко продать! Начинаются забастовки, молоко падает в цене, его выливают на дорогу, а люди пьют молоко, напичканное гормонами! А если бы оставили так, как определено Богом, то всё шло бы своим чередом и люди пили бы чистенькое молочко! И, кроме того, от этих инъекций всё становится безвкусным. Безвкусные продукты, безвкусные люди — стало безвкусным всё. Даже сама жизнь потеряла для людей вкус. Спрашиваешь молодых ребят: «Что тебе по душе?» — «Ничего», — отвечают. И это здоровенные парни! «Ну, скажи хоть, что тебе нравится делать?» — «Ничего». Вот до чего доходит человек! Делами рук своих он думает «исправить ошибки» Бога. Чтобы куры неслись, ночь превращают в день. А ты видела яйца, снесённые такими курами? Ведь если бы Бог сделал луну сияющей, как солнце, то люди посходили бы с ума. Бог создал ночь, чтобы люди отдыхали, но до чего же они дошли сейчас!

Люди потеряли умиротворённость. Все эти теплицы, овощные инъекции и тому подобные вещи тоже привели людей к нетерпеливости. В старину люди знали, что пешком из одного места в другое они дойдут за несколько часов. Если у кого-то ноги были покрепче, то он приходил маленько быстрее. Потом придумали повозки, потом автомобили, потом самолёты и так далее. Стараются найти всё новые и новые, более быстрые средства передвижения. Сделали такие самолёты, на которых можно долететь из

Франции до Америки за три часа⁸. Но если человек с такой огромной скоростью перелетает из одного климатического пояса в другой, то и просто резкая смена климата ему повредит. Всё спешка, спешка... Потихоньку дойдут до того, что человек будет залезать внутрь летательного снаряда, потом — выстрел, полёт, удар, разрыв — и взору публики предстаёт ошалевший путешественник. А что вы думали? Дойдёт и до этого. Самый настоящий сумасшедший дом!

Всю атмосферу загадили — так ничего, а кости им помешали

— Геронда, слышно, что собираются сжигать мёртвых — как говорят, «из соображений гигиены и для экономии земных площадей».

— Из соображений гигиены? Да ты только послушай! И не стыдно им такое говорить? То, что всю атмосферу загадили, так это ничего, а косточки им, видите ли, помешали! Да ведь останки, кроме всего прочего, ещё и омывают. А насчёт «экономии земли» — неужели нельзя в целой Греции со всеми её лесами найти место для кладбищ? Одному профессору университета я сказал пару тёплых слов насчёт всего этого. Как же так: для мусора находят столько места, а для священных останков не находят. Земли, что ли, дефицит? А сколько мощей святых может быть на кладбищах? Об этом они не подумали?

В Европе сжигают мёртвых не потому, что их негде хоронить, но потому, что кремацию считают делом прогрессивным. Вместо того чтобы вырубить какой-нибудь лесок и освободить место для мёртвых, скорее освободят место от них самих, сжигая и превращая их в золу. Потом

---

⁸ Преподобный имеет в виду сверхзвуковые пассажирские самолёты дальнего радиуса действия типа «Конкорд».

кладут этот пепел в малюсенькую коробочку и считают всё это делом прогрессивным. Мёртвых сжигают потому, что нигилисты хотят разложить всё — включая человека. Они хотят сделать так, чтобы не осталось ничего, что напоминало бы человеку о его родителях, о его дедах, о жизни его предков. Они хотят оторвать людей от Предания, хотят заставить их позабыть о жизни иной и привязать к жизни этой.

— Однако, геронда, говорят, что в некоторых муниципалитетах Афин действительно возникла такая проблема — негде хоронить мёртвых.

— Да ведь пустует столько места! Неужели нельзя найти немного земли? Вокруг Афин есть много пустырей, принадлежащих городу. И я знаю людей из правительства, у которых в пригородах Афин много земли. Что, не могут устроить там кладбище? А потом, ведь большинство жителей Афин родом из провинции. Почему бы не отвозить усопших для погребения в их города и деревни? Пусть каждого везут на его родину и там погребают. Там, в провинции, похороны не потребуют и больших затрат, надо будет только заплатить за перевозку тела. Пусть объявят, что те, кто переехал в Афины в последние годы, после смерти должны быть погребены там, откуда они приехали. Да так и лучше было бы. А тем семьям, что живут в столице не меньше трёх поколений, надо найти место в городе. Когда, спустя три года после похорон, останки достанут из могилы[9], пусть складывают их в более глубокие общие могильники. Неужели это трудно? Посмотри, как глубоко люди врываются в землю, добывая уголь. Пусть и для останков сделают какое-нибудь большое хранилище и хранят их там все вместе.

---

[9] См. сноску 3 на стр. 90.

Уважение исчезло совсем. Ты только посмотри, что сейчас творится! Собственных родителей дети сдают в дома престарелых! А в старину заботились даже о состарившихся быках, не закалывали их, а говорили: «Это ведь наши кормильцы». А как почитали мёртвых!.. Помню войну: с каким риском мы ходили погребать убитых! Священник, понятно, был обязан пойти. Но солдаты шли вместе с ним — нести тела своих убитых товарищей — по сугробам, по морозу, под градом пуль. Во время Гражданской войны в 1945 году, перед призывом в армию, я помогал нашему церковному сторожу собирать и хоронить убитых. Первым шёл священник с кадилом. Как только доносился свист снаряда, мы падали на землю. Потом поднимались. Опять свист снаряда — снова на землю. После, когда я уже был солдатом и мы, разутые, сидели в снегах, нам сказали, что желающие могут пойти снять обувь с убитых. Никто даже с места не двинулся. Ах, прошли те добрые времена!

Зло в том, что те, кто обладает властью, молчат, соглашаются с происходящим. С того момента как возникла эта проблема с усопшими, Церковь должна была занять и выразить определённую позицию, чтобы проблема была решена, потому что своим молчанием Церковь даёт людям мира сего возможность вмешиваться в духовное и говорить всё, что им взбредёт в голову. А ведь это — нечестие. И как нынешний мир будет иметь благословение от Бога? До чего же мы докатились! Постепенно хотят лишить человека его достоинства. Ах, поэтому и места для мёртвых сейчас найдётся много, даже больше, чем достаточно...

Загрязнение и разрушение окружающей среды

Солнце печёт, как на Синае, — и даже зимой, потому что в атмосфере открылись озоновые дыры. Если не дует северный ветерок, то невозможно стоять на солнце.

— Геронда, а чем закончится эта проблема с озоном?

— Потерпим немного, пока учёные не возьмут пять килограммов шпаклёвки и не залатают дыру! Да-да, вот пусть пойдут и заделают озоновые дыры в атмосфере… Они увидят, что Бог сотворил всё премудро, весьма гармонично и скажут: «Просим прощения за то, что мы напортачили». А об этой дыре в атмосфере — молитесь, чтобы она закрылась. Видите, одна из «чаш»[10] открылась и там. Засыхают деревья, растения. Однако Бог может опять привести всё в порядок.

А посмотрите, до чего излукавились некоторые из тех шарлатанов, что выуживают деньги у богатеев, которым некуда их девать. «В атмосфере, — говорят, — открылась озоновая дыра. Мир погибнет. Как же спасти мир? А вот как — наука разрабатывает проекты глубинных шахт и переселения людей под землю для того, чтобы уберечься от солнца». Наконец, когда стало ясно, что «переселение под землю» невозможно, стали говорить другое: «На Луне будет развернуто жилищное строительство, построены рестораны, гостиницы, дома, и люди переселятся туда. Желающих попасть на Луну с гарантией просят делать взносы!» Но во всём этом, между прочим, нет ни капли правды! Да какое ещё «жилищное строительство», когда человек вообще не в состоянии там жить! Ну, залезли пара человек в «консервные банки», слетали и вернулись обратно. А некоторые верят всем этим басням и выкладывают денежки.

— Геронда, многие беспокоятся из-за выхлопных и промышленных газов.

— Надо заставить некоторых директоров заводов установить на трубах очистительные фильтры, чтобы задыхающиеся от промышленной гари люди хоть немножко

---

[10] См. Откр. 15:7.

вздохнули. Вместо того чтобы давать взятки депутатам парламента и устраивать собственные дела, пусть каждый директор завода потратит чуть побольше денег и купит очистительную установку. В прежние времена этих микробов, этой гари не было. А сейчас всё изгадили и ещё считают это прогрессом. А к чему ведёт такой прогресс? Он разрушает человека. Выходишь на улицу, а воздух пахнет гарью. Сидишь дома, и стоит лишь приоткрыть окно, как уличная копоть вползает внутрь. И когда моешь руки, эта копоть не смывается, то есть она не безвредна. Сажа от печки не содержит в себе масел, поэтому чуть только кашлянул — и она сразу выходит из лёгких. А эта техническая копоть из лёгких не выходит — прилипает к ним.

В многоэтажках люди скучены, как сельди в бочках, — один на другом. Кто-то выбивает на балконе половики, а вся пыль летит на балкон его соседа снизу. Как же мучаются те несчастные, что живут на нижних этажах! Вся пыль и мусор с верхних этажей летят к ним. Человек развешивает у себя на балконе бельё или открывает окно, а сверху начинают трясти половики и о нём не думают. Да в старые времена в таких многоэтажках устроили бы тюрьмы — Генди́-Куле́[11]. Просто ужас какой-то! Ведь в те времена у домов были дворы, в них паслись животные, рядом был садик с деревцами, где собирались целые стаи птиц…

— А сейчас, геронда, люди даже ласточек не видят.

— Да что ласточки, с ума что ли сошли, чтобы лететь в многоэтажки? Потихоньку дойдёт до того, что люди не будут знать, что такое ласточка. В Америке, в одном университете есть отделение, где Священное Писание Ветхого и Нового Завета изучают с исторической точки зрения. Так вот, чтобы студентам было понятно, что такое

---

[11] *Генди́-Куле́* — тюрьмы, располагавшиеся в старину в крепостных стенах г. Салоники.

«пшеница», у них есть поле, засеянное пшеницей. А чтобы было понятно, что такое «пастух» и что такое «овцы», у них есть небольшое стадо овец и пастух с посохом. И такое творится в университете!

Люди загрязнили уже всю атмосферу. На дворе — зима, а в воздухе — запахи помойки. А подумай, что творится летом! И ведь не присылают самолёт, чтобы он опрыскал помойки каким-нибудь дезинфекционным раствором. К счастью для нас, Бог сотворил благоуханные цветы. Всё это множество цветов, и больших и малых, всё это цветочное разнообразие нейтрализует помоечное зловоние. А что бы творилось, если бы в атмосфере не было разлито этого цветочного благоухания? Вон если где-то валяется падаль, то несёт на всю округу. Как же Бог печётся о нас! И как несладко нам пришлось бы, если бы Он о нас не заботился! Подумай: если бы не было цветов, растений… Ведь их ароматами покрывается и рассеивается наше зловоние.

Как-то раз один мирянин пришёл ко мне в каливу и спросил: «Слушай, что ты здесь делаешь? Чем ты занимаешься целыми днями и ночами?» А как раз в это время вокруг цвели метёлочки мелкого кустарника и прилегающий к каливе косогор был полон полевых цветов. Всё благоухало. «Да мне, — говорю, — спину и то некогда разогнуть! Целыми днями напролёт я поливаю и ухаживаю за всеми этими цветами и растениями, которые ты видишь. А ночью — видел, сколько горит лампадок на небе? Попробуй успей все их зажечь!» Он стал как-то странно смотреть на меня, а я продолжал свои объяснения: «Да ты что, разве не видел, как ночью горят на небе лампадки? Ну вот, зажигаю-то их я! А попробуй успей! Что, думаешь, легко в стольких лампадах поправить поплавки, фитили, заправить их маслом?..» Бедолага после этих слов растерялся не на шутку.

И опрыскивание — это тоже яд. От опрыскиваний умирают не только вредители, но и несчастные птицы. Для того чтобы вылечить деревья от болезней, их опрыскивают ядохимикатами, а после заболевают люди. Всё отравляют ядом. Разве не разумнее было бы использовать меньше химикатов, а гнилые растения закапывать в землю — вместо того чтобы закапывать хорошие плоды, как это делают сейчас, чтобы они не падали в цене. Целая туча ядохимикатов — разве она безвредна для человека? Особенно для маленьких детей — для них все эти ядохимикаты просто смерть. Поэтому дети и появляются на свет уже больными. Одному агроному я сказал: «Что же такое творится! Вы погубили насекомых, а теперь гибнут люди». Чтобы убить насекомых, опрыскивают цветы, а люди после этого заболевают. А потом изобретут ещё какие-нибудь ядохимикаты — сильнее нынешних, да только что мы от этого выиграем?

Уже доказано, что некоторые из насекомых, которых убили опрыскиванием, поедали других насекомых. Сейчас, чтобы избавиться от других, мы будем искусственно разводить тех, что убили раньше. Как же премудро всё устроено Богом! Там, где есть сверчки, не бывает комаров. Как-то ко мне в каливу пришёл один человек и показал маленькую машинку, отгоняющую комаров звуками, похожими на стрекотание сверчка, только погрубее. Сверчков, услаждающих нас своей музыкой, люди убивают, а после этого хотят на батарейках воспроизвести то же самое, что было сделано Богом. Погубили всех — и сверчков и горлиц... Даже ворона увидеть — и то редкость. Скоро будем ловить ворона и сажать его в клетку.

И вы, опрыскивая деревья, оставляйте что-то и Богу, чтобы Он помогал вам. И если химикат на какой-нибудь листик не попадёт, то ничего страшного в этом нет. Все нынешние технические средства не содействуют человеку в его вере. Будучи как-то в гостях, я слышал, как люди говорили: «Неужели появился новый химикат от такого-то вредителя? А где? За границей?» И тут же давай звонить, выписывать... Постепенно и мирские люди, и монахи отодвигают Бога на последнее место. Люди не придают первостепенного значения духовной эволюции — чтобы всё было освящено. Зло в том, что даже мы, монахи, не идём в духовной эволюции впереди людей мирских.

— Геронда, однако масличные деревья действительно портит дакос — масличный вредитель.

— Молитесь по чёткам, чтобы дакос ушёл. Боритесь с вредителями не одними только опрыскиваниями, попросите о помощи и Христа. Кроме того, нам хочется сделать всё так же хорошо, как и в миру. О том, что монахи должны иметь мир иной, мы забываем. Не надо стремиться сделать то же самое, что люди мирские, или даже больше их. О Христе, что — забыли? Я не призываю вовсе не опрыскивать деревьев, но некоторые устраивают с этими ядохимикатами настоящие эксперименты. И когда действительно есть нужда опрыскать деревья, надевайте респираторы.

Лучше кушать плоды, чуть поеденные жучком, чем красивые на вид, но опрысканные ядом. Не увлекайтесь опрыскиваниями — сократите их. Молитесь с благоговением — читайте первый псалом[12] и окропляйте деревья святой водой. Если вы будете жить правильно, то и дожди будут литься, и гусеницы[13] будут погибать. Бог будет промышлять о вас — нужно иметь благоговение и доверие Ему.

---

[12] Преподобный Арсений Каппадокийский читал первый псалом во время посадки деревьев и растений — чтобы посаженное принесло добрый плод.

[13] Произнесено во время сильной засухи в ноябре 1990 г. В июне того же года в Греции было много гусениц.

ГЛАВА ВТОРАЯ
О том, что эпоха многих удобств равняется эпохе множества проблем[1]

Сердца людей тоже стали железными

Человеческие удобства перешли всякие границы и поэтому превратились в трудности. Умножились машины — умножились хлопоты. Машины и железки уже командуют человеком, превратив в машину его самого. Поэтому сердца людей и стали железными. При всех существующих технических средствах остаётся невозделанной совесть человека. Прежде люди работали с помощью животных и отличались состраданием. Если ты нагружал на несчастное животное груз больший, чем тот, который оно могло понести, то оно

---

[1] Знакомство с содержанием настоящей главы позволяет ощутить тот в высокой степени подвижнический дух, которым отличался сам преподобный Паисий, и ту тревогу, которую он испытывал в связи с тем, что аскетический дух всего монашества может подвергнуться изменению. Преподобный не является противником культуры, однако хочет подчеркнуть, что не культура должна управлять человеком, а человек культурой. Он говорил, что в особенности монаху следовало бы не попадать в зависимость от современных технических средств и использовать их с рассуждением, чтобы быть в состоянии направить свои силы на духовную борьбу.

опускалось на колени, и тебе становилось его жалко. Если оно было голодным и жалобно глядело на тебя, то твоё сердце обливалось кровью. Помню, как мы страдали, когда у нас заболела корова, — мы считали её членом нашей семьи. А сегодня люди имеют дело с железками, и сердца их тоже железны. Лопнула какая-нибудь железяка? На сварку её. Сломалась машина? Везут в автосервис. Нельзя починить? На свалку, душа не болит. «Железо, — говорят, — оно и есть железо». Сердца людей нисколечко не работают, а ведь таким образом в человеке возделывается самолюбие, эгоизм.

Сегодня один человек не думает о другом. В старые времена, когда не было холодильников, если еда оставалась на следующий день, то она портилась. Поэтому люди думали о бедняках, говорили: «Всё равно испортится, отнесу-ка её лучше какому-нибудь нищему». А тот, кто находился в духовно преуспевшем состоянии, говорил: "Пусть сначала покушает бедняк, а уже потом — я". Сейчас оставшуюся еду ставят в холодильник, а о своём ближнем, находящемся в нужде, не думают. Помню, как в те годы, когда у нас бывал хороший урожай овощей и других плодов, мы давали овощи соседям — делились. Куда нам было столько? Всё равно излишки испортились бы. Сейчас у людей есть холодильники, и они говорят: «А зачем отдавать излишки другим? Положим их в холодильник и потом съедим сами». Я уже не говорю о том, что продукты целыми тоннами выбрасывают или закапывают в землю — в то время как где-то в других местах голодают миллионы людей.

Из-за машин люди посходили с ума

Современные технические средства всё развиваются и развиваются — без конца. Они развиваются быстрее, чем человеческий ум, потому что в их развитии помогает диавол. В старину, не имея всех этих средств, всех этих телефонов, факсов, всей этой кучи приспособлений, люди имели тишину и простоту.

— Геронда, они радовались жизни!

— Да, а сейчас из-за машин люди посходили с ума. От многих удобств они мучаются, их душит тревога. Помню бедуинов, которых я знал в бытность мою на Синае[2], — какие же они были радостные! У них была всего одна палатка, и жили они просто. В Александрии или в Каире они жить не могли — им по душе была жизнь в палатках в пустыне. Если у них было немножко чая, то они не знали куда деваться от радости и славили Бога. Но сейчас цивилизация дошла и до них, и они тоже стали забывать Бога. Бедуины — и те попали под влияние европейского духа! Сперва евреи построили для бедуинов лачуги, потом продали им старые автомобили со всего Израиля[3]. Ох уж эти евреи... Сейчас у каждого бедуина есть по лачуге, во дворе лачуги — по сломанному автомобилю, а в душе — полно тревоги и переживаний. Автомобили ломаются, бедуины бьются над их ремонтом. И если вглядеться, что они от всего этого приобрели? Головную боль и ничего больше.

В старину вещи были, по крайней мере, крепкими, их хватало надолго. А сейчас — платишь кучу денег и покупаешь вещи, которые сразу же ломаются. И предприятиям это на руку — они увеличивают выпуск товаров и весьма наживаются на этом. А людям потом не хватает денег, и, стремясь заработать больше, они убиваются на работе. Все эти машины и механизмы — занятие европейцев, которые целыми днями сидят с отвёртками в руках. Сначала изготавливают, к примеру, какую-нибудь крышку. Потом

---

[2] В 1962–1964 гг.
[3] Гора Синай, в настоящее время административно входящая в состав Египта, в то время находилась под контролем Израиля.

делают её на резьбе, потом с кнопкой — совершенствуют бедную крышку всё больше и больше… То есть постоянно появляются всё новые и новые машины и приспособления, и несчастные люди всё время хотят чего-то более совершенного. Ещё не успев расплатиться за старое, они покупают что-то новое, поэтому они в долгах и в усталости. А взять бедняка: ему тоже хочется автомобиль, он идёт и покупает какой-нибудь из самых дешёвых. А чтобы его купить, он продаёт своих волов, лошадей — продаёт последнее. Всё идёт к тому, что скоро на витрину будут выставлять даже ослов и брать деньги за то, чтобы на них поглядеть! Ну так вот, бедняк — покупает он себе какой-нибудь дешёвенький автомобильчик. Машина ломается. «А к таким машинам, — говорят ему, — запчастей нет». Бедолага вынужден покупать другую машину. Однако машина последней марки бедняку не по карману, и он покупает какую-нибудь чуть получше той, что была у него раньше, а старую ставит в сторонку. Потом новая тоже ломается и так далее… Требуется внимание, чтобы нас тоже не увлёк этот модный поток погони за чем-то всё более и более совершенным.

Телевидение нанесло людям огромный вред

— Геронда, сейчас существуют такие телевизионные коммуникационные средства, что можно наблюдать за происходящим на другом крае земли в ту же самую минуту.

— Люди видят весь мир, не видя только самих себя. Не Бог уничтожает людей, нет, сейчас люди своим умом уничтожают себя сами.

— Геронда, телевидение приносит много зла.

— «Много зла!..» Да о чём ты говоришь!.. Один человек сказал мне: «Телевизор, отче, это вещь хорошая». — «Яйца, — ответил я ему, — тоже вещь хорошая, но вот только если перемешать их с куриным помётом, то они становятся ни на что не годными». С телевидением и радио происходит именно это. Сегодня, включая радиоприёмник для того, чтобы послушать новости, человек должен смириться с тем, что, кроме новостей, ему придётся услышать какую-нибудь песенку. Новости начнутся сразу, как только эта песня закончится. А раньше было по-другому. Раньше было известно, в какое время по радио передают новости. Человек включал приёмник в определённое время и слушал последние известия. А сейчас ты вынужден слушать и песню, потому что если, не желая её слушать, выключишь радио, то новости тоже пропустишь.

Телевидение нанесло людям огромный вред. Особенно разрушительно оно воздействует на маленьких детей. Как-то ко мне в каливу пришёл семилетний мальчик со своим отцом. Я видел, как устами ребёнка вещал телевизионный бес, подобно тому как бес говорит устами одержимых. Всё равно как если бы младенец родился с зубами. Сегодня не часто видишь нормальных детей — дети превратились в чудовищ. Дети не работают головой, они просто повторяют то, что увидели и услышали. Таким вот образом, с помощью телевидения, некоторые хотят оболванить мир. То есть, по их замыслам, остальные должны верить тому, что услышали по телевизору, и поступать в соответствии с этим.

— Геронда, матери задают нам вопрос: как отучить детей от телевизора?

— Пусть растолкуют своим детям, что, смотря телевизор, они отупеют, потеряют способность мыслить. О том, что телевизор вредит их зрению, я уже и не говорю. Телевидение, о котором мы говорим сейчас, — это творение человеческое. Но ведь есть и иное — духовное телевидение. Когда совлечением ветхого человека очищаются душевные очи христианина, то он и без технических средств видит на далёком расстоянии. О таком телевидении мамы своим чадам не рассказывали? Вот его-то детям и надо уразуметь — это духовное телевидение. А сидя перед «ящиком», дети просто-напросто отупеют. Первозданные люди обладали даром проницательности, который был утерян ими после грехопадения. Если же дети сохраняют благодать, полученную ими во святом крещении, то даром проницательности — духовным телевидением — они тоже будут обладать. Надо быть внимательным и духовно трудиться. Нынешние матери сами губят себя в бесполезном, а потом начинают причитать: «Что же мне делать, отче? Ведь я теряю своего ребёнка!..»

Монах и современные технические достижения

— Геронда, а как монах должен пользоваться современными техническими средствами?

— Монах должен стараться, чтобы те средства, которые он использует, всегда были попроще, чем те, что используют люди в миру. Мне вот, к примеру, нравятся дрова: чтобы топить печку для тепла, готовить пищу и разводить необходимый для рукоделия огонь. Однако если вся эта торговля афонским лесом продолжится ещё какое-то время в том же духе, как сейчас, и дрова пропадут, их станет трудно достать, то я буду пользоваться каким-нибудь более простым средством, чем то, которым пользуются люди в миру. Для обогрева — керосиновой печкой или чем-нибудь ещё, подешевле и посмиреннее, для рукоделья — примусом и так далее.

— А как можно определить, до какого предела необходимо что-то в общежительном монастыре?

— Если мыслить по-монашески, то это можно определить. Если же по-монашески не мыслить, то всё, что ни возьми, превратится в необходимое, а потом и сам монах превратится в мирского человека, и даже хуже. Нам, монахам, следует жить хотя бы чуть-чуть проще, чем живут в миру, или — на самый худой конец — так, как мы сами жили до ухода в монастырь. Мы не должны иметь вещей лучше тех, которые прежде имели у себя дома. Монастырь должен быть беднее, чем тот мирской дом, из которого я в него пришёл. Это внутренне помогает как монаху, так и миру.

Бог устроил всё так, чтобы люди не находили себе упокоения в вещах тленных. Если этот мирской прогресс мучает даже мирян, то что говорить о монахах! Если бы я оказался в каком-нибудь богатом доме и хозяин спросил бы меня: «Где тебе отвести место для ночлега? Могу постелить тебе в роскошно обставленной гостиной или в хлеву, куда я загоняю на ночь коз. Что тебе больше по душе?» — даю вам честное слово, в козлином хлеву моей душе было бы спокойнее. Ведь, уходя в монахи, я покидал мир не для того, чтобы найти себе какой-то лучший дом или дворец. Я уходил в монахи для того, чтобы найти нечто более строгое, чем то, что я имел, живя в миру. А в противном случае я не делаю для Христа ничего. Но люди, живущие по законам современной логики, сказали бы мне: «Слушай-ка, ну чем повредит твоей душе жизнь во дворце? Ведь там, в хлеву, так дурно пахнет, тогда как во дворце и запах приятный, и поклончики сможешь положить». Мы должны иметь орган духовного чувства. Как у компаса — и одна и другая стрелки намагничены, и поэтому одна стрелка поворачивается к северу. Христос «намагничен», но для того, чтобы повернуться к Нему, нам тоже надо немножко «намагнититься».

А какие же трудности были раньше в общежительных монастырях! Помню, на кухне был огромный котёл, который поднимали с помощью особого рычага. Огонь для приготовления пищи разводили на дровах. Пламя то поднималось сильнее, то опускалось, пища пригорала. Если пригорала рыба, то противни чистили металлической щёткой. Потом брали золу из печи, наполняли ею большой глиняный сосуд с отверстием внизу и заливали золу водой. Из отверстия внизу вытекал щёлок, которым мы мыли посуду. Щёлоком разъедало руки. А в архондарик[4] мы поднимали воду с помощью верёвки и ворота.

Некоторое из того, что происходит сейчас в монастырях, нельзя оправдать. Я видел, как в одном монастыре хлеб режут с помощью электрохлеборезки. Ну куда это годится? Если хлеборез болен или ослаб и не может резать хлеб ножом, а заменить его некем, тогда ладно — электрохлеборезка ещё как-то оправдана. Но сейчас можно увидеть, как здоровенный детина режет булки циркулярной пилой! Да ему самому впору работать вместо компрессора, а он использует технику для нарезания хлеба и ещё считает это достижением!..

Старайтесь идти вперёд в духовном отношении. Не радуйтесь всем этим машинам, удобствам и тому подобному. Если из монашества уходит дух аскезы, то жизнь иноков не имеет смысла. Мы не преуспеем, если будем ставить удобства выше монашеской жизни. Монах избегает удобств, потому что в духовном отношении они ему не помогают. Даже в мирской жизни людям тяжело от множества удобств. Монаху — даже если бы его душа находила покой в вещах мирских — тем паче не приличествует комфорт. Не будем же его искать. В эпоху преподобного Арсения Великого не было ни керосиновых ламп «люкс»[5], ни других осветительных приборов. Во дворцах использовали

---

[4] *Архондáрик* — место для приёма гостей в греческих монастырях. — *Прим. пер.*

[5] Керосиновая лампа особой конструкции, дающая очень яркий свет. — *Прим. пер.*

светильники на очень чистом масле. Что, разве Арсений Великий не мог взять с собой в пустыню такой светильник? Мог, но ведь не взял. В пустыне он пользовался фитильком или ваткой с обычным растительным маслом, и этого хватало ему для освещения[6].

Имея на послушаниях различные приспособления, технические средства и прочие удобства, мы часто оправдываем себя, говоря, что всё это необходимо нам для того, чтобы работа делалась быстро, а высвободившееся время мы якобы использовали бы для духовного делания. Но, в конце концов, мы проводим многопопечительную, исполненную душевной тревоги жизнь не как монахи, а как люди мира сего. Когда в один монастырь пришло новое братство молодых монахов, то первое, что они сделали, была покупка кастрюль-скороварок — чтобы высвободилось время на исполнение монашеского правила. Потом эти монахи часами просиживали без дела и вели разные разговоры. Значит, использовать различные удобства для того, чтобы сэкономить время и посвятить его чему-то духовному, не получается. Сегодня с помощью удобств монахи выигрывают время, но времени на молитву у них не остаётся.

— Геронда, а я слышала, что даже преподобного Афанасия Афонского[7] называют человеком передовых взглядов!

---

[6] *Преподобный Арсений Великий* родился в Риме около 354 г. Был велик мудростью и добродетелью. Его называли «отцом царей», потому что император Феодосий возложил на него воспитание двух своих сыновей. Примерно в 40 лет после Божественного призвания удалился в египетскую пустыню. Несмотря на прежнюю жизнь во дворцах, как монах отличался необыкновенной строгостью и аскетизмом. День памяти 8 (21) мая. — *Прим. пер.*

[7] *Преподобный Афанасий Афонский* (†1000) — основатель Великой Лавры на Святой Афонской Горе, отец святогорского общежительного монашества, благодатный подвижник, удостоившийся дара прижизненных и посмертных чудотворений. День памяти 5 (18) июля. — *Прим. пер.*

— Да, очень передовых! Таких же передовых, как и у нынешних «передовиков»!.. Почитали бы хоть немножко житие преподобного Афанасия! Число монахов в его обители дошло до восьмисот, до тысячи, а сколько ещё разного народа приходило к нему за помощью! Сколько нищих, сколько голодных приходило в Лавру за куском хлеба и в поисках пристанища! И вот преподобный, стремясь помочь всем, купил для монастырской мельницы двух волов. Пусть купят себе волов и нынешние «передовики»! Для того чтобы кормить людей хлебом, святой Афанасий был вынужден устроить в Лавре пекарню — современную по меркам той эпохи. Византийские императоры одаривали монастыри имуществом, землями, потому что тогда обители имели также значение благотворительных учреждений. Монастыри устраивались для того, чтобы помогать народу и духовно, и материально. Поэтому императоры и давали им дары.

Нам нужно понять, что всё исчезнет, а мы предстанем пред Богом должниками. Было бы правильно, если бы мы, монахи, пользовались не теми вещами, которые выбрасывают нынешние люди, а теми, которые в прежние времена богачи выбрасывали на свалки как ненужные. Помните две вещи: первое — то, что мы умрём, и второе — то, что умрём мы, может быть, и не своей смертью. Вы должны быть готовы к смерти насильственной. Вот если об этих двух вещах вы будете помнить, то и все остальные дела пойдут хорошо — и в отношении духовном, и в каком угодно ещё, — всё пойдёт тогда своим чередом.

Лишение очень помогает людям

— Геронда, почему люди сегодня так страдают?
— Потому что они избегают труда. Комфорт — вот что приносит людям болезни и страдания. В нашу эпоху

удобства отупили людей. А мягкотелость, изнеженность принесли и множество болезней. Как раньше люди мучились, обмолачивая пшеницу! Какой же это был труд — но ведь и хлебушек — какой же он был тогда сладкий! Разве можно было увидеть где-нибудь брошенный кусок хлеба? Видя упавший кусок хлеба, люди поднимали и целовали его. Те, кто пережил оккупацию, видят лишнюю краюху хлеба и бережно откладывают её в сторонку. А остальные выбрасывают лишний хлеб — не понимают, какой ценой он достаётся. Хлеба не ценят — выбрасывают его на помойку целыми кусками. Бог даёт людям Свои благословения, но большинство людей не говорит за них даже: «Слава Тебе, Боже». Сегодня всё достаётся людям легко, без труда.

Лишения очень помогают людям. Испытывая в чём-то недостаток, чего-то лишаясь, люди становятся способны познать цену того, чего у них не стало. А те, кто сознательно, с рассуждением и смирением лишают себя чего-то ради Христовой любви, испытывают духовную радость. Если кто-то, к примеру, скажет: «Такой-то человек болен, и поэтому сегодня я не буду пить воды. Ничего большего, Боже мой, я сделать не могу». И если человек совершит это, то Бог напоит его уже не водой, а сладким прохладительным напитком — Божественным утешением.

Люди страдающие испытывают чувство глубокой благодарности за самую пустяшную оказанную им помощь. А избалованное чадо богатых родителей ничем не бывает довольно — хотя бы мать с отцом исполняли и все его прихоти. Такой ребёнок может иметь всё и быть измученным, срываться, лезть на стенку. Тогда как некоторые несчастные ребятишки испытывают огромную признательность за малейшую помощь, которую им оказали. Если какой-нибудь добрый человек оплачивает им дорогу до Афона, то как же они благодарят и его, и Христа! А от многих богатых детей слышишь: «У нас всё есть, почему у нас всё есть?» Не испытывая нужды ни в чём, они хнычут вместо того, чтобы благодарить Бога и помогать беднякам. Это величайшая неблагодарность. У них нет недостатка ни в чём материальном, и поэтому они ощущают в себе пустоту. Родители дают детям всё готовенькое, и из-за этого дети восстают против них, уходят из дома с одним рюкзаком за спиной и слоняются по миру. Родители дают им ещё и деньги, чтобы они звонили домой и сообщали, что у них всё в порядке, но тем наплевать на родительские просьбы. Потом родители начинают их искать. У одного парня было всё, но ничто его не радовало. И вот, чтобы помаяться, он ушёл из дома, ночевал в поездах, а ведь был из хорошей семьи. Тогда как если бы у него была какая-нибудь работа и он зарабатывал свой хлеб в поте лица, то его труд имел бы смысл, а он сам был бы умиротворён и славословил Бога.

Сегодня большинство людей не испытывает лишений. Любочестия у них нет именно поэтому. Если человек не трудится сам, то и труд других оценить не может. Найти себе работёнку «не бей лежачего», зарабатывать деньги и после этого искать себе лишений — да какой в этом смысл? Вот шведы, которые на всё, что нужно для жизни, получают пособия от государства и потому не трудятся, — от безделья слоняются по дорогам. Весь их труд уходит на воздух, они внутренне неспокойны, потому что сошли с духовных рельсов. Они бесцельно катятся по жизни, как катятся по дороге соскочившие с оси колёса, — покуда не падают в пропасть.

Множество удобств делает человека ни на что не годным

Сегодня люди стремятся к красоте и обольщаются красотой. Европейцам[8] это на руку — они всё крутят и крутят своими отвёртками, изготавливая что-нибудь новенькое — красивое и якобы более практичное — чтобы людям не нужно было даже шевелить руками. В прежние времена, работая старинными инструментами, люди и сами становились крепче. А после работы с нынешними механизмами и приспособлениями нужно прибегать к помощи физиотерапии и массажа. Подумать только, сейчас врачи занимаются массажем! Сегодня видишь, как у столяра свисает во-о-от такое брюхо! А разве в прежние времена можно было увидеть пузатого столяра? Разве мог появиться живот у столяра, который целыми днями строгал дерево рубанком?

Множество удобств, становясь чрезмерными, делают человека ни на что не годным. Человек превращается в бездельника. Он может перевернуть что-то рукой, но говорит: «Нет, лучше-ка я нажму на кнопочку, и пусть оно перевернётся само!» Если человек привыкает к лёгкому, то потом ему хочется, чтобы всё было лёгким. Нынешние люди хотят работать мало, а денег получать много. А если можно совсем не работать, то ещё лучше! И в духовную жизнь тоже проник этот дух — мы хотим освятиться без труда.

И болезненными большинство людей стали как раз поэтому — из-за лёгкой жизни. Если начнётся война, то как люди смогут её перенести, будучи столь избалованными? Раньше люди были, по крайней мере, закалёнными и могли

---

[8] Говоря о европейцах и Западе, преподобный Паисий не уничижает народы Америки и Западной Европы, но хочет обличить господствующий в этих странах безбожный и рационалистический дух.

выдержать трудности — даже дети. А сейчас — сплошные витамины B, C, D да лимузины «мер-се-де» — без всего этого люди уже не могут жить. Взять какого-нибудь ослабленного ребёнка — ведь если он будет работать, то у него укрепятся мускулы. Многие родители приходят и просят меня помолиться об их детях, говоря, что те парализованы. Но на самом деле у них не паралич, а просто какая-то слабость ног. Родители всё кормят и кормят такого ребёнка, а он всё сидит и сидит. Но чем больше он сидит, тем больше атрофируются его ноги. А потом родители пересаживают ребёнка в инвалидную коляску, а меня просят: «Помолись, мой ребёнок парализован». Да кто на самом деле парализован — ребёнок или родители? Я советую таким родителям кормить ребёнка чем-нибудь лёгким, неутучняющим, заставлять его понемножку ходить. Постепенно такие дети сбавляют вес, их движения становятся всё более и более естественными, а потом, глядишь, начинают и в футбол гонять! А действительно парализованным детям, которым нельзя помочь по-человечески, поможет Бог. Один мальчуган в Конице был очень непоседливым и подорвался на мине. Его ножка так скрючилась, что он не мог её выпрямить. Однако это увечье более спокойным его не сделало. От живости он постоянно шевелил искалеченной ножкой, сухожилия разработались, и нога стала здоровой. А потом он даже партизанил в отряде у Зерваса[9].

И я, когда мою ногу скрутил ишиас[10], молился по чёткам, потихоньку прохаживаясь, и нога окрепла. Часто движение приносит пользу. Если я заболеваю и через два-три дня болезнь не проходит, так что я не могу и пошевелиться,

---

[9] *Наполеон Зе́рвас* (1891–1957) — лидер антифашистского движения «Национальный греческий демократический союз», действовавшего против нацистов в Эпире и некоторых других областях Греции. — *Прим. пер.*

[10] *Ишиа́с* — воспаление седалищного нерва. — *Прим. пер.*

то я прошу Бога: «Боже мой, помоги мне только маленечко подняться и сдвинуться с места, а там я уж как-нибудь сам. Пойду заготавливать дрова». Если я останусь лежать, то мне будет ещё хуже. Поэтому я собираюсь с духом и, даже будучи простуженным, заставляю себя подняться и идти на заготовку дров. Укутываюсь поплотнее, потею, и выходит вся простуда. Можно подумать, будто я не знаю, что лежать в кровати спокойнее! Но я заставляю себя встать и — куда только всё девается! Принимая народ, я заранее знаю, что от сидения на пне у меня занемеет всё тело. Конечно, я могу постелить на пень какой-нибудь коврик, но тогда надо стелить и для других, а где я возьму столько ковриков? Поэтому ночью я в течение часа прохаживаюсь и молюсь по чёткам. Потом я на какое-то время вытягиваю ноги, чтобы в них не застаивалась кровь — с этим у меня тоже проблемы. Если я оставлю себя в покое, то за мной будет нужен уход. Тогда как сейчас, наоборот, я служу людям. Вам это понятно? Поэтому пусть человек не радуется лежанию в постели, пользы от этого нет.

— Геронда, а удобства, телесный покой вредны человеку в любом случае?

— Иногда они бывают нужны. Например, у тебя что-то болит — ну что же, тогда сиди не на досках, а на чем-нибудь мягком. Но ведь на мягком — это не значит на бархате. Подложи какую-нибудь простую тряпочку. Если же у тебя есть мужество, то не подкладывай ничего.

— Геронда, есть люди, о которых говорят: «Это старая кость».

— Да, есть такие люди. На Афоне, недалеко от моей каливы живёт один монах-киприот — старец Иосиф[11], родом

---

[11] О старце Иосифе Киприоте см.: Новый Афонский патерик. Т. II. М.: Орфограф, 2015. С. 143. — *Прим. пер.*

из Карпасии[12]. Старцу — 106 лет[13], а ухаживает за собой сам. Разве в миру такое сегодня встретишь? Некоторые нынешние пенсионеры не могут даже ходить, их ноги ослабевают, сами они от сидения заплывают жиром и становятся ни на что не годными. А если бы они были заняты каким-нибудь делом, то получали бы от этого огромную пользу. Как-то раз старца Иосифа забрали в монастырь Ватопед. Всё ему выстирали, самого вымыли, окружили заботой. А он им и говорит: «Я, как только сюда приехал, заболел. И это всё из-за вас. Везите меня обратно в мою каливу умирать». Делать нечего, пришлось везти его обратно. Как-то пришёл я его навестить. «Ну что, — говорю, — я слышал, что ты переселился в монастырь». — «Да, — отвечает, — было дело. Приехали на машине, забрали меня в Ватопед, мыли, чистили, ухаживали, но я заболел и сказал им: „Везите меня назад". Не успел вернуться, как выздоровел!» Сам уже не видит, но плетёт чётки. Однажды я передал ему немного вермишели, так он даже обиделся: «Неужто за чахоточного больного меня принимает старец Паисий, что шлёт мне вермишель?» Представьте себе — ест фасоль, ревит, бобы — такое здоровье, что только держись — как у молодого парня. Ходит, опираясь на две палки, и при этом умудряется собирать траву, которую варит и ест. Сеет на огороде лук! Для стирки одежды и мытья головы сам носит воду! А потом ещё совершает богослужение, сам читает Псалтирь, совершает своё монашеское правило, молится Иисусовой молитвой. Нанял двух кровельщиков перекрыть крышу и с палками в руках полез по лестнице посмотреть, как они работают. «Спускайся вниз», — говорят ему мастера. «Ну уж нет, — отвечает, — поднимусь, погляжу — как вы там кроете». Конечно, мучается он

---

[12] *Карпаси́я* — город на Кипре. — *Прим. пер.*
[13] В ноябре 1990 г.

сильно. Но знаете, какую он ощущает радость? Его сердце взмывает ввысь как птица! Другие монахи тайком берут его одежду и стирают её. Как-то я спросил его: «Что ты делаешь со своей одеждой?» — «У меня, — говорит,- её часто берут для стирки — тайком от меня. Но я и сам её стираю: кладу в корыто, заливаю водой, а потом ещё сверху — „клином" по ней[14]! Через несколько дней отстирывается как миленькая!» Видишь, какое доверие Богу! У других есть всё, чего ни пожелает душа, но вместе с тем — страх и тому подобное. А он от заботы заболел, но как только его оставили в покое — выздоровел.

Лёгкая жизнь человеку не на пользу. Комфорт не для монаха, удобство наносит пустыне бесчестие. Ты можешь быть избалованным прежней жизнью, однако если ты здоров, то надо себя закалить. Иначе ты не монах.

---

[14] Старец Иосиф имел в виду стиральный порошок «CLEAN».

ГЛАВА ТРЕТЬЯ
О том, что надо сделать свою жизнь проще, дабы избавиться от душевной тревоги

Мирской успех приносит душе мирскую тревогу

Чем больше люди удаляются от естественной, простой жизни и преуспевают в роскоши, тем больше увеличивается и человеческая тревога в их душах. А вследствие того что они всё дальше и дальше отходят от Бога, они нигде не находят покоя. Поэтому люди беспокойно кружатся — как приводной ремень станка вокруг «сумасшедшего колеса»[1]. Они кружатся уже и вокруг Луны, потому что целая земная планета не вмещает их великого беспокойства.

Мирская лёгкая жизнь, мирской успех приносят душе мирскую тревогу. Внешняя образованность в сочетании с душевной тревогой ежедневно приводит сотни людей (даже потерявших душевный покой маленьких детей) к психоанализу и психиатрам. Строят всё новые и новые психиатрические лечебницы, открывают для психиатров

---

[1] В прежние времена на производстве «сумасшедшим колесом» называлось нерабочее колесо, на которое надевали приводной ремень с тем, чтобы остановить станок, не выключая двигателя.

курсы повышения квалификации, в то время как многие из психиатров ни в Бога не верят, ни существование души не признают. Стало быть, как могут помочь другим душам эти люди — сами наполненные душевной тревогой? Как может быть истинно утешенным человек, не уверовавший в Бога и в истинную, вечную жизнь после смерти? Если человек постигает глубочайший смысл истинной жизни, то из его души исчезает вся тревога, к нему приходит Божественное утешение и он исцеляется. Если бы больным в психиатрической лечебнице читали вслух авву Исаака Сирина, то больные, верующие в Бога, становились бы здоровы, потому что им открывался бы глубочайший смысл жизни.

Любой ценой — с помощью успокоительных лекарств и различных учений типа йоги — люди стремятся найти покой, но только к действительному покою, который приходит к человеку смирившемуся и приносит ему Божественное утешение, они не стремятся. Подумай, как же маются все эти туристы, приезжающие сюда из других стран, под палящим солнцем, в жару и в пыли, среди шума и гама бредущие по улицам! Какое бремя, какое внутреннее неспокойствие гнетёт и терзает их души, если они считают отдыхом всё то, что им приходится переносить! Как же должно давить души этих людей их собственное «я», раз они думают, что отдыхают, испытывая такие мучения!

Если мы видим человека, страдающего от сильной душевной тревоги, огорчения и печали, несмотря на то что у него есть всё, чего ни пожелает душа, — то надо знать, что у него нет Бога. В конце концов, от богатства люди тоже мучаются. Ведь материальные блага оставляют их внутренне пустыми, и они мучаются вдвойне. Я знаю таких людей — имеющих всё, при этом не имеющих детей и испытывающих терзания. Им в тягость спать, им в тягость ходить, всё что ни возьми — для них мука. «Ну, хорошо, — сказал я одному из таких, — раз у тебя есть свободное время, займись духовной жизнью. Совершай часы², читай Евангелие». — «Не могу». — «Ну сделай тогда что-нибудь доброе — сходи в больницу, проведай какого-нибудь больного». — «Зачем я туда пойду, — говорит, — да и что это даст?» — «Тогда пойди, помоги какому-нибудь бедняку по соседству». — «Нет, — это мне тоже не по нутру». Иметь свободное время, несколько домов, все блага и при этом мучиться! А знаете, сколько таких, как он? Вот они и мучаются — пока не сойдут с ума. Как же это страшно! А самые измученные и несчастные из всех — те, кто не работают, а живут за счёт доходов с имущества. Тем, кто, по крайней мере, работает, всё же полегче.

Нынешняя жизнь с её безостановочной гонкой — это адская мука

Люди всё куда-то спешат и мчатся. В такой-то час им нужно быть в одном месте, в такой-то — в другом, потом в третьем… Чтобы не забыть, какие нужно сделать дела, люди вынуждены их записывать. Хорошо ещё, что среди такой беготни они не забыли, как их зовут! Они не знают даже самих себя. Да и как им себя узнать — разве в мутной воде можно увидеть себя как в зеркале? Да простит меня Бог, но мир превратился в самый настоящий сумасшедший дом. О жизни иной люди не думают — они лишь ищут себе всё больше и больше материальных благ. И поэтому они не находят покоя и постоянно куда-то мчатся.

К счастью, есть жизнь иная. Люди сделали свою земную жизнь такой, что, живи они здесь вечно, большей адской муки и не существовало бы. Если бы с этой тревогой в душе

---

² Часы́ (первый, третий, шестой, девятый) — отдельное краткое богослужебное последование, входящее в состав суточного богослужебного круга. — *Прим. пер.*

они жили по восемьсот, девятьсот лет — как в эпоху Ноя[3], то их жизнь была бы одним долгим адским мучением. В те времена люди жили просто. И такой долгой их жизнь была для того, чтобы сохранялось Предание. А сейчас происходит то, о чём написано в Псалтири: *Дни́е лет на́ших, в ни́хже се́мьдесят лет, а́ще же в си́лах о́смьдесят лет, и мно́жае их труд и боле́знь*[4]. А семьдесят лет — это такой срок, чтобы лишь детей своих успеть поставить на ноги, — тютелька в тютельку укладываешься.

Как-то раз ко мне в каливу зашёл один врач из Америки. Он рассказывал мне о тамошней жизни. Люди там уже превратились в машины — целые дни они отдают работе. У каждого члена семьи должен быть свой автомобиль. Кроме этого, дома, чтобы каждый чувствовал себя комфортно, должно быть четыре телевизора. Вот и давай работай, выматывайся, зарабатывай много денег, чтобы сказать потом, что ты благоустроен и счастлив. Но что общего у всего этого со счастьем? Такая исполненная душевной тревоги жизнь с её безостановочной гонкой — это не счастье, а адская мука. Зачем она тебе — жизнь с такой душевной тревогой? Я не хотел бы такой жизни, даже если бы так должен был жить весь мир. Если бы Бог сказал этим людям: «Я не стану наказывать вас за ту жизнь, которой вы живёте, но оставлю вас жить так на веки вечные», то это стало бы для меня великим мучением.

Поэтому многие, не выдерживая жизни в таких условиях, покидают города, идут без направления и цели — лишь бы уйти. Сбиваются в группы, живут на природе — одни занимаются своим физическим развитием, другие — чем-нибудь ещё. Мне рассказывали, что кто-то из них занимается бегом, другие — уходят в горы и поднимаются на высоту

---

[3] См. Быт. 5.
[4] Пс. 89, 10.

6000 метров. Сперва они задерживают дыхание, потом какое-то время дышат нормально, потом снова делают глубокий вдох… Занимаются такой ерундой! Это свидетельствует о том, что у них на сердце тяжким грузом лежит беспокойство и сердце ищет какого-то выхода. Одному такому человеку я сказал: «Вы роете яму, раскапываете её всё глубже и глубже, потом восхищаетесь этой ямой и её глубиной, а потом… падаете в неё и летите вниз. Тогда как мы не просто роем яму, но разрабатываем рудник и находим полезные ископаемые. В нашей аскезе есть смысл, поскольку она совершается ради чего-то высшего».

Душевная тревога происходит от диавола

— Геронда, миряне, живущие духовной жизнью, устают на работе и, возвращаясь вечером домой, не имеют сил совершить повечерие. А от этого они переживают.

— Если они возвращаются домой поздно вечером и уставшие, то им никогда не нужно с душевной тревогой себя насиловать. Надо всегда с любочестием говорить себе: «Если ты не можешь прочесть повечерие полностью, то прочитай половину или треть». И в следующий раз надо стараться не слишком утомляться днём. Должно подвизаться насколько возможно с любочестием и во всём полагаться на Бога. А Бог Своё дело сделает. Ум должен всегда быть близ Бога. Это самое лучшее делание из всех.

— Геронда, а какую цену имеет в очах Божиих чрезмерная аскеза?

— Если она совершается от любочестия, то радуется и сам человек, и Бог — о Своём любочестном чаде. Если человек утесняет себя от любви, то это источает мёд в его сердце. Если же он утесняет себя от эгоизма, то это приносит ему мучение. Один человек, подвизавшийся с эгоизмом и утеснявший себя с душевным беспокойством, как-то сказал: «О, Христе мой! Врата, которые Ты соделал, слишком тесны! Я не могу через них пройти». Но если бы он подвизался смиренно, то эти врата не были бы для него тесными. Те, кто эгоистично подвизаются в постах, бдениях и прочих подвигах, мучают себя без духовной пользы, потому что бьют воздух, а не бесов. Вместо того чтобы отгонять от себя бесовские искушения, они принимают их всё в большем количестве и — как следствие — в своём подвижничестве встречают множество трудностей, чувствуют, как их душит внутреннее беспокойство. В то время как у тех людей, которые сильно подвизаются со многим смирением и со многим упованием на Бога, радуется сердце и окрыляется душа.

В духовной жизни требуется внимание. Делая что-либо по тщеславию, духовные люди остаются с пустотой в душе. Их сердце не преисполняется, не становится окрылённым. Чем больше они увеличивают своё тщеславие, тем больше увеличивается и их внутренняя пустота и тем больше они страдают. Там, где присутствует душевная тревога и отчаяние, — бесовская духовная жизнь. Не тревожьтесь душой ни по какому поводу. Душевная тревога происходит от диавола. Видя душевную тревогу, знайте, что там накрутил своим хвостом тангалашка. Диавол не идёт нам поперёк. Если человек к чему-то склонен, то и диавол подталкивает его в этом же направлении, чтобы его измотать и прельстить. Например, человека чуткого он делает чрезмерно чувствительным. Если подвижник расположен делать поклоны, то диавол тоже подталкивает его к поклонам, превышающим его силы. И если твои силы ограничены, то образуется сперва некая нервозность, потому что ты видишь, что твоих сил не хватает. Потом диавол приводит тебя в состояние душевной тревоги, с лёгким — вначале — чувством отчаяния, потом он усугубляет это состояние всё больше и больше... Помню начало своего монашества. Одно время, как только я ложился спать, искуситель говорил мне: «Ты что же — спишь? Вставай! Столько людей страдают, стольким нужна помощь!..» Я поднимался и делал поклоны — сколько мог. Стоило мне опять лечь, как он опять начинал своё: «Люди страдают, а ты спишь? Вставай!» — и я опять поднимался. Я дошёл до того, что как-то сказал: «Ах, как было бы хорошо, если бы у меня отнялись ноги! Тогда у меня была бы уважительная причина не делать поклоны». Один Великий пост я, находясь в таком искушении, еле выдержал, потому что хотел утеснить себя больше своих сил.

Если, подвизаясь, мы чувствуем душевную тревогу, то должно знать, что мы подвизаемся не по-Божьему. Бог — не тиран, чтобы нас душить. Каждому следует подвизаться с любочестием, в соответствии со своими силами. Надо возделывать в себе любочестие для того, чтобы возросла наша любовь к Богу. Тогда человека будет подталкивать к подвигу любочестие, и само его подвижничество, то есть поклоны, посты и подобное этому, будет ни чем другим, как преизлиянием его любви. И тогда он с духовной отвагой будет идти вперёд.

Следовательно, не нужно подвизаться с болезненной схоластичностью, чтобы потом, отбиваясь от помыслов, задыхаться от душевной тревоги. Надо упростить свою борьбу и уповать на Христа, а не на себя самого. Христос — весь любовь, весь — доброта, весь — утешение. Он никогда не душит человека. Он в изобилии имеет духовный кислород — Божественное утешение. Тонкое духовное делание — это одно, а болезненная схоластичность, которая от нерассудительного принуждения себя к внешнему подвигу душит человека душевной тревогой и разрывает его голову болью, — это совсем другое.

— Геронда, а если человек по природе слишком много думает и его голову распирают многие мысли, то как ему следует относиться к той или иной проблеме, чтобы не выбиваться из сил?

— Если человек ведёт себя просто, то из сил он не выбивается. Но если примешивается хотя бы чуточку эгоизма, то, боясь сделать какую-нибудь ошибку, он напрягает себя и выбивается из сил. Да хотя бы и сделал он какую-нибудь ошибку — ну поругают его маленечко, ничего страшного в этом нет. Такое состояние, о котором ты спрашиваешь, может быть оправдано, к примеру, для судьи, который, постоянно сталкиваясь с запутанными делами, боится, как бы не совершить неправедный суд и не стать причиной наказания неповинных людей. В духовной же жизни головная боль появляется в том случае, когда человек, занимая какое-то ответственное место, не знает, как ему поступить, потому что ему надо принять решение, которое кого-то в чём-то ущемит, а если его не принимать, то это будет несправедливо по отношению к другим людям. Совесть такого человека находится в постоянном напряжении. Вот так-то, сестра. А ты будь внимательна к тому, чтобы духовно трудиться — не умом, а сердцем. И без смиренного доверия Богу духовного делания не совершай. В противном случае ты будешь переживать, утомлять свою голову и душой чувствовать себя плохо. В душевном беспокойстве обычно кроется неверие, но можно испытывать такое состояние и по гордости.

Безыскусность очень помогает в монашеской жизни

…Видишь, как уютно стало у вас в гостиной от простых сереньких одеял? Сейчас хоть немножко стало похоже на монастырь.

— Геронда, а как монаху понять, что приличествует монастырю, а что нет?

— Начинать надо со следующего вопроса себе самому: «Кто я такой, и какие у меня обязанности в той жизни, которой я живу?» Армии делает честь цвет хаки. Монастырю делает честь чёрный цвет. Если армию переодеть в чёрное, а монастыри — в защитный цвет, то это не будет к лицу ни армии, ни монашеству. Представляете, если вы сейчас, подобно медицинским сёстрам, переоблачитесь в белые халаты? Сёстры вы или не сёстры? Ну вот видите… А медсёстры наденут чёрные балахоны, чтобы одним своим видом доводить больных до отчаяния! «Видно, — скажут тогда больные, — наши дни сочтены, но только прямо нам об этом не говорят». Видите, такое переодевание было бы неприличным. Разве мы поступили бы так на самом деле? Какая-то вещь может быть действительно красивой, но монашеству она не приличествует. Например, бархат — красивая ткань, но если я надену бархатную рясу, то это будет мне не в честь, а в оскорбление. Не используйте в монастыре ничего красного, ничего цветастого. Не годится.

— Что же, геронда, выходит всё должно быть бесцветным, безвкусным…

— Вот тогда-то и откроется духовный вкус! Однако это нужно понять. Люди ещё не поняли того, какую радость приносит простота. Я у себя в каливе смачиваю веник водой и снимаю с углов чёрную от сажи паутину. И делаю это всего лишь раз в год. Так вы не поверите, какие красивые чёрно-белые разводы остаются на потолке от мокрого веника! Настоящие узоры! Когда люди видят мой потолок, они думают, что я его нарочно так разрисовал! И знаете, как я от этого радуюсь!

Я знаю монахов, которым была в радость не духовная жизнь, а мирской дух. Взыграния радости, которую даёт простота, они не ощутили. Безыскусность очень помогает в монашеской жизни. Монах должен иметь вещи, которые ему необходимы и которые ему приличествуют. Пусть он ограничится тем, что лишь немножко облегчит его жизнь, и не стремится к бо́льшему — к мирскому. К примеру, солдатского одеяла достаточно для того, чтобы укрыться от холода, — кружевным или цветастым одеялу быть совершенно ни к чему. Таким образом приходят простота, духовная отвага.

Принося монаху многие вещи, ты его губишь. Тогда как если человек освобождает себя от лишних вещей, это восстанавливает его силы. А если монах собирает вещи сам, то он себя губит. Когда мне присылают какие-то вещи, я чувствую тяжесть и хочу от них освободиться. Имея у себя в келье что-то лишнее, я чувствую себя так, как если бы надел рубашку, которая мне мала. И если некуда эти вещи отдать, то, по-моему, лучше их выбросить. Но стоит мне только их отдать, как я чувствую облегчение, освобождение. Как-то раз ко мне пришёл один знакомый и сказал: «Геронда, такой-то человек дал мне эти вещи, чтобы я передал их Вам. И ещё он просил помолиться, чтобы от него ушла душевная тревога». — «Чтобы от него ушла, а ко мне пришла? — сказал я в ответ. — Лучше забирай-ка ты эти вещи и уходи. Я уже старик: ходить по людям и разносить им подарки мне не по силам»[5].

Все удобства, которыми пользуются люди, не помогают монаху, а, наоборот, порабощают его. Монаху надо стараться сокращать свои потребности и упрощать свою жизнь, иначе он не становится свободным. Чистота — это одно, а лишнее украшение — совсем другое. Если для многих дел пользоваться только одной вещью, то это очень помогает сократить свои претензии. На Синае у меня была одна консервная банка — в ней я варил и чай, и кашу. А что, думаете, человеку много нужно для жизни? Вон раньше-то

---

[5] Преподобный Паисий раздавал вещи, которые ему приносили, другим монахам, у которых была в том необходимость.

в пустыне вообще питались одними финиками. Ни огня не разжигали, ни в дровах не нуждались. Я недавно взял банку из-под сгущённого молока, обрезал её и приделал что-то вроде ручки. В такой банке можно готовить кофе или чай лучше, чем во всех этих кофейниках! Только ставишь на спиртовку, как водичка тут же закипает. Ведь пока нагреется кофейник — сколько спирта сгорит. А под баночку кладёшь ватку со спиртом и пожалуйста: кофе готов. И лампы у меня тоже нет. Ночи я провожу только со свечой.

И вообще, всё простое очень помогает. Имейте вещи простые и прочные. Даже мирские люди относятся с уважением ко всему смиренному и простому. И монаху всё это очень помогает. Эти вещи помогают вспомнить о нищете, о боли, о монашеской жизни. Когда Великую Лавру на Афоне посетил король Георгий[6], отцы нашли серебряный поднос и на нём подали ему угощение. А король, едва увидел этот поднос, сказал: «А я-то ждал от вас чего-то иного, какого-нибудь деревянного подносика. Такими дорогими подносами я сыт по горло».

Вы не вкусили ещё эту сладость простоты. Простота восстанавливает силы человека. Смотри, какой замечательный крючок для одежды получается из катушки от ниток. Очень удобная вещь. А вы мучаетесь и вешаете рясу на этот тоненький гвоздик. Если начнёт сыпаться известка, то каждый раз, снимая рясу с гвоздика, надо будет её отряхивать и чистить. Почему бы не вбить в стенку несколько больших гвоздей? Самим ведь будет удобнее.

Такая стена — и ни одного гвоздя! А то вот ещё возьмёте и поставите деревянную вешалку. Но её нужно будет потом драить, сдувать с неё пыль. Надо упрощать вещи и выигрывать время, а вы вместо этого его теряете. Вы стремитесь к чему-то совершенному и мучаетесь.

---

[6] *Георгий II* (1890–1947) — король Греции с 1922 по 1929 г. и с 1935 по 1947 г.

Стремитесь к совершенному в жизни духовной. Отдавайте весь ваш потенциал не внешним художествам, а искусству возделывания души. Дни и ночи посвящайте усовершенствованию души. Обратив любовь к красоте на пользу душевному деланию, вы будете радоваться красоте своего малого духовного чертога.

— Геронда, а некоторые говорят, что самые великолепные вещи хранились в монастырях и благодаря им в мире сохранилась культура.

— Может быть, речь идёт о драгоценных сосудах, украшениях и подобном этому. Но знаете, когда в монастырях сосредоточилась большая часть таких ценностей? После падения Константинополя[7]. Прежде все эти сокровища находились во дворцах, но потом их стали отдавать в монастыри, чтобы уберечь. Например, царица Маро[8] понемножку увозила от султана разные сокровища и отдавала их в монастыри. Или же люди, находясь при смерти и не желая, чтобы их драгоценности потерялись, жертвовали их в обители. Не монастыри стремились прибрать сокровища к рукам, но сами владельцы, понимая, что в монастыре эти вещи будут в безопасности, отдавали их туда. И в монастыри Святой Горы имущие делали различные вклады, чтобы было чем кормить народ. Ведь ни домов престарелых, ни сиротских приютов, ни психиатрических лечебниц, ни разных благотворительных учреждений в те времена не было. Монастырям жертвовали и много земель, чтобы они помогали нуждающимся мирянам. То есть в те

---

[7] В 1453 г.
[8] *Царица Ма́ро* (1418–1487) — дочь сербского деспота Георгия Бранковича (1375–1456), который был вторым ктитором монастыря святого Павла на Святой Афонской Горе. Маро была выдана замуж за султана Мурата — отца султана Магомета, завоевателя Константинополя. После падения Константинополя царица Маро передала в дар монастырю святого Павла честные дары волхвов, множество святынь и мощей угодников Божиих.

трудные годы умели заглядывать вперёд: несчастному народу помогали материально с тем, чтобы потом помочь ему духовно. Когда в монастыри приходили бедняки, то им в благословение давали денежную помощь и несчастные могли женить своего сына или выдать замуж дочь. То есть монастыри получали свои богатства для того, чтобы помочь бедным. И большие здания строили для той же самой цели. А знаешь, скольким помогли монастыри во время оккупации? Очень и очень многим. У многих мирских людей даже было тогда прозвище Каракал, потому что если чей-то дом был гостеприимным, то говорили, что он прямо как монастырь Каракал[9]. И торжественные престольные праздники в честь святых в монастырях устраивали с тем расчётом, чтобы беднота могла покушать рыбки, порадоваться, а вместе с тем получить духовную помощь. А для чего устраивают торжества на престольные праздники сейчас? Собираются люди, которые ни в чём не имеют нужды, едят рыбу. А ради чего?

Роскошь обмирщает монахов

— Геронда, а до какой степени можно украшать храм?

— В наше время чем всё проще — даже в храме, — тем больше нам пользы, потому что живём мы сейчас не в Византии.

— Ну вот, например, иконостас — какой орнамент нам для него выбрать?

— Конечно, монашеский! Какой же ещё? Пусть всё будет, насколько возможно, скромно, просто. Преподобный

---

[9] *Карака́л* — один из двадцати общежительных монастырей Святой Афонской Горы.

Пахомий[10] искривил колонну в храме, чтобы люди не восхищались делом его рук. Помните этот случай? В своём монастыре преподобный со многим тщанием построил храм с кирпичными колоннами. Видя, каким красивым получился храм, преподобный радовался, но потом подумал, что радоваться прекрасному творению собственных рук — это не по Богу. Тогда он обвязал колонны верёвками и, помолившись, велел братии навалиться и тянуть — чтобы колонны искривились.

Я у себя в келье на Афоне каждый год режу жесть и латаю крышу и окна. И то, и другое прохудилось, в щели задувает ветер. Вот я и ставлю всё новые и новые заплатки — из жести, досок, полиэтилена. Ты меня спросишь: «Так что же ты не поставишь двойные окна?» Думаешь, я сам не догадываюсь, что это можно сделать? Я ведь плотник, и если бы захотел, то смог бы сделать окна и с тремя рамами. Но после этого уходит монашеский дух. Стена кельи в аварийном состоянии. Я мог бы попросить кого-нибудь помочь мне с ремонтом, но меня устраивает и то, что есть. Да как я посмею тратить такие деньги на ремонт стены, когда другие люди так нуждаются? Это не пойдёт мне на пользу. Если у меня заведётся лишних пятьсот драхм, то лучше куплю на них крестиков, иконочек и дам их какому-нибудь страдальцу, чтобы он получил от этого помощь. Я радуюсь, когда отдаю. И даже если эти деньги будут мне нужны, не стану тратить их на себя.

Начиная жить духовно, человек никогда не насыщается. Подобно этому, человек никогда не насыщается, если начинает гнаться за красивым. Знаешь, как нам надо жить

---

[10] *Преподобный Пахо́мий Великий* (ок. 292–346) — первый учредитель монашеского общежития, основатель девяти мужских и двух женских монастырей в Верхнем Египте (общим числом иноков около 7 000). Устав подвижнической жизни преподобный Пахомий принял от ангела. День памяти: 15 (28) мая. — *Прим. пер.*

сейчас? Надо оставить заботы о красивых постройках, ограничиться необходимым и отдать себя несчастью людей — помогая им молитвой, если тебе нечего дать, и милостыней, если у тебя есть возможность помочь им материально. Займитесь же молитвой, а из работ — только самым необходимым. У всего, что мы делаем здесь, — недолгий век. И стоит ли отдавать всему этому свою жизнь, зная, что другие едва сводят концы с концами и умирают с голоду? Простые постройки и смиренные вещи мысленно переносят монахов в пещеры и неприхотливые аскетерии[11] святых отцов, от этого монахи получают духовную пользу. Тогда как всё мирское напоминает монахам о мире и делает их мирскими в душе. Недавно[12] в Нитрии[13] были сделаны раскопки и найдены первые монашеские кельи — по-настоящему аскетические. Затем были найдены монашеские кельи более поздней эпохи — их вид был уже немного мирской. Наконец, были найдены самые поздние монашеские жилища, похожие на салоны богатых людей того времени, — на стенах были разные картины в рамочках, узоры и прочее. Всё это навело на монахов гнев Божий, и их обиталища были разграблены и разрушены злодеями.

Христос родился в яслях. Если мирское доставляет нам утешение, то Христос, Который никого не отвергает, легко нас отвергнет. Он скажет: «У Меня не было ничего. Разве Евангелие где-нибудь говорит обо всех этих мирских вещах? Разве вы видели что-нибудь подобное у Меня? Вы и не мирские, и не монахи. Что же Мне с вами делать, куда вас поместить?..»

---

[11] *Аскетерий* (греч. ἀσκητήριον) — уединённое монашеское жилище, место аскетических подвигов. — *Прим. пер.*

[12] Произнесено в 1986 г.

[13] *Нитрия* — гора и прилегающая к ней пустыня в северо-западной части Египта. Начиная с преподобного Макария Великого (IV век) — излюбленное место монашеских подвигов. — *Прим. пер.*

Вещи прекрасные и совершенные являются мирскими. Утешения людям духовным они не дают. Ведь все стены рассыпятся в прах. Но душа… Одна душа сто́ит дороже целого мира. А что делаем для души мы? Давайте же начнём духовную работу, станем по-доброму обеспокоены. Христос потребует с нас ответа в том, как мы духовно помогли людям и какую мы проделали духовную работу. О том, какие мы отгрохали стены, Он даже и не спросит. С нас будет взыскан ответ о нашем духовном преуспеянии.

Я хочу, чтобы вы поняли мой дух: я не говорю, что не надо заниматься строительством и тому подобными делами или что постройки надо возводить кое-как. Нет. Но сперва должно идти духовное, а после, с духовным рассуждением, — всё остальное.

Упростите вашу жизнь

«Какие же счастливцы те, кто живут во дворцах и наслаждаются всеми благами», — говорят люди мира сего. Однако блаженны те, кому удалось упростить свою жизнь, освободить себя от удавки этого мирского усовершенствования — от множества удобств, равных множеству затруднений, и избавиться от страшной душевной тревоги нынешней эпохи. Если человек не упростит свою жизнь, то он будет мучиться. Тогда как, упростив её, он избавится и от этой душевной тревоги.

Как-то раз на Синае приезжий немец сказал одному очень смышлёному мальчику-бедуину: «Ты есть умный ребёнок и способный достигайт образование». — «Ну и что потом?» — спрашивает его тот. «Потом ты будешь инженер». — «А потом?» — «Потом открывайть мастерскую по ремонт автомобилей». — «Потом?» — «Потом её увеличишь». — «И что же потом?» — «Потом нанимайть других мастеров — комплектовайте для большой рабочий персонал». — «Стало быть, что же, — говорит ему мальчуган, — сперва у меня будет одна головная боль, потом я добавлю к ней ещё одну, а потом и ещё? Не лучше ли как сейчас — иметь голову спокойной?» Головная боль, по большей части, происходит как раз от таких мыслей: «Сделаем одно, сделаем другое». А если бы мысли были духовными, то человек испытывал бы духовное утешение и не мучился бы головной болью.

Сейчас в беседах с мирскими людьми я тоже подчёркиваю значение простоты. Потому что в большей части того, что они делают, необходимости нет, и их снедает душевная тревога. Я говорю людям о безыскусности и аскетичности, я не перестаю взывать: «Упростите вашу жизнь, чтобы исчезла душевная тревога». И большинство разводов начинается как раз с этого. У людей много работы, им надо сделать столько всего, что идёт кругом голова. Работают и отец, и мать, а дети остаются без призора. Усталость, нервы — даже малый пустяк приводит к большому скандалу, а затем автоматически следует развод. Люди доходят уже и до этого. Однако, упростив свою жизнь, они будут и полны сил, и радостны. Да, душевная тревога — это сущая погибель.

Как-то раз мне довелось оказаться в роскошнейшем доме. Во время беседы хозяева сказали мне: «Мы живём прямо-таки в раю, а ведь другие люди так нуждаются». — «Вы живёте в аду, — ответил им я. — *Безу́мне, в сию́ но́щь ду́шу твою́ истя́жут от тебе́*[14], — сказал Господь безумному богачу. Если бы Христос спросил меня: „Где тебе отвести место: в какой-нибудь темнице или же в доме, подобном этому?" — то я бы ответил: „В какой-нибудь мрачной темнице". Потому что темница пошла бы мне на пользу. Она напоминала бы мне о Христе, о святых муче-

---

[14] Лк. 12:20

никах, о подвижниках, скрывавшихся в *про́пастех земны́х*[15], она напоминала бы мне о монашеской жизни. Темница была бы немножко похожа и на мою келью, и я бы от этого радовался. А о чём напоминал бы мне ваш дом и какую пользу я получил бы от него? Поэтому темницы утешают меня много больше не только какого-нибудь мирского салона, но и прекрасно отделанной монашеской кельи. В тысячу раз лучше жить в тюрьме, чем в таком вот доме».

В другой раз я остановился в Афинах у своего друга, и он попросил меня встретиться с одним многодетным отцом, но только до рассвета, потому что в другое время тому было некогда. Пришёл этот человек — радостный и непрестанно славословящий Бога. У него было много смирения и простоты, и он просил меня молиться о его семье. Этому брату было тридцать восемь лет, и он имел семерых детей. Дети, он с женой, плюс его родители — всего одиннадцать душ. Все они ютились в одной комнате. С присущей ему простотой он рассказывал: «Стоя-то мы помещаемся в комнате все, но вот, когда ложимся спать, места не хватает — тесновато. Но сейчас, слава Богу, сделали навес для кухни и стало полегче. Ведь у нас, отченька, есть и крыша над головой — другие-то вон и вовсе живут под открытым небом». Работал он гладильщиком в Пирее[16], а жил в Афинах и для того, чтобы быть на работе вовремя, выходил из дома затемно. От долгого стояния на ногах и сверхурочной работы у него образовалось варикозное расширение вен, причинявшее его ногам беспокойство. Но большая любовь к семье заставляла этого человека забывать о болячках и хворях. Вдобавок он то и дело себя укорял, говорил, что у него нет любви, что он не делает подобающих христианину добрых дел, и не мог нахвалиться

---

[15] Евр. 11:38.
[16] *Пире́й* — город-порт в 10 км от центра Афин. — *Прим. пер.*

на свою жену за то, что она делает добрые дела, заботится не только о детях, но и о свёкре со свекровью, обстирывает живущих по соседству стариков, прибирается у них в домах и даже «супчик им варит!» Лицо этого доброго семьянина светилось от благодати Божией. Он имел в себе Христа и был исполнен радости. И комнатёнка, в которой они ютились, тоже была исполнена райской радости. Те, кто не имеет в себе Христа, будут исполнены душевной тревоги. Они не поместятся и в одиннадцати комнатах даже вдвоём, тогда как здесь одиннадцать душ со Христом — поместились в одной.

Сколько бы много места ни было у людей — даже у людей духовных — им всё равно не будет хватать места, потому что в них самих не хватило место Христу, потому что Он не вместился в них полностью. Если бы жившие в Фарасах женщины поглядели на ту роскошь, которая присутствует сегодня даже во многих монастырях, то они бы воскликнули: «Бог низвергнет с неба огонь и попалит нас! Бог нас оставил!» Фарасиотки справлялись с работой в два счёта. Спозаранку они выгоняли коз, потом наводили порядок в доме, потом шли в часовню или же собирались где-нибудь в пещерах, и та, что немножко умела читать, читала житие дневного святого. Потом начинали творить поклоны с молитвой Иисусовой. Но ведь, кроме этого, они ещё работали, уставали. Женщина должна была уметь обшивать весь дом. А шили вручную. Ручные швейные машинки и в городе-то были редкостью, а в селе их не было и подавно. Хорошо если на все Фарасы была одна швейная машинка. И мужчинам они шили одежду — очень удобную, а носки вязали. Всё делали со вкусом, с любовью, но при этом и время у них оставалось, потому что всё у них было просто. Второстепенное фарасиотов не заботило. Они переживали монашескую радость. И если, скажем, ты замечал, что одеяло лежит на кровати неровно, и говорил им: «Поправьте одеяло», то в ответ слышал: «Тебе это что, мешает молиться?»

Сегодня людям неведома эта монашеская радость. Люди считают, что испытывать лишения, страдать они не должны. А если бы люди думали немножко по-монашески, если бы они жили проще, то и были бы спокойны. Сейчас они мучаются. В их душах — тревога и отчаяние: «Такому-то удалось построить два многоэтажных дома!» — или «Такому-то удалось выучить пять иностранных языков!» — или ещё что-нибудь подобное этому. «А у меня, — говорят, — нет даже своей квартиры, и иностранного языка я не знаю ни одного! Всё, пропал я!» Или же кто-то, имея автомобиль, начинает терзаться: «У другого машина лучше моей. Надо и мне покупать такую же». Он покупает себе новую машину, но и она ему не в радость — ведь у кого-то ещё есть и получше. Он покупает такую же и себе, а потом узнаёт, что у иных есть собственные самолёты, и опять мучается. Конца этому нет. Тогда как другой человек, у которого тоже нет машины, славословит Бога и радуется. «Слава Богу! — говорит он. — Ну и пусть у меня не будет машины. Ведь у меня крепкие ноги и я могу ходить пешком. А у скольких людей ноги ампутированы, и они не могут за собой ухаживать, не могут выйти на прогулку, нуждаются в чьём-то уходе!.. А у меня есть собственные ноги!» В свою очередь, человек хромой говорит так: «А каково другим, у которых нет обеих ног?» — и радуется тоже.

Неблагодарность и ненасытность — великое зло. Человек, порабощённый чем-то материальным, всегда порабощён волнением и душевной тревогой, потому что он то дрожит, боясь, как бы у него не отняли его богатство, то испытывает страх за свою жизнь. Как-то раз ко мне пришёл один богач из Афин и сказал: «Отче, я потерял контакт со своими детьми. Я потерял своих детей». — «А сколько у тебя детей?» — спросил я. «Двое, — ответил он. — Вскормил их на птичьем молоке. Имели всё, что хотели. Даже по машине им купил». Потом из беседы стало ясно, что у него была своя машина, у жены — своя и у каждого из детей — своя. «Чудак человек, — сказал я ему, — вместо того чтобы решить свои проблемы, ты их только увеличил. Сейчас тебе нужен большой гараж для машин, за их ремонт надо платить вчетверо больше, не говоря уже о том, что и ты с женой, и твои дети в любой момент рискуете разбиться. А если бы ты упростил свою жизнь, то семья была бы сплочённой, один понимал бы другого, и всех этих проблем у тебя бы не было. Вина за то, что с вами происходит, лежит не на твоих детях, а на тебе самом. Это ты виноват в том, что не воспитал их подругому». На одну семью — четыре автомобиля, гараж, свой механик и всё прочее! Да неужели один не может поехать куда-то чуть пораньше, а другой — чуть попозже? Весь этот комфорт порождает трудности.

В другой раз ко мне в каливу пришёл другой глава семьи — на этот раз из пяти человек — и сказал: «Отче, у нас есть одна машина, но я думаю купить ещё две. Так нам будет полегче». — «А насколько вам будет потруднее, ты не подумал? — спросил его я. — Одну машину ты оставляешь в какой-нибудь подворотне, а где будешь ставить три? Тебе понадобится гараж и склад для горючего. Вместо одной опасности вы будете подвергаться трём. Лучше вам обходиться одной машиной и ограничить свои расходы. И время, чтобы смотреть за детьми, у вас будет, и сами вы будете умиротворёнными. В упрощении вся основа». — «Да, — говорит, — а я ведь об этом и не задумывался».

— Геронда, один человек рассказывал нам, как он два раза не мог заставить замолчать противоугонную сигнализацию в своём автомобиле. Один раз из-за того, что в машину залетела муха, а в другой раз он сам нарушил инструкцию пользования противоугонной системой, когда садился в собственный автомобиль.

— У этих людей мученическая жизнь, потому что они не делают свою жизнь проще. Большинство удобств влекут за собой неудобства. Мирские люди задыхаются от многого. Они заполонили свою жизнь множеством удобств и сделали её трудной. Если не упростить свою жизнь, то даже одно удобство рождает кучу проблем.

В детстве мы обрезали края у катушки из-под ниток, вставляли в серединку деревянную палочку и устраивали замечательную игру, которая доставляла нам настоящую радость. Маленькие дети радуются игрушечной машинке больше, чем их отец — купленному «Мерседесу». Спроси какую-нибудь девчушку: «Что тебе подарить — куколку или многоэтажный домище?» Вот увидите, она ответит: «Куколку». Суетность мира в конце концов познают даже малые дети.

— Геронда, а что больше всего помогает понять радость, которую приносит простота, безыскусность?

— Осознание глубочайшего смысла жизни. *Ищи́те пре́жде Ца́рствия Бо́жия…*[17] Простота и всякое правильное отношение к вещам начинаются с этого.

---

[17] Мф. 6:33.

ГЛАВА ЧЕТВЁРТАЯ
О внешнем шуме и внутреннем безмолвии

Люди изменили умиротворённую природу

Большинство из тех технических средств, которыми сегодня люди пользуются для своего удобства, производят шум. Ах, своим шумом люди свели с ума умиротворённую природу, всей этой техникой они её и изменили, и разрушили. А какая тишина была раньше! Как же изменяется и как же изменяет всё вокруг человек — сам того не понимая.

Сегодня все приучились жить с шумом. Многие из современных детей любят читать, одновременно слушая рок-музыку. То есть им больше нравится читать под музыку, а не в тишине. Им спокойнее от беспокойства, потому что беспокойство сидит у них внутри. Везде слышен шум. Вот прислушайся!.. Слышишь это постоянное «в-у-у… ву-у!» Пилят доски — «ву-у…», шлифуют их — тоже «ву-у…», опрыскивают деревья распылителем — опять «ву-у…» А потом придумают другие распылители — как самолёты, чтобы ещё больше шумели, и будут говорить: «Эти распылители лучше, потому что они опрыскивают деревья не снизу, а сверху, и ни одна почка не остаётся неопрысканной». Будут искать себе такие опрыскиватели и радоваться им. Человек хочет просверлить одну-единственную дырку для гвоздя и опять включает какую-нибудь «вукалку». Зачем? Чтобы воду в ступе толочь? А он ещё этому радуется и, удивительное дело, — даже гордится! Чтобы сделать глоток свежего воздуха, покупают электрический вентилятор и слушают его гул. Раньше, когда было жарко, обмахивались рукой, а сейчас портят собственные уши ради глотка свежего воздуха. И на море сейчас создают очень много шума. Когда-то по морю бесшумно плыли корабли под парусами, а сейчас тарахтит даже самая маленькая моторка. Скоро большинство людей вообще будут кружить над землёй на самолётах! И знаешь, к чему это приведёт? Земля-то ещё хоть немного поглощает шум, а в воздухе будет такое твориться, что Боже сохрани!..

Люди разрушили даже святые пустынные места

Беспокойный мирской дух нашей эпохи своей мнимой цивилизацией разрушил даже святые пустынные места, которые умиротворяют и освящают души. Беспокойному человеку никогда нет покоя. Люди нигде не оставили тихого места. Даже Святую Землю — во что же её сейчас превратили! И в житии Фотинии-пустынницы[1] упоминается о том, что в пустыне, где она прежде подвизалась, впоследствии понаставили множество киосков, пооткрывали закусочных. В пещерах и кельях, где подвизалось столько монахов, столько святых, англичане открыли продажу прохладительных напитков. Всё, нет больше

---

[1] *Фотиния-пустынница* родилась в 1860 г. в Дамаске (Сирия) в греческой семье. Около 1884 г. удалилась в Заиорданскую пустыню. В 1915 г. по причине Первой мировой войны была вынуждена переселиться в Иерусалим, где пребывала до установления мира. Впоследствии поселилась в пустыне к западу от Мёртвого моря, где и подвизалась до самой смерти. См.: *Иоаким (Спициерис), архим.* Пустынница Фотиния. М.: Даниловский благовестник, 2011.

пустыни! Она заполнилась домами, радиоприёмниками, магазинами, отелями, аэропортами!.. Мы дожили до того времени, о котором говорил святой Косма Этолийский[2]: «Придёт время — и там, где сейчас парни вешают свои ружья, цыгане развесят свои музыкальные инструменты». Я хочу сказать, что до этого дожили и мы: там, где раньше подвизались монахи, там, где раньше висели их чётки — сейчас голосят радиоприёмники и шипят прохладительные напитки!.. Да, видно, пройдёт ещё немного лет и всё это уже не понадобится. Вообще, из того, что происходит, следует вывод: жизнь приближается к концу. Наступает конец жизни и конец этого мира.

— Геронда, а где-нибудь на Святой Горе осталось тихое место?

— Да какое там сейчас тихое место, даже и на Святой Горе! Ведь в афонских лесах без конца прокладывают всё новые и новые дороги. Повсюду гудят машины. Даже те, кто живёт в самых пустынных и безмолвных местах, купили себе машины. Мне непонятно — ну чего ищут эти люди в пустыне? Арсений Великий, слыша, как в пустыне от нежного ветерка шумит тростник, спрашивал: «Что это за шум? Не землетрясение ли?»[3] А посмотрели бы святые отцы на то, что творится сейчас! Раньше в общежительных монастырях монахи очень уставали на послушаниях.

---

[2] *Священномученик равноапостольный Косма́ Этоли́йский* (1714–1779) — народный святой Греции, пророк нового времени. Значительное время подвизался на Святой Афонской Горе. После Божественного призвания вышел в мир с проповедью о Христе. Проходя города и сёла порабощённой турками Греции, учил Евангелию, открывал школы, препятствовал исламизации греков. Совершил множество чудес и оставил много пророчеств о будущем всего человечества. По навету иудеев был задушен мусульманами и брошен в реку. День памяти: 24 августа (6 сентября). См.: *Зоитакис А.* Житие и пророчества Космы Этолийского. М: 2007. — *Прим. пер.*

[3] См.: Достопамятные сказания о подвижничестве святых и блаженных отцов. Об авве Арсении, п. 25.

Особенно трапезник и гостиник. Надо было мыть тарелки, начищать медную посуду. А сегодня всё это легко, ведь теперь у монахов есть всевозможная современная техника — которая по большей части создаёт шум. Помню, как мы в монастыре носили воду из источника и с помощью лебёдки в особых ёмкостях потихонечку поднимали её на четвёртый этаж. А сейчас воду качают насосом, и постоянно слышишь, как он тарахтит. Стены трясутся, стёкла дрожат. Поставили бы, по крайней мере, какой-нибудь глушитель. В армии во время Гражданской войны я использовал глушитель, когда заряжал батарею рации, чтобы враги на своей стороне ничего не слышали.

Как-то раз ко мне в каливу пришли монахи из одного монастыря. Они разговаривали громко. «Потише, — сказал я одному из них, — нас далеко слышно». Он продолжал кричать. «Да говори ты потише», — попросил я его снова. «Прости, геронда, — ответил он мне, — мы у себя в монастыре привыкли так орать. У нас работает генератор, и поэтому мы говорим громко — иначе не слышно». Понимаешь, о чём речь? Вместо того чтобы творить Иисусову молитву и разговаривать тихо, они включают генератор и потому кричат! Некоторые подростки снимают со своих мотоциклов глушители, чтобы грохотало на всю округу… Худо, что тот же самый дух проникает сегодня и в монашество. Да, сейчас мы идём к этому — шум доставляет монахам радость.

Сегодня утром я наблюдал за одной монастырской сестрой. Она была похожа на космонавта. В широкополой соломенной шляпе на голове, с респиратором на лице, с бензиновой сенокосилкой в руке, она спускалась по склону и любовалась собой. Астронавты так не гордились, когда прилетели с Луны! Прошло немножко времени и вдруг слышу: «Тра-та-та-та!..» Смотрю, начала она косить траву этой сенокосилкой, да так, что уже некуда было спрятаться от грохота. Только она закончила, приходит монастырский работник с ещё более громкой тарахтелкой — пахать землю. Бегал, тарахтел — взад-вперёд, взад-вперёд! Потом оставляет он свой бензоплуг, берёт другой механизм — боронить землю. Чего только ни выпало на нашу горькую долюшку!..

— И всё же, геронда, поскольку существует вся эта техника, облегчающая…

— О, знаете, сколько существует облегчающей техники!.. Избегайте, насколько возможно, всего грохочущего, всего тарахтящего, избегайте шума. Весь этот шум изгоняет нас из монастыря. Зачем тогда у вас внизу на воротах висит табличка «Исихастирий»[4]? Напишите уж лучше что-нибудь вроде «Шумостирий» или «Неспокойностирий»! Зачем тогда нужен монастырь, если в нём нет тишины? Смотрите, постарайтесь, насколько возможно, ограничить всё то, о чём мы сейчас говорим. Вы ещё не ощутили, сколь сладко безмолвие. Если бы вы это поняли, то могли бы лучше понять и то, что говорю я, и некоторые другие вещи. Если бы вы вкусили сладких духовных плодов безмолвия, то, несомненно, были бы по-доброму обеспокоены и больше стремились бы к святому безмолвию жизни духовной.

Безмолвие — это таинственная молитва

Всей этой шумной техникой инок отгоняет от себя предпосылки для молитвы и монашеской жизни. Поэтому монаху надо, насколько это возможно, стараться не поль-

---

[4] *Исихастирий* (от греч. ἡσυχία — безмолвие) — монастырь со строгим уставом, в котором монахи или монахини подвизаются в безмолвии. Большую часть недели монастырь закрыт для посещений. Установлены часы, в которые дозволено посещать обитель не только мирянам, но и клирикам. Остальное время монахи могут посвятить молитве и по-настоящему уединённой жизни. — *Прим. пер.*

зоваться шумной техникой. Всё то, что люди считают удобным, по большому счёту, не содействует монаху в достижении его цели. Находясь в таком состоянии, монах не может обрести того, ради чего он отправился в путь.

Безмолвие — великое дело. Находясь в безмолвии, человек тем самым уже молится — даже и не молясь. Безмолвие есть таинственная молитва, и оно очень помогает молитве, подобно тому как кожное дыхание приносит человеку пользу[5]. Тот, кто в безмолвии занят духовной работой, впоследствии погружается в молитву. Знаешь, что такое погружаться? Затихший в объятиях матери малыш не говорит ничего. Он уже находится в единении, общении с ней. Поэтому, если монастырь находится вдали от археологических достопримечательностей, от мирского шума и множества людей, — от этого огромная польза.

Внешнее удалённое от мира безмолвие, сопряжённое с рассудительным подвигом и непрестанной молитвой, очень быстро приносит монаху и внутреннее безмолвие — душевный мир. Это внутреннее безмолвие — необходимая предпосылка для тонкого духовного делания. А тогда уже внешнее беспокойство перестаёт тревожить человека, потому что, в сущности, на земле находится только его тело, тогда как ум его пребывает на Небе.

---

[5] Удачность приведённого преподобным Паисием примера подтверждается данными физиологии. Незаметное, постоянное потоотделение и кожное дыхание — инструмент, с помощью которого регулируется температура человеческого тела. Если, покрыв всю поверхность тела человека каким-то изолирующим материалом, лишить его кожного дыхания, то вначале последствия будут не так заметны, однако через какое-то время нарушение температурного баланса приведёт к серьёзным нарушениям жизнедеятельности организма. Аналогия с молитвой и безмолвием — прямая. Таинственная, невыраженная молитва — безмолвие — незаметно, но постоянно помогает человеку находиться в здоровом духовном состоянии. Лишение безмолвия, приводит христианина — и в особенности монаха — к незаметным на первый взгляд, но, тем не менее, разрушительным духовным последствиям. — *Прим. пер.*

Слышать или не слышать шум — зависит от самого человека

— Геронда, а что делать, если на послушании шумно или же если для рукоделия требуется какая-нибудь машинка, производящая шум?

— Когда рукоделие шумное, очень помогает тихое псалмопение. Если не можете творить Иисусову молитву — пойте что-нибудь церковное. Требуется терпение. На корабле, когда я плыву с Афона или возвращаюсь обратно, бывает очень шумно. Я сажусь куда-нибудь в уголок, чтобы меня не беспокоили, делая вид, что сплю, закрываю глаза — и начинаю петь. Чего я только не пою! Сколько разных «Достойно есть», сколько «Святый Боже». И корабельный двигатель своим гулом очень подходит для псалмопения. Двигатель «держит исон»[6] — как раз в тон с «Достойно есть» Папаниколау[7], со «Святый Боже» Нилевса[8]. Так гудит, что подходит к чему ни возьми! Я пою в уме, однако сердце тоже участвует в пении.

И всё же я думаю, что беспокойство нам причиняет не столько внешний шум, сколько внутренняя озабоченность чем-то. Слышать или не слышать внешний шум — это зависит от тебя, тогда как внутренней озабоченности избежать нелегко. Основа — это ум. Глаза могут смотреть и не видеть. Я, когда молюсь, могу глядеть на что-то, но не видеть этого. Могу куда-то идти, но ничего не замечать. Если человеку трудно творить Иисусову молитву[9] среди шума, то это

---

[6] *Исо́н* (от греч. ἴσος — ровный, одинаковый, подобный) — нижний, «базовый» голос в византийском церковном пении. — *Прим. пер.*

[7] *Папаниколау́ Харалампос* — певчий и сочинитель византийской музыки конца XIX — начала XX вв. из греческого города Кавала. — *Прим. пер.*

[8] *Нилевс Камарадос* — константинопольский певчий середины XIX в., сочинитель и теоретик византийской музыки. — *Прим. пер.*

[9] В монашеском лексиконе слово εὐχή означает краткую, состоящую из нескольких слов молитву, многократно повторяемую при молитве по чёткам.

значит, что его ум не отдан Богу. Человек должен достичь состояния божественной отвлечённости, чтобы он смог жить во внутреннем безмолвии, и шум во время молитвы его не беспокоил бы. Тогда человек достигает состояния той божественной отвлечённости, находясь в которой, он уже не слышит шума или же слышит его только тогда, когда захочет сам, а точнее — когда его ум спускается с Неба. Если человек будет духовно работать, будет подвизаться, то он достигнет этого состояния. Тогда он сможет слышать что-то или не слышать, когда захочет этого сам.

Как-то раз во время службы в армии я назначил одному моему сослуживцу — человеку благоговейному — встречу в определённом месте. «Да ведь там, — возразил он мне, — прямо под ухом кричит громкоговоритель». — «Слышать или не слышать громкоговоритель, — ответил я ему, — зависит от самого человека». Разве мы слышим то, что происходит вокруг, если наш ум чем-то занят? Помню, на Афоне напротив моей каливы пилили лес бензопилами — обнажили от деревьев целый холм. Так вот, когда я читал или молился и был этим всецело поглощён, то не слышал ничего. А когда прекращал свои духовные занятия, то начинал всё слышать опять.

Будем уважать безмолвие других

Если причиной шума не являемся мы сами, то ничего страшного — Бог всё видит. Но худо дело, если шум

Обычно это Иисусова молитва: «Господи, Иисусе Христе, Сыне Божий, помилуй мя», но кроме неё εὐχή может означать и молитву Пресвятой Богородице: «Пресвятая Богородице, спаси мя грешнаго», молитву святым: «Святый (имярек), моли Бога о мне», Честному Кресту, ангелам, совершаемую подобным образом молитву о упокоении усопших, об исцелении болящих и т.п. Это слово может переводиться как «молитва Иисусова», «молитва по чёткам», «молитва», «молитовка» и т.п. — в зависимости от контекста. «Творить молитву» в настоящем тексте означает совершать молитву такого рода. — *Прим. пер.*

возникает из-за нас. Поэтому нам надо быть постоянно внимательными, чтобы не беспокоить других. Если кто-то не хочет молиться сам, то пусть, по крайней мере, не создаёт помех другим. Поняв, сколь великий вред наносит ваш шум молящемуся человеку, вы стали бы очень внимательны. Потому что если не осознать, что тишина и лично тебе необходима, и вообще всем помогает, причём хранить её нужно от сердца, от любви, а не под принуждением и из-под палки, то доброго результата тишина не даст. Если человек соблюдает тишину, находясь в напряжении, подчиняясь правилам дисциплины, если он говорит себе: «Сейчас надо пройти так, чтобы никому не помешать, а сейчас надо прокрасться на цыпочках…», то это сущее мучение. Цель в том, чтобы поступать так от сердца, с радостью, хранить тишину, потому что кто-то молится, кто-то находится в общении с Богом. Какая же разница между соблюдением тишины в первом и втором случае! То, что человек делает от сердца, его радует и ему помогает. Если осознать тишину необходимостью и с уважением отнестись к тому, кто в это время молится, то потом приходит чувство некоего трепета. А уважая другого, человек уважает себя самого, и тогда он не берёт себя в расчёт, потому что у него нет самолюбия, но есть любочестие. Надо ставить себя на место другого, надо размышлять так: «Если бы я был на месте этого человека, то какого отношения я хотел бы к себе? Ведь если бы я был уставшим или молился, разве понравилось бы мне, что так хлопают дверью?» Если ставить себя на место другого, многое изменяется.

 А как же прекрасно раньше было в общежительных монастырях!.. Безмолвие! Каждые четверть часа били часы, чтобы все монахи помнили о необходимости творить молитву Иисусову. Если кто-то отвлекался от молитвы, то, слыша каждые пятнадцать минут бой часов, вновь возвращался к ней. От боя часов была очень большая польза. Отцы творили молитву, и в монастыре царило безмолвие, глубокая тишина. В том святогорском общежитии, где я одно время жил, подвизалось шестьдесят человек братии. А впечатление было такое, что в обители живёт всего один исихаст. Все творили молитву Иисусову. И в храме большинство творило умную молитву — пели немногие. И на послушаниях было то же самое. Везде царило безмолвие. Никто громко не разговаривал, никто не кричал, каждый занимался своим послушанием. Все двигались без шума — словно овечки. Всё, что ни делалось в монастыре, всегда совершалось без шума. Не было того, что напридумывали нынче в монастырях: «время послушания», «время безмолвия»… Пожалуй, введут ещё и «тихий час»! Раньше каждый распределял своё время в соответствии с тем послушанием, которое у него было.

Если мы хотим, чтобы благословенная пустыня помогла нам — своей святой пустотой и сладким покоем, — чтобы мы тоже умиротворились, очистились от страстей и приблизились к Богу, то и нам нужно возлюбить её и отнестись к ней с почтением. Необходимо быть внимательным, чтобы не приспособить святую пустыню к своему страстному «я». Это великое нечестие — то же самое, что идти поклониться Святой Голгофе, распевая эстрадные песенки.

Противоядие от шума — добрые помыслы

Нынешние люди, к сожалению, пользуются шумной техникой даже для незначительных дел. Поэтому, если кто-то на время окажется в шумной обстановке, ему надо возделать в себе добрые помыслы. Заставить людей не включать ту или другую шумную технику ты не можешь. Вместо этого сразу же сам включай в работу добрый помысел. Например, ты слышишь, как работает опрыскиватель, и он напоминает тебе шум летящего вертолёта. Подумай так:

«Могло бы случиться, что какая-то из сестёр тяжело заболела и прилетел бы вертолёт, чтобы забрать её в больницу. Представь, как бы ты была тогда расстроена! А сейчас все мы, слава Богу, здоровы». В этом деле требуется разум и находчивость, искусство включения доброго помысла. Например, ты слышишь, как гудит бетономешалка, работает подъёмник, шумит что-то ещё. Скажи: «Слава Тебе, Боже, что не бомбят, что не рушатся здания! Наоборот — люди живут в мире и строят жилища».

— А если, геронда, испорчены нервы, что тогда?

— Испорчены нервы? Это что же такое значит? Может быть, испорчен помысел? Нет ничего лучше доброго помысла. Один мирской человек построил себе дом в тихом месте. Прошло время, и возле его дома с одной стороны построили гараж, с другой — провели шоссе, а с третьей — открыли бар с дискотекой. До самой полуночи слушай, как гремят барабаны. Несчастный потерял сон, ложился в постель с вкладышами в ушах, даже начал принимать таблетки. Ещё немножко, и у него помутился бы рассудок. Приехал он на Святую Гору, разыскал меня и стал рассказывать: «Так мол и так, геронда, нет нам никакого покоя. Что мне делать? Я думаю строить другой дом». — «Включи в работу добрый помысел, — сказал я ему. — Вот подумай: если бы шла война и в гараже ремонтировали танки, в расположенный рядом госпиталь санитарные фургоны свозили бы раненых, а тебе бы сказали: „Сиди на месте. Жизнь мы тебе гарантируем, трогать тебя не будем. Можешь выходить из своего дома спокойно, но передвигаться только в радиусе этих построек, потому что пули сюда не долетают". Или сказали бы так: „Не высовывайся из своего дома, и никто тебе ничего не сделает". Разве тебе было бы этого мало? Разве ты не посчитал бы такие условия настоящим благословением? Поэтому сейчас скажи себе так: „Слава Тебе, Боже, что нет никакой войны, что люди живы-здоровы и занимаются своими делами. В гараже нет никаких танков, люди ремонтируют там свои машины. Слава Тебе, Боже, что нет никакого госпиталя, никаких раненых и прочего горя, которое приносит война. По шоссе не тянутся танковые колонны, а мчится поток автомобилей — люди торопятся на работу". Если ты таким образом включишь в работу добрый помысел, то после придёт славословие Бога». Бедолажка понял, что самое основное — это правильное отношение к обстоятельствам, и ушёл умиротворённым. Потихоньку он стал противопоставлять окружавшим его искушениям добрые помыслы, потом выбросил свои таблетки и засыпал уже без труда. Видишь, как один добрый помысел приводит человека в порядок?

А однажды я ехал куда-то на автобусе. У кондуктора громко работало радио. Нашими попутчиками были несколько верующих молодых людей. Они сказали кондуктору, что в автобусе находится монах, и неоднократно знаками просили его выключить приёмник. Попросили раз, попросили два — тому хоть бы хны, наоборот, ещё прибавил громкости. «Да оставьте вы его, — сказал я ребятам, — это мне не мешает. Я пою церковные песнопения, а радио мне подпевает — „держит исон"». А в помысле я говорил себе так: «Если бы, Боже сохрани, где-нибудь на трассе случилась авария и в наш автобус посадили бы покалеченных людей — одного со сломанной ногой, другого с разбитой головой, — то как бы я выдержал такое зрелище? Слава Тебе, Боже, что люди живы и здоровы! Вон гляди ещё и песни распевают!» Так я себе и ехал — напевая духовные песнопения. Прекрасное было путешествие!

Я приведу вам ещё один пример, чтобы вы увидели, как один добрый помысел приводит человека в порядок — что бы ни происходило. Я был в Иерусалиме вместе с одним своим знакомым. Наше пребывание совпало с каким-то местным праздником. Народ справлял праздник и без остановки кричал: «Алала… ах!» Такое творилось — не приведи Боже! Шум, гам, восклицания! Праздновали, как полагается — *в кимва́лех восклица́ния*[10]! Только вот слов было не разобрать. Гомонили всю ночь напролёт. Мой знакомый разнервничался, сел на подоконник, всю ночь не сомкнул глаз. А я, включив в работу добрый помысел, уснул как младенец: мне вспомнился исход евреев из Египта[11], и от этого я даже чувствовал некое умиление.

Так и вы — любое искушение отражайте добрыми помыслами. Например, кто-то хлопнул дверью. Скажите себе: «А если бы, Боже упаси, с какой-нибудь сестрой что-то случилось, если бы она ударилась и сломала ногу, то разве я смогла бы уснуть? А сейчас хлопнула дверь — ну что же, видно, у сестры было какое-то дело». Однако если монахиня начнёт осуждать и скажет: «Вот ведь какая рассеянная! Расхлопалась, понимаешь, дверями! Безобразие какое!» — то разве потом она будет в мирном состоянии? Только лишь она примет такие помыслы, как всё — тангалашка её потом взбаламутит. Или, например, какая-то сестра может услышать, как ночью долго звонит чей-то будильник. Звонит — замолкает, звонит — снова замолкает. Если монахиня, которую разбудил чужой будильник, подумает так: «Видимо, эта сестричка совсем утомилась, даже подняться не в силах. Лучше бы ей вставать и начинать своё келейное правило на полчаса позже», то ни беспокойства, ни расстройства от нечаянного пробуждения у неё не будет. Однако, подумав о себе самой, о том, что «вот, дескать, будят меня тут всякие чужие будильники!» — она может сказать: «Да что же это такое?! Ведь не дают ни капельки

---

[10] См. Пс. 150:5.
[11] См. Исх. 13–15.

покоя!» Поэтому один добрый помысел помогает человеку так, как никакой другой подвиг.

Нам надо стяжать внутреннее безмолвие

Задача в том, чтобы человек из всего извлекал пользу для духовной борьбы. Нужно постараться стяжать внутреннее безмолвие. Включая в работу правый помысел, надо извлечь пользу и из шума. Самое основное — правильное отношение к происходящему. Всему надо противопоставлять добрые помыслы. Если среди шума добиться внутреннего безмолвия, то это имеет немалую цену. А если кто-то не смог стяжать внутреннего безмолвия, находясь среди внешней суеты, то он не успокоится, даже находясь во внешне безмолвной обстановке. Когда к человеку приходит внутреннее безмолвие, то у него умолкает всё внутри и ничто его не беспокоит. Если же для того, чтобы достичь внешнего безмолвия, человек хочет попасть в безмолвную обстановку, то, попав в неё, он будет хватать палку и днём разгонять кузнечиков, а ночью — шакалов, чтобы те его не беспокоили. То есть он будет прогонять то, что будет собирать для него диавол. А как вы думали? Чем, по-вашему, занимается диавол? Он старается помешать нам, чем только можно, — до тех пор пока не уложит нас на лопатки.

В одном скиту жили два стареньких монаха. Они купили себе ослика с колокольчиком на шее. А один молодой монах, живший неподалёку от них, имел наклонность к безмолвной жизни. Он раздражался от звона колокольчика, говорил, что монахам в скиту запрещено держать ослов, и в доказательство приводил все канонические правила, какие только мог отыскать! Остальные скитские монахи говорили, что колокольчик им не мешает. «Послушай-ка, — сказал я молодому исихасту, — ведь эти старенькие монахи не докучают нам с тобой разными просьбами, а с помощью ослика обслуживают себя сами. Нам этого мало? А представляешь, если бы у ослика не было колокольчика и он потерялся? Ведь идти его разыскивать пришлось бы тогда нам! И мы ещё жалуемся?» Не имея добрых помыслов, не извлекая из всего духовную пользу, мы не преуспеем, даже живя рядом со святыми. Например, оказался я в воинской части. Ну так что же — сигнал солдатского горна будет для меня вместо монастырского колокола, а автомат будет напоминать о духовном оружии против диавола. Если же мы не извлечём из всего духовную пользу, то даже колокол будет причинять нам беспокойство. Или из всего извлечём пользу мы, или же этим воспользуется диавол. Беспокойный человек даже в пустыню перенесёт своё беспокойное «я». Сначала душа должна стяжать внутреннее безмолвие, находясь среди внешней суеты. Стяжав его, она сможет безмолвствовать и тогда, когда выйдет из мира для безмолвия.

ГЛАВА ПЯТАЯ
О том, что многое попечение удаляет человека от Бога

Не будем хвататься за многое

Люди сегодня не живут просто. Поэтому они сильно отвлекаются. Они хватаются за многое и тонут во множестве попечений. А я сперва заканчиваю с каким-то одним или двумя делами — и только потом думаю о других. Я никогда не берусь за много дел сразу. Сейчас я думаю о чём-то одном. Закончив первое, начинаю обдумывать второе. Потому что я не имею покоя, если берусь за второе, ещё не закончив первое. Хватаясь за много дел, человек теряет голову. Даже просто думать обо всех этих делах одновременно — уже приведёт к шизофрении.

Как-то ко мне в каливу пришёл один юноша в состоянии психического расстройства. Он уверял меня, что мучается оттого, что имеет какую-то наследственную чувствительность от своих родителей. «О какой ещё там наследственности ты мне говоришь? — сказал ему я. — Перво-наперво тебе требуется отдых. Потом заканчивай учёбу. После этого иди отслужи в армии, а затем постарайся устроиться на работу». Несчастный послушался и обрёл свой путь. Таким же образом люди находят и самих себя.

— Геронда, и я тоже быстро устаю от работы. А в чём причина — понять не могу.

— Чего тебе не хватает, так это терпения. А причина твоего нетерпения в том, что ты берёшься за многое. Ты разбрасываешься во все стороны и выбиваешься из сил. А это приводит тебя и к нервозности, потому что у тебя есть любочестие и ты болеешь за дело.

Когда я жил в общежительном монастыре, то нёс послушание в столярной мастерской. Старшим на послушании был другой столяр — пожилой монах отец Исидор. У него, бедного, не было ни капли терпения. Брался он делать какое-нибудь окно, потом начинал нервничать, бросал окно — хватался делать двери, потом опять нервничал, бросал двери — лез крыть крышу — и так всё оставлял на середине, ничего не доводя до конца. Одни доски терял, другие распиливал не так, как нужно... Вот так человек убивается-убивается и ничего не добивается.

А есть и такие люди, силы которых ограничены, они могут выполнять не более одного-двух дел. Но при этом они хватаются за многое, ввязываются во множество попечений и после ничего не делают должным образом, впутывая и других в свои дела и заботы. Надо стараться, насколько возможно, браться не больше, чем за одно-два дела, подобающим образом доводить их до конца, и после этого, имея ум ясным и свежим, браться за что-то ещё. Ведь если твой ум рассеется, то какую потом ты сможешь вести духовную жизнь? Как ты сможешь помнить о Христе?

Не надо отдавать своего сердца материальному

— Геронда, что Вы имеете в виду, говоря: «Отдавайте работе руки-ноги, но не отдавайте ей сердца»?

— Я имею в виду то, что не надо отдавать своего сердца материальному. Есть люди, которые отдаются материальному без остатка. Целый день напролёт у них проходит в заботе о том, как должно выполнить какую-то работу, а о Боге они не думают совсем. Не поддадимся же этому и мы. Работайте руками, работайте ногами, но не позволяйте уклоняться от Бога вашему уму, не отдавайтесь материальному всем своим существом, всем своим внутренним потенциалом и сердцем. В противном случае человек становится идолопоклонником. Насколько это возможно, не отдавайте работе своего сердца. Отдавайте ей свои руки, отдавайте ей свой рассудок. Не отдавайте сердца ничтожному, бесполезному. Иначе как оно потом взыграет о Христе? Когда сердце во Христе, тогда освящается и работа. И сам человек сохраняет тогда внутреннюю душевную свежесть сил и испытывает настоящую радость. Используйте своё сердце правильно, не тратьте его понапрасну.

Если сердце растранжирится на множество пустяков, то потом ему недостанет крепости на боль о том, что действительно стоит боли. Я отдам своё сердце тому, кто болен раком, тому, кто страдает, стану тревожиться за детей, которые находятся в опасности. Я осеняю себя крестом и прошу Бога, чтобы Он их просветил. И когда у меня посетители, моё внимание сосредоточено на боли другого человека, на любви к нему. Собственную боль я не замечаю. Таким вот образом забывается всё второстепенное, то есть человек устремляется в другую сторону.

— Геронда, а на всякой ли работе возможно не отдавать ей ума и сердца?

— Если работа простая, то она способствует тому, что ум в неё не погружается. Если работа сложная, то есть многосоставная, то некоторое погружение в неё ума бывает оправдано. Однако сердцем работа овладевать не должна.

— А с помощью чего работа овладевает сердцем?

— С помощью чего? С помощью наркотика. Искуситель усыпляет сердце, овладевает им посредством эгоизма.

Но если сердце отдано Богу, то ум пребывает в Боге, а мозги заняты работой.

— А что в точности мы подразумеваем под словом «беспопечительность»?

— Ты когда работаешь, не забывай Христа. Работай с радостью, но ум и сердце пусть будут в Боге. Тогда ты и уставать не будешь, и свои духовные обязанности[1] сможешь выполнять.

Делание, совершаемое с умиротворением и молитвой, освящается

— Геронда, не лучше ли, если работа совершается помедленнее — ради того, чтобы человек пребывал в умиротворённом состоянии?

— Лучше. Ведь если человек трудится умиротворённо, он сохраняет мир и освящает весь день. К сожалению, мы ещё не поняли, что, делая какую-то работу со спешкой, мы приобретаем нервозность. А труд, совершаемый с нервозностью, не освящается. Не надо ставить перед собой цель успеть многое, но при этом самому известись от переживаний. Это бесовское состояние.

Рукоделие, совершаемое с умиротворённостью и молитвой, освящается само и освящает людей, которые им пользуются. Вот тогда есть смысл в том, что монахи по просьбе мирян дают им в благословение какое-нибудь рукоделие. И наоборот, рукоделие, которым занимаются в спешке и нервотрёпке, передаёт это бесовское состояние и другим. Работа в спешке, с переживаниями — это харак-

---

[1] *Духовные обязанности монаха* (греч. πνευματικά καθήκοντα) — богослужения суточного круга, келейное правило, поклоны, чтение Священного Писания, святоотеческих книг и всё подобное, что каждый монах обязуется совершать неопустительно. — *Прим. пер.*

терное свойство очень мирских людей. Волнующиеся души занятых рукоделием монахов и другим людям передают не благословение, а волнение. Как же воздействует состояние человека на рукоделие, которым он занимается! Даже и на деревяшки. Страшное дело! Результат работы зависит от того, в каком состоянии находился человек, когда он ею занимался. Если человек нервничает, гневается и сквернословит, то результат его труда остаётся без благословения. Тогда как, если во время работы он поёт что-то церковное, творит молитву, его дело освящается. Одно дело становится бесовским, а другое — Божественным.

Действуя с благоговением и трудясь с молитвой, вы всегда освящаетесь сами и освящается всё, что вы делаете. Имея ум в Боге, человек освящает свою работу, своё рукоделие. Скажем, я склеиваю коробку и творю молитву Иисусову — молюсь и одновременно тружусь во славу Божию. Моя цель не в том, чтобы спешить в работе, наделать целую кучу коробок, а потом изводиться от переживаний. Это бесовское состояние. Не для этого мы пришли в монастырь, а для того, чтобы освятиться самим и освятить то, что мы делаем. Порой из-за того, что это забывается, ты чувствуешь себя словно старательная сотрудница какого-то светского учреждения — потому что, спеша устраивать разные дела, ты забываешь брать с собой Христа. Напротив, приступая к делу с молитовкой, ты чувствуешь себя служительницей Христовой. А поэтому приложи к делу и молитву Иисусову, чтобы освятилась и ты сама, и то, что ты делаешь. Знаешь, как благословляет человека Бог? Знаешь, сколько благ и какие благословения Он нам ниспосылает?

— Геронда, а если человек занимается интеллектуальной работой, например переводами, то как можно творить молитву, чтобы освящалось совершаемое дело?

— Если твой ум в Боге, то работа освящается, даже если она интеллектуальная, поскольку ты живёшь в божественной атмосфере, — пусть и не можешь творить молитву во время работы. Если человек находится в духовном состоянии, то ему это очень помогает. Он не старается отыскать смысл рассудком, но, просвещаясь, постигает его посредством Божественного просвещения.

— А что мне делать, если я не нахожусь в таком духовном состоянии, однако должна заниматься работой подобного рода?

— Тогда занимайся ей, но при этом молись, проси, чтобы Бог тебя просветил. Насколько это можно, постарайся, чтобы божественные смыслы переводимых тобою книг помогли тебе самой. И трудись с благоговением. А каждый час или два делай на несколько минут перерыв и твори Иисусову молитву.

— Геронда, работа над переводами вообще очень отвлекает. Приходится постоянно рыться в словарях, читать комментарии…

— А я вам и раньше говорил: то, что главным образом помогает при переводах, есть личный духовный опыт и очищенные помыслы, которые делают человека сосудом благодати. Тогда переложения божественных смыслов верны и происходят от Божественного просвещения, а не от рассудка, словаря и чернильницы. Я хочу сказать, что надо утвердить себя в главном — то есть в божественном, а не во второстепенном — то есть в человеческом.

От многопопечительности человек забывает Бога

— Геронда, а всегда ли попечение удаляет человека от Бога?

— Слушай-ка, что я тебе скажу: когда отец подходит к занятому игрой ребёнку и ласково гладит его, то последний, увлечённый своими игрушками, этого даже не замечает. Он заметит отцовскую ласку, если чуть оторвётся от игры. Так же и мы, будучи заняты каким-то попечением, не можем ощутить любовь Божию. Мы не чувствуем того, что даёт нам Бог. Будь внимательна: не растрачивай свои драгоценные силы на излишние хлопоты и суетные заботы, которые когда-то превратятся в прах. Хлопоча и заботясь о лишнем и суетном, ты и телесно устаёшь, и ум свой распыляешь без цели, а потом, во время молитвы, приносишь Богу усталость и зевоту — подобно той жертве, которую принёс Каин[2]. А из этого следует, что и твоё внутреннее состояние будет «каиновым», исполненным душевной тревоги и воздыханий, которые будет нагонять находящийся возле тебя тангалашка.

Не будем бесцельно растрачивать сердцевины наших сил, иначе для Бога потом у нас останутся лишь шелуха и скорлупки. Озабоченность чем-то вытягивает из сердца всю его внутреннюю силу и Христу не оставляет ничего. Если ты видишь, что твой ум то и дело отвлекается и уходит в попечения, заботы и тому подобное, надо понять, что ты забрёл не туда, куда нужно, и побеспокоиться, что ты удалился от Бога. Понять, что тебе стали ближе дела, а не Бог, тварное, а не Творец.

К сожалению, нередко мирское удовольствие от выполненной работы обманывает даже монаха. Конечно, человек сотворён для того, чтобы делать что-то хорошее, потому что благ его Творец. Но монах подвизается, желая из человека сделаться ангелом. Поэтому, чтобы трудиться духовно, он должен ограничить свой труд ради чего-то материального самым необходимым. Тогда и радость его будет происходить от выращенных духовных плодов, она станет духовной, и монах не только напитается сам, но и обильно напитает других.

---

[2] См. Быт. 4:3–7.

От многой заботы и попечений человек забывает Бога. Батюшка Тихон[3] в своей характерной манере говорил: «Фараон давал израильтянам много работы и много еды, чтобы они забыли Бога»[4]. В нашу эпоху диавол всецело увлёк людей материей, земными хлопотами. Он учит людей много работать, много кушать — чтобы они забывали Бога и, таким образом, не могли или, точнее сказать, не хотели извлечь пользу из той свободы, которая дана им для освящения души. Но, к счастью, — помимо воли диавола — из этой спешки выходит и нечто хорошее: люди не находят для греха столько времени, сколько им хотелось бы.

Много работы и попечений обмирщают монаха

Хорошо, чтобы человек, желающий жить духовно, а особенно монах, находился на расстоянии от занятий, работ, попечений определённого рода — то есть таких, которые удаляют его от духовной цели. Не надо заводить множества нескончаемых дел, потому что дела никогда не кончаются. И если монах не научится совершать внутренней работы над самим собой, то он будет постоянно уклоняться в работу внешнюю. Люди, стремящиеся закончить нескончаемые дела, заканчивают свою жизнь, имея духовные несовершенства. В конце жизни они каются, но тогда это не приносит им никакой пользы, потому что «загранпаспорт» уже выдан им на руки. В любом случае, хотя бы малая передышка от дел необходима.

---

[3] *Иеросхимонах Тихон* (Голенков, 1884–1968) — святогорский старец из России, делатель покаяния и молитвы. Духовный наставник преподобного Паисия Святогорца. День блаженной кончины: 10 (23) сентября. См.: *Старец Паисий.* Отцы-святогорцы и святогорские истории. Свято-Троицкая Сергиева Лавра, 2001. С. 13–39. — *Прим. пер.*

[4] Ср. Исх. 1:13–14.

Когда будут сокращены многие труды, естественным образом появится свежесть телесных сил и жажда внутреннего делания — которое не утомляет, но восстанавливает силы человека. Тогда и душа будет в изобилии дышать духовным кислородом. Усталость от духовного делания не отнимает силы, но восстанавливает их, потому что это делание высоко возносит человека и приближает его к нежно любящему Отцу, так что радуется и его душа.

Телесная усталость, будучи лишённой духовного смысла или, лучше сказать, происходя без духовной необходимости, при которой она могла бы быть оправдана, — ожесточает человека. Даже самая смирная лошадка, если её заездить, начинает лягаться, то есть приобретает дурную привычку, хотя раньше её не имела и могла бы с возрастом становиться смышлёнее.

Для того чтобы предпочтение отдавалось духовному, какие-то дела можно и оставить. Многая работа и многое попечение обмирщают монаха, и его орган духовного чувства становится мирским. Он живёт уже как человек мира сего — со всем душевным беспокойством и мирской тревогой. Говоря кратко, от постоянных попечений, беспокойств и несчастий он уже в сей жизни частично переживает адскую муку. Но когда монах печётся не о материальном, а о собственном спасении и о спасении всех людей, то он делает Бога своим управителем, а людей — своими служителями.

Помните случай с преподобным Геронтием и его послушником[5]? Преподобный Геронтий попросил у Пресвятой Богородицы немного воды — чтобы хватало для питья ему с послушником. Матерь Божия, как Добрая Мать, сделала отверстие в скале возле их каливы и извела

---

[5] См. *Старец Паисий*. Отцы-святогорцы и святогорские истории. Свято-Троицкая Сергиева Лавра, 2001. С. 140–141.

оттуда воду — святой источник, — чтобы им было что пить. Прошло время, и послушник преподобного стал возводить террасы, потом наносил земли, насадил сады и огороды и, войдя в столь многое попечение, пренебрегал своими духовными обязанностями. А поскольку воды не хватало, он взял зубило и стал расширять отверстие в скале — чтобы источник давал больше воды. Тогда Матерь Божия забрала воду, извела её в другом месте, намного ниже кельи, и сказала ему: «Если хочешь заниматься огородами и отвлекаться, то носи воду издалека».

*Там, где много хлопот, —
много духовных радиопомех*

— Геронда, не было ли Вам жаль оставлять келью, на восстановление которой Вы потратили столько сил, и переселяться в другое место?

— Раз я оттуда ушёл, значит, для этого была какая-то серьёзная причина.

— И везде Вы ограничивали себя только самым необходимым?

— Да, я ограничивал себя самым необходимым для здешней жизни, чтобы быть в состоянии совершать то, что необходимо для Горнего, для Неба. Потерявшись в земном, человек сбивается с пути, который возводит его на Небо. Сначала делаешь одно, потом хочется делать что-то ещё… Если тебя затянуло между этих шестерёнок, то всё — ты пропал. Потерявшись в земном, человек теряет небесное. И подобно тому как нет конца небесному, нет конца и земному. Или ты потеряешься здесь, или «потеряешься» там. А знаешь, что такое «теряться» там, в Горнем! О, я творил Иисусову молитву и погружался в неё! Ты никогда не погружалась в молитву?

Занятие многой работой, с усталостью и хлопотами, а особенно со спешкой, нам не помогает. Всё это отодвигает на второй план трезвение и ожесточает душу. Человек не может не только помолиться, но даже и подумать. Он не может действовать благоразумно и совершает неправильные действия.

А потому будьте внимательны: не растрачивайте своего времени бесцельно, без пользы для духовной жизни. Иначе вы дойдёте до того, что сильно ожесточитесь и уже не сможете исполнять свои духовные обязанности. Вам будет хотеться заниматься работами или беседами — или же для того, чтобы быть «при деле», вы будете сами создавать для себя проблемы. Когда мы оставляем Иисусову молитву и свои духовные обязанности, враг занимает наши духовные высоты и с помощью плоти и помыслов ведёт с нами брань. Он приводит в негодность все наши силы — и душевные, и телесные, он прерывает наше общение с Богом, следствием чего является пленение страстями нашей души.

Батюшка Тихон говорил монахам, что надо жить подвижнически, чтобы освободиться от попечений, а не работать подобно рабочим и кушать подобно людям мирским. Ведь дело монаха — поклоны, посты и молитвы — и не только за себя самого, но и за весь мир — живых и усопших. А работа должна быть немногой и совершаться для того, чтобы обеспечивать себя необходимым и не быть ни для кого обузой.

— Геронда, а хлопоты всегда препятствуют духовной жизни?

— Если ты занимаешься тем, что необходимо по послушанию[6], то тебе это не повредит. Если старание о воз-

---

[6] В современном русском монашеском лексиконе слово «послушание», кроме «отсечения своей воли» (греч. ὑπακοή), может означать также то или иное служение, возлагаемое на насельника монастыря (греч. διακόνημα). В данном случае имеется в виду послушание в первом смысле. — *Прим. пер.*

ложенном на тебя деле или помощи какой-то сестре не выйдет за пределы послушания, то ты будешь с нетерпением жаждать молитвы, а твоя помощь другим окажется результативной. Но если человек сам выходит за пределы послушания, сам добавляет к возложенному на него делу хлопоты, заботится о том, в чём нет необходимости, то его ум рассеивается и уходит от Бога. А если ум человека не в Боге, то как он ощутит божественную радость? Сердце легко охлаждается. Если я весь день принимаю людей, то, хоть это и духовное дело, ночью, когда я встаю на молитву, сердце моё находится в ином состоянии — отличном от того, когда я молюсь целый день. Голова забивается множеством услышанного от людей, а отбросить всё это нелегко. Насколько возможно, произноси днём молитву Иисусову и тихонечко напевай что-то церковное.

Очень помогает и недолгое духовное чтение — особенно перед молитвой. Оно очень согревает душу и рассеивает попечения, которыми человек занимался днём. А когда душа освобождается и переносится в духовную божественную атмосферу, то ум не отвлекается в своём делании. От прочитанного отрывка из Евангелия или из Отечника (в Отечнике есть маленькие, но сильные главки) ум переносится в духовную область и уже не уходит оттуда. Ведь ум — он, как непоседливый ребёнок, который не может усидеть на одном месте, — бегает то туда, то сюда. Но дай ему сладкую карамельку, и он никуда не уходит.

Свобода от хлопот и попечений приносит внутреннее безмолвие и духовное преуспеяние. Попечения удаляют монаха от Бога. Там, где много хлопот, — много духовных радиопомех, которые заглушают работу духовных радиостанций. Монаху нет оправдания, если он не ведёт духовную жизнь. Вон несчастные миряне обременены столькими заботами, а всё равно стараются. У монаха таких забот нет. Ему не надо думать ни о квартплате, ни о долгах, ни о том, есть у него работа или нет. Духовник у него рядом, храм — прямо в монастыре: молитвы, соборования, молебны, Литургии… Он свободен от забот и озабочен тем, чтобы стать ангелом, — другой цели перед ним не стоит. Тогда как у мирянина столько забот! Он озабочен тем, как вырастить детей, прочими делами — и одновременно ведёт борьбу за спасение своей души. Как говорил старец Трифон[7]: «Монах хочет совершить бдение? Он может это сделать. Хочет поститься? Может и это. Ни жены, ни детей у него нет. А мирской человек всего этого делать не может. Ведь у него дети. Одному нужна обувь, другому — одежда, третьему — что-то ещё…»

Нам надо стяжать доброе попечение

Прежде всего нам надо искать Царствия Небесного. Это должно быть нашим попечением, а *всё остальное нам приложится*[8]. Если человек забывается в этой жизни, то он теряет данное ему время, тратит его впустую. Если он не забывается и готовится к жизни иной, то его земная жизнь имеет смысл. Если думать о жизни иной, то многое меняется. А думая о том, как поудобнее устроиться здесь, человек бывает измучен, выбивается из сил и идёт в вечную муку.

Смотрите, не заразитесь нетерпеливым беспокойством и страстным увлечением земными делами: «Сейчас мы должны сделать одно, после этого — другое…», потому что в таком состоянии вас застигнет Армагеддон[9]. Одно только нетерпеливое беспокойство в связи со стройками,

---

[7] О старце Трифоне см. в кн.: *Старец Паисий*. Отцы-святогорцы и святогорские истории. Свято-Троицкая Сергиева Лавра, 2001. С. 120–125.

[8] См. Мф. 6:33 и Лк. 12:13.

[9] *Армагеддо́н* — место эсхатологической битвы на исходе времён, в которой будут участвовать «цари всей земли обитаемой» (Откр. 16:14–16) — *Прим. пер.*

ремонтами и прочими делами — уже дело бесовское. Поверните ручку настройки на Христа, потому что иначе у вас будет лишь видимость жизни со Христом, тогда как внутри останется всё мирское мудрование — и я боюсь, чтобы с вами не случилось той же беды, что и с юродивыми девами[10].

У дев мудрых были не одни лишь добрые дела, но и доброе попечение — они не смыкали глаз, они не были безразличны. Юродивые девы были безразличны и к бодрствованию не стремились. Поэтому Господь и сказал: *Бди́те*[11]. Они были девами — но юродивыми, неразумными. Если у девы нет разума от рождения, то для неё это благословение от Бога. В жизнь иную она переходит без экзаменов. Однако если у неё есть разум, но при этом она живёт неразумно, то в день Страшного Суда ей будет нечем оправдаться.

А случай с Марфой и Марией, о котором рассказывает Евангелие? Видите, как попечение довело Марфу до того, что она повела себя, некоторым образом, бесстыдно? Судя по всему, Мария сначала тоже ей помогала, но, увидев, что Марфа не собирается закругляться со своими приготовлениями, оставила её и ушла. «Как, — подумала Мария, — лишаться моего Христа ради салатов и пирожных?» Можно подумать, что и Христос шёл к ним для того, чтобы покушать Марфиных разносолов! А вот это-то Марфу и задело, и она сказала: *Го́споди, небрежéши ли, я́ко сестра́ еди́ну мя оста́ви служи́ти?*[12]

Будем же внимательны, чтобы с нами не случилось того же, что и с Марфой. Давайте помолимся о том, чтобы нам стать добрыми Мариями.

---

[10] См. Мф. 25:1–13.
[11] Мф. 25:13.
[12] Лк. 10:40.

ЧАСТЬ ТРЕТЬЯ
О ДУХЕ БОЖИЕМ И ДУХЕ МИРА СЕГО

«Внутренняя чистота истинного человека красит и его внешний вид».

ГЛАВА ПЕРВАЯ
О мирском образовании и знании

Умный человек — это человек очистившийся

Оттачивая свой ум не в божественном, а в лукавстве, человек предаёт себя диаволу. Но тогда лучше бы ему было и вовсе лишиться рассудка, чтобы в День Судный иметь смягчающие вину обстоятельства.

— Геронда, простота отличается от лукавства?

— Да, как лисица отличается от шакала. Шакал, захотев что-то утащить, смело идёт и берёт то, что хочется. Лисица же постарается получить желаемое с помощью хитрости.

— А может ли, геронда, человек считать лукавство остротой ума?

— Да, может, но — всмотревшись в себя — он поймёт, что есть лукавство и что — острота ума. Ведь таблица распознания у него есть. Каковы дарования Духа Святого? *Любовь, радость, мир* и подобное этому[1]. Есть ли в нём что-нибудь из этих дарований? Не имея в себе названных признаков, человек будет иметь в себе нечто сатанинское, отличительные признаки тангалашки.

---

[1] См. Гал. 5:22–23.

Умный человек — это человек очистившийся, освободившийся от страстей. Действительно умён тот, кто освятил и свой ум. Если не освятится ум, то от его остроты нет никакого проку. Вон журналисты, политики — они ведь люди умные, но многие из них, не имея освящённого ума, вместе с умными вещами говорят глупости. Страшные глупости морозят они от большого ума! Если сам человек не извлечёт пользы из своего ума, то его умом воспользуется диавол. Если человек не воспользуется остротой своего ума для доброго, то диавол будет использовать её для злого.

— Значит, не использовав остроты своего ума для доброго, человек даёт тем самым права диаволу?

— Если человек не использовал свой острый ум для добрых дел, то права диаволу даются сами собой. Не работая духовно, человек извращает добро. И зло делает тогда не диавол, а сам человек. Например, кто-то умён, но умом своим не работает, лентяйничает. Но раз он не работает головой, то что толку в том, что она умна?

— А может ли обладать способностью к правильному суждению человек умный, но имеющий страсти?

— Прежде всего ему надо быть внимательным в том, чтобы не доверять собственному рассудку. Доверяя собственному рассудку, человек духовный впадает в прелесть, а человек мирской — сходит с ума. Не надо верить своему помыслу. Надо спрашивать и советоваться, надо освятить свой ум. И вообще человек должен освящать всё, что у него есть. Освятившийся острый ум способствует стяжанию рассуждения. У человека умного, но неосвятившегося, духовного рассуждения не будет. А человек наивный от природы может какого-нибудь прельщённого принять за святого, а чьё-то женоподобное сюсюканье принять за благоговение. В то время как очистившийся умный человек становится весьма рассудительным.

— Геронда, каким образом острый ум очищается?

— Чтобы он очистился, человек должен не принимать «телеграммы» лукавого и не иметь лукавых мыслей, но во всём действовать с добротой и простотой. Таким образом, приходит духовная ясность, Божественное просвещение. Тогда человек видит сердца людей и не приходит к человеческим заключениям.

— Геронда, связано ли рассуждение со знанием?

— Рассуждение появляется от Божественного просвещения. Можно читать святых отцов, иметь правильные знания по каким-то вопросам, подвизаться и молиться, однако рассуждение появляется от Божественного просвещения. Это явление иного порядка.

— Геронда, в старину люди были лучше?

— Не то чтобы они были лучше, просто старинные люди имели простоту и добрый помысел. Сегодня люди на всё смотрят с лукавством, потому что они всё измеряют с помощью рассудка. Европейский дух наделал много бед. Людей изуродовал именно он. Если бы не он, то духовное состояние нынешних людей было бы прекрасным, потому что худо-бедно все сейчас образованны и с людьми можно было бы прийти к взаимному пониманию. Но современных людей учили безбожию, всем этим сатанинским теориям и таким образом их привели в негодность, так что к взаимопониманию с ними прийти нельзя. В старину ты не мог достичь взаимопонимания с человеком, если у него не было ни благоговения, ни образованности. Помню, как-то раз один монах, услышав на Литургии Преждеосвященных Даров слова «и́же во святы́х отца́ на́шего Григо́рия, па́пы Ри́мскаго»[2], решил, что поминают Римского папу и соблазнился. «Не ожидал, — говорит, — никак не ожидал, что вы станете папёжниками!» Сказав это, он вышел из

---

[2] *Святитель Григорий Двоеслов, папа Римский* (540–604 гг.) — святой Православной Церкви. Память его празднуется 12 (25) марта.

храма. Видишь, до чего доводит неведение! Неведение — это жуткое дело. А самое большое зло делают те, в ком благоговение сочетается с беспорядком в голове. Не разбираясь в сущности дела, они создают проблемы.

Знание без Божественного просвещения является катастрофой

Если бы люди «притормаживали» свой рассудок, то не только голова у них была бы свежей, но и Божественная благодать легко могла бы к ним приблизиться. Знание без просвещения является катастрофой. Человек просвещается от Бога, духовно работая над собой, подвизаясь. Он имеет Божественное просвещение, опыт жизни в Боге, а не свои собственные мысли. Поэтому он видит на далёкое расстояние. Человек близорукий вблизи видит хорошо, но предметы, находящиеся вдали, не видит. Да и тот, у кого нет близорукости, — даже если и увидит он предметы, которые находятся немного подальше, — это ведь тоже не великое достижение. Телесных глаза у человека всего два, тогда как духовных очей у человека множество.

Те, кто удаляются от Христа, лишают себя Божественного просвещения, потому что они, как глупцы, сами уходят от солнечного света и идут в место, куда лучи солнца не попадают. В результате они духовно простужены и больны. Если человек не очистится, если к нему не придёт Божественное просвещение, то его человеческое знание, каким бы оно ни было правильным, — всего лишь рационализм и ничего больше. К такому вот я прихожу заключению. А если исчезнет Божественное просвещение, то пользы от всего того, что люди станут говорить и писать, не будет. Псалтирь написана с помощью Божественного просвещения, и вы только посмотрите, насколько глубоки её смыслы! Собери хоть всех нынешних богословов и филологов и увидишь: им не сочинить даже одного-единственного псалма с такой глубиной. Царь Давид не был учёным человеком, но ясно видно, как руководил им Дух Божий.

И Церковь сегодня лихорадит, потому что нет Божественного просвещения, и каждый судит и рядит, как ему вздумается. А после подмешивается и «человеческий фактор», возникают страсти, и здесь уже диаволу есть где развернуться. Поэтому и не должны стремиться к власти те, кто находится под властью собственных страстей.

— То есть, геронда, люди должны настойчиво просить Божественного просвещения?

— Да, потому что иначе предлагаемые ими решения — порождения их рассудка. А после возникает смущение. Конференции, совещания… И худо, что те, кто этим занимается, не познали прежде всего самих себя. Ведь познание только лишь себя самого сто́ит больше, чем все знания мира. Человека, который смиренно познает себя, признают и другие. Если бы некоторые говоруны познали себя, то, увидев своё плачевное состояние, они бы не смели открыть и рта.

Как-то раз один человек жаловался, что, дескать, нет ни одного православного, чтобы представлять Православие за границей на разных конференциях и прочих мероприятиях. Всё говорил, говорил, говорил — так сгустил краски, что просто ложись да помирай. «Когда Бог, — сказал я ему, — спросил пророка Илию: „Что ты ищешь, Илия, на Хориве?" — то пророк ответил, что он остался один. Тогда Бог сказал ему: „Семь тысяч человек не преклонили колена перед Ваалом"[3]. Семь тысяч человек сохранили веру, а пророк Илия говорил: „Я остался один"! И теперь ты сгущаешь краски в то время, когда есть столько верующих! Неужели наш Вседержитель подобен Вседержителю,

---

[3] См. 3 Цар. 19:13–18.

изображаемому в куполе храма, который от землетрясения может дать трещины, и тогда мы думаем, что с ним делать, чтобы он не осыпался, приглашаем реставраторов, чтобы они его укрепили?» — «Там, в Америке, — ответил он мне, — хоть шаром покати — нет никого». — «Да как же нет, — возразил я, — когда я знаком со столькими верующими из Америки!» — «Да, — говорит, — так-то оно так. Но ведь католики — это такие продувные бестии! Так и норовят нас перехитрить!» — «Да католики, — ответил ему я, — уже и сами почувствовали отвращение к папству и сейчас возвращаются в Православие. Когда Патриарх Димитрий[4] приезжал в Америку, то разве не сами католики кричали: „Патриарх — истинный христианин, а папа — коммерсант"? Разве католики говорили это не с возмущением? А ты мне твердишь о том, что католики стремятся хитростью проникнуть в Православие, чтобы его разложить, и всё подобное этому. Тогда где же, по-твоему, Бог? Разве диавол может вытворять всё, что ему вздумается?»

К несчастью, западный рационализм оказал влияние и на восточных православных владык. И вот они находятся в Восточной Православной Христовой Церкви только телом, в то время как всем своим существом пребывают на Западе, который, как им кажется, царствует в мире. А если бы они смотрели на Запад духовно, с помощью света Востока, света Христова, то они видели бы духовный закат Запада, который потихоньку теряет свет Умного Солнца — Христа и погружается в глубокую тьму. Но вместо этого они собираются на конференции и без конца обсуждают темы, которые и обсуждать-то нечего, которые за столько лет не обсуждали даже святые отцы[5]. Все эти действия —

---

[4] Вселенский Патриарх Димитрий на Константинопольском патриаршем престоле был с 1972 по 1991 гг. — *Прим. пер.*

[5] Преподобный Паисий имеет в виду те богословские конференции, на ко-

от лукавого. Они направлены на то, чтобы заморочить головы верующим людям и соблазнить их, чтобы одних подтолкнуть к ереси, а других — к расколу. Таким образом завоёвывает новые плацдармы диавол. Ох-ох-ох, эти люди мучают народ и морочат ему голову.

А с чего всё начинается? С того, что человек, не работая духовно, имеет помысл, что он духовный человек, и после этого несёт глупости. Ребёнок, обладающий естественной чистотой ума и малым знанием, скажет тебе разумные вещи. И напротив — человек прекрасно образованный, но с умом, закопчённым от принятого им бесовского воздействия, будет говорить самые мерзкие богохульства.

Тот, кто постоянно оттачивает свой ум знанием и при этом живёт, удалившись от Бога, в конце концов делает свой ум обоюдоострым. И тогда одной его стороной он поражает себя самого, а другой стороной — своими рассудочными, не терпящими пререканий человеческими решениями — ранит людей. Человеческое знание приносит пользу тогда, когда оно освящается, становится божественным. В противном случае — это человеческое ухищрение, рассудочность, мирская логика. Неблагодатствованный ум сам по себе — это ненамагниченная железная палка, которая бьёт по металлическим предметам, желая, чтобы они к ней прилипли. Но они не прилипают, а только искорёживаются под её ударами.

Таковы нынешние люди. Всё они воспринимают с позиции сухой рассудочности. Эта рассудочность — настоящая катастрофа, ибо сказано, что *ра́зум кичи́т*[6]. Если в человеке нет Божественного просвещения, то знание никчёмно, оно приносит разрушение.

торых обсуждаются вопросы, по которым у Церкви есть определённое святоотеческое мнение, а также вопросы, не требующие обсуждения вообще.

[6] 1 Кор. 8:1.

*Наука должна быть использована
в жизни духовной*

Всё зло начинается с рассудка, когда он вращается только вокруг науки и совершенно удалён от Бога. Поэтому такие люди и не находят внутреннего мира и уравновешенности. Тогда как если ум людей вращается вокруг Бога, то и науку они используют для внутренней работы над собой и для блага мира, потому что в этом случае их рассудок освящён.

— То есть, геронда, можно сказать, что наука не приносит пользы человеку?

— Наука приносит много пользы, но приносит и много мути. Я знаком с людьми, которые, будучи недостаточно образованны, обладали большей ясностью ума, чем люди учёные. Те, кто по благодати Божией очистят свой ум от мути, которую привнесла в него наука, будут иметь больше рабочих инструментов. А если эти инструменты — знания — не освятятся, они могут быть использованы лишь для мирского, но не для духовного делания. Знания быстро освящаются, если у человека появляется добрая обеспокоенность. Люди, отдающие предпочтение своему внутреннему образованию — образованию души — и внешнюю образованность также использующие для образования внутреннего, быстро преображаются духовно. А если они не только теоретики, но и практики — в отношении духовном, то их помощь миру весьма велика, потому что они выводят людей из удушья адской муки и приводят в райское радование. Такие Божии люди часто могут иметь дипломов меньше, чем иные учёные мужи, но их помощь миру много больше. Такой человек благодатию многою благ, а не кучей ненужных бумаг (то есть дипломов). Мир наполнился грехом, и необходимо много молитвы и личного духовного опыта. Многая писанина — это бумажные деньги, достоинство которых зависит от того, чем они будут обеспечены. Следовательно, каждому необходимо трудиться на руднике своей души.

Помню, как в Эсфигменском монастыре один старенький монах был настолько простой человек, что даже Вознесение считал одной из святых. Он молился Вознесению по чёткам и говорил: «Святая угодница Божия, моли Бога о нас!» Как-то раз один из монахов в монастырской богадельне заболел, и простецу нечем было его покормить. Тогда он быстренько спустился по лестнице на нижний этаж, открыл окно, выходившее на море, высунул через него руки и попросил: «Святая моя Аналипсия[7], дай мне рыбку для брата!» И о чудо! Тут же из моря прямо ему в руки выпрыгивает вот такая здоровенная рыбина! Все, кто это видел, застыли в изумлении. А простец с улыбкой поглядывал на них, словно говоря: «Да что же вы в этом видите странного?» А мы с вами знаем, когда совершается память одного святого, когда пострадал другой, когда, где и как произошло Вознесение, и со всеми нашими знаниями не можем вымолить даже малюсенькой рыбёшки! Таковы-то вот «странности» духовной жизни, и логике той части интеллигенции, которая имеет в себе не Бога, а своё «я», эти «странности» неподвластны. Неподвластны потому, что такая интеллигенция обладает бесплодным мирским знанием, потому что она больна мирской духовной болезнью и ей недостаёт Духа Святого.

Святой Дух снисходит не с помощью техники

Слово, сказанное от интеллекта, не изменяет ду́ши, потому что оно является плотью. Души изменяет рождённое от Святого Духа слово Божие, обладающее Божественной

---

[7] В греческом языке слово «Вознесение» (Ἀνάληψη) — женского рода. — *Прим. пер.*

энергией. Дух Святой снисходит не с помощью техники, поэтому у богословия нет ничего общего с бесплодным научным духом. Святой Дух снисходит Сам — если найдёт в человеке необходимые для этого духовные предпосылки. А духовная предпосылка состоит в том, чтобы человек очистил от ржавчины свои духовные провода и стал хорошим проводником — дабы приять духовный ток Божественного просвещения. Таким образом, человек становится духовным учёным, богословом. Говоря «богословом», я имею в виду тех, чьё богословие обеспечено золотым запасом богословия и чей богословский диплом имеет цену, а не тех, кто имеет ничем не обеспеченную бумажку — диплом богослова, подобный никому не нужным дешёвым бумажным деньгам времён оккупации.

Часто человек годами тратит силы своего ума на то, чтобы выучить один-два иностранных языка. В нашу эпоху едва ли не большинство людей знают иностранные языки, но, поскольку эти языки не имеют ничего общего с языками Святой Пятидесятницы, мы переживаем величайшее вавилонское столпотворение. Величайшее зло в том, что, занимаясь сухим рассудочным богословием, мы выдаём наш рассудок за Святой Дух. А это называется «мозгословием», от которого рождается вавилонское столпотворение. Тогда как в богословии есть много языков и множество благодатных дарований, но все эти языки находятся между собой в согласии, потому что у них один Хозяин — Святый Дух Пятидесятницы и эти языки огненны.

— Геронда, в одной стихире на Пятидесятницу говорится: «Вся подаёт Дух Святы́й…»

— Да, подаёт, но тому, кто способен вместить. Как Он подаст тому, кто вместить не способен? Слово смиренного человека, основанное на его личном опыте и с болью рождающееся из глубин его сердца, имеет цену намного большую, чем куча красивых слов, которые одно за другим соскакивают с отточенного учением языка образованного человека. Этот язык не извещает души людей, потому что он — плоть, а не огненный язык Святой Пятидесятницы.

Нам надо освятить знание

Знание — это вещь хорошая, как и образование. Но если знание и образование не освятятся, то они окажутся ни на что не годными и приведут к катастрофе. Как-то раз ко мне в каливу пришли несколько студентов, нагруженных книгами, и сказали: «Мы, геронда, пришли побеседовать насчёт Ветхого Завета. Разве Бог не позволяет знание?» — «Какое знание? — спросил я. — То, которое приобретается рассудком?» — «Да», — отвечают они. «Но это знание, — сказал я, — доведёт тебя только до Луны. К Богу оно не возводит». Силы интеллекта, которые при миллиардных затратах поднимают человека на Луну, — это вещь хорошая, но много лучше их те духовные силы, которые на немногом «горючем» — на одном сухаре — возводят человека к Богу — цели его назначения. Однажды я спросил пришедшего ко мне в каливу американца: «Чего вы достигли, будучи столь великим народом?» — «Мы, — отвечает он, — слетали на Луну». — «А она, — спрашиваю, — далеко?» — «Ну, скажем, полмиллиона километров», — отвечает он. «И сколько же, — говорю, — вы потратили миллионов, чтобы на неё слетать?» — «С 1950 года и до сего дня мы потратили на это так много, что утекли целые реки долларов», — отвечает американец. «А что же до Бога-то, — спрашиваю, — не долетели? Бог далеко или нет?» — «Бог, — говорит, — очень далеко!» — «Ну, вот видишь, — отвечаю, — а мы долетаем до Него на одном сухаре!..»

Знание естественное способствует стяжанию знания духовного. Однако, не выходя из естественного знания, человек не выходит из естества и не восходит на Небо.

То есть он не выходит из рая земного, того сада, который орошали воды Евфрата и Тигра, он радуется прекрасной природе и животным, но не восходит в небесный рай, чтобы возрадоваться вместе с ангелами и святыми. Для того чтобы взойти в небесный райский сад, необходимо иметь веру в Хозяина этого сада; чтобы возлюбить Его, необходимо признать свою греховность, смириться; чтобы Его познать — беседовать с Ним в молитве и прославлять Его, и когда Он помогает нам, и когда Он испытывает нас.

— Геронда, необходимо ли изучение догматических, богословских книг человеку, которому по душе поклоны, посты, подвижничество и всё подобное этому?

— Если человек обладает элементарным образованием, то догматические познания — это инструмент, который ему помогает. Однако не следует стремиться приобрести знания для того, чтобы помогать другим или быть способным сказать что-то умное. Нет, знания в области богословия необходимо стяжать для того, чтобы помочь себе самому. Если человек постарается освятить свои таланты, дарованные от Бога, то приходит благодать, которая и самого человека освящает. А там, в благодати, — и догматика, и богословие, потому что в этом случае человек опытно переживает таинства Божии. А кто-то может быть человеком простым и, довольствуясь тем, что даровал ему Бог, не иметь желания выучить больше.

— А если, живя в монастыре, мы всё ещё желаем мирского знания, то что это значит?

— Это значит, что у нас нет разумения. *Уразуме́ете и́стину и и́стина свободи́т вы*[8]. Когда человек смирится и просветится, тогда освящаются и его умственные способности, и сама сила его рассудка. Энергия рассудка до того, как он освятится, является плотской. Если, будучи

---

[8] Ин. 8:32.

неучёным, человек эгоистично истолковывает догматы и читает Апокалипсис, святых отцов и подобные книги, он помрачается и в конце концов доходит до неверия. Он приступает к этому с эгоизмом, и потому от него уходит благодать Божия. Видите, смирение помогает во всём, силу даёт именно оно. Мой наимудрейший замысел или найденное мной самое мудрое решение есть величайшая глупость, если в них присутствует эгоизм. Тогда как смирение есть настоящая мудрость. Поэтому прилагаемые старания должны сопровождаться любочестием и многим смирением. В противном случае, вместо пользы они приведут к противоположному результату. Помрачается ум человека, и после этого он произносит богохульства, потому что приступил к делу эгоистично. Предпринятое им превосходит его силы. Даже для человека образованного, если он хочет истолковать догматы, есть опасность повредиться. Насколько же больше эта опасность для человека неучёного, если он хочет проникнуть в святоотеческий дух, не находясь в соответствующем духовном состоянии! Ведь будь он в этом состоянии хоть немножко, он бы уже не стал подвергать себя этой опасности, он бы говорил: «Если мне что-то понадобится, Бог меня просветит. Исполню-ка я то, что мне понятно. Ведь и этого — так много!»

— То есть, геронда, если кто-то неправильно толкует Евангелие, значит, у него нет смирения и благоговения?

— Да. Ведь если нет смирения, то толкования, которые он даёт, являются толкованиями от ума, от рассудка. Божественного просвещения в таких толкованиях нет.

— Если человек не понимает какой-то догмат или место из Священного Писания, то ему лучше оставить их до времени?

— Да, надо сказать себе: «Здесь сокрыт какой-то глубокий смысл, но я его не понимаю». Я поступал в подобных случаях именно так. Когда в молодости я читал Евангелие и какое-то место в нём было для меня непонятным, я не старался его истолковать. Я думал: «Здесь сокрыт какой-то глубокий смысл, но я его не понимаю». А потом, когда это было нужно, я видел, как толкование приходило само собой. Но я всё равно говорил: «Спрошу-ка я кого-нибудь ещё, как толкуется это место?» И оказывалось, что я понимал это место точь-в-точь как общепринятые святоотеческие толкования. Ведь если кто-то старается самостоятельно истолковать Евангелие, а тем более не понимая его, то это бесстыдство. Поэтому, читая Священное Писание и святых отцов, не истолковывайте прочитанное с помощью рассудка, но включайте в работу добрые помыслы — до тех пор пока не придёт рассудительное Божественное просвещение, и тогда трудное место изъяснится само собой.

— А может ли человек, достигнув лучшего духовного состояния, понять какое-то место глубже?

— Не то чтобы глубже. В одном божественном смысле сокрыто много божественных смыслов. Какие-то из них он может понять сразу, а какие-то позже. Один человек может очень много читать, много узнавать, но быть совершенно не в состоянии проникнуть в смысл Евангелия. А другой, может, читает немного, но он имеет смирение, подвижнический дух, и поэтому Бог просвещает его, и он постигает евангельский смысл. Тот, кто хочет читать больше, может хотеть этого от тщеславия или же для того, чтобы получать удовольствие. Всё равно что человек, который наблюдает за состязанием борцов и, не обращая внимания, как они борются, — чтобы это помогло стать борцом ему самому — то и дело глядит на часы, лишь бы не опоздать на всё новые и новые борцовские турниры. И таким образом, он не становится борцом сам, но остаётся зрителем.

— Геронда, часто о человеке образованном говорят: «Это просвещённый человек». Это действительно всегда так?

— Говоря «просвещённый человек», мы имеем в виду человека просвещённого духовно, зрелого духовно. Я заметил, что как человек неучёный может быть и очень гордым и очень смиренным, так и человек образованный может быть и очень гордым и очень смиренным. То есть вся основа во внутреннем просвещении. Это то, о чём говорит Василий Великий: «Важнее всего — это занимать высокое место и иметь смиренное мудрование»[9]. Тот, кто занимает какую-то значительную должность и имеет немного гордости, некоторым образом имеет в этом оправдание. Но нет никакого оправдания тому, кто имеет гордость, не занимая высоких должностей. Вся основа — в просвещении себя, во внутреннем просвещении. Если человек просвещён, образован и при этом имеет смиренное мудрование, то это лучше всего. Однако не имеет ни малейшего оправдания тот, кто, не получив большого образования, имеет высокое самомнение.

«Разум кичит»

В большинстве случаев внешнее образование приносит вред — потому что оно развивает в человеке большое самомнение, «великую идею» о самом себе. А затем эта идея становится преградой, которая препятствует благодати Божией к нему приблизиться. Тогда как если человек выбрасывает самомнение — ложную идею о самом себе, то наш Добрый и Богатый Отец обогащает его Своими светлыми божественными идеями. Однако если несчастный человек имеет великую идею о самом себе и удерживает эту идею в своей голове, то он так и остаётся головастиком, плотью, и не ведает благодати Божией — Духа Святого.

---

[9] Ср.: *Василий Великий.* Творения: в 2 т. Т. 1. Беседа 20, о смиренномудрии. М.: Сибирская благозвонница, 2012. С. 1036–1042.

То есть существует опасность, что многие знания «раздуют» его голову, превратят её в воздушный шар. И тогда человеку угрожает опасность или лопнуть, подобно воздушному шару в воздухе (от шизофрении), или упасть на землю (от гордости) — и разбиться в лепёшку. А потому знание должно следовать за страхом Божиим и идти рука об руку с деянием — чтобы поддерживалось равновесие. Одно лишь знание вредит.

Когда я, будучи побуждаем эгоизмом, говорю что-то ради того, чтобы мною полюбовались, потому что я придумал что-то лучше других, то вступают в действие духовные законы — чтобы я пришёл в себя. Однако такое эгоистическое самовыставление наносит человеку вред. Ресничка, попадая в глаз, его немного раздражает. Однако, попадая в глаз постоянно, она вызывает сильное воспаление. Так и здесь — возникает духовное воспаление. Если человек не обделён умственными способностями и с лёгкостью справляется с каким-то делом, то он должен повергаться перед Богом в прах, денно и нощно благодаря Его за то, что Бог дал ему ум и поэтому, не уставая, он может справляться со своим делом. Не благодарить Бога — да разве можно?!

— Геронда, а если человек считает, что ни с чем не может справиться?

— Тогда тангалашка искушает его с противоположного «бока». Спросили как-то раз верблюда: «Какая дорога тебе больше нравится — в горку или под горку?» — «Ну, а ровное-то место куда подевалось?» — спросил в ответ верблюд.

Те, у кого вовсе нет разума, находятся в лучшем положении. Нам-то разум дан, чтобы в лучшем положении находились мы, разумные, но вот вопрос: как мы его используем? С нас за это спросится. Как же премудро всё устроено Богом! Те, у кого нет разума, — радостны и в будущей жизни будут в лучшем положении, тогда как те, у кого много ума, — мучаются.

— Геронда, умственно отсталые люди в жизни иной не будут ущербны?

— В конечном итоге и «много мозгов» и «мало мозгов» равным образом превратятся в прах. Там, на Небе, будет пребывать ум. На Небе святые богословы не будут находиться в более выгодном положении в отношении познания Бога, чем те, кто в этой жизни были умственно неполноценны. Возможно и то, что последним Праведный Бог даст и нечто большее, потому что в этой жизни они были многого лишены.

Будем правильно работать головой

— Геронда, тогда почему же Вы часто говорите, что образование — это хорошая предпосылка для монашества?

— Смотри: человек образованный может прочитать что-то из святых отцов и при небольшом старании — поскольку он понял прочитанное — быстро преуспеть. Человеку же необразованному, если у него нет благоговения, преуспеть непросто. Необразованному требуется собственным опытом достичь божественных событий, чудес и уже потом постигать читаемое через пережитое. Тогда как человеку образованному для того, чтобы быстро преуспеть, достаточно небольшого старания — только бы он работал головой, не застревая на одной лишь теории так, чтобы она его окрадывала. Я, конечно, не говорю, что ему надо стараться посредством своего интеллекта познать таинства Божии.

— То есть, геронда, человеку необходимо использовать свой интеллект в борьбе со страстями?

— Не только в этом, но и сверх того. Человек видит благодеяния Божии, видит всю Вселенную и славословит, благодарит Бога. Погляди: ведь сначала сам Авраам взыскал Бога. Бог Авраама взыскал потом.

— То есть?

— Отец Авраама был идолопоклонником — он поклонялся истуканам. А Авраам наблюдал за вселенной, и то, что люди поклонялись бездушным идолам, привело его в недоумение. Он начал работать головой и сказал: «Не может быть, чтобы эти идолы, эти деревяшки, были богами и сотворили сей мир. Так кто же его сотворил? Кто сотворил небо, звёзды, солнце и всё остальное? Я должен найти истинного Бога. В Него я уверую, Ему поклонюсь». Вот тогда-то Бог и явился ему и сказал: *Изы́ди из земли́ твоея́ и от ро́да твоего́*[10]. Бог привёл Авраама в Хеврон, и Авраам стал любимым Божиим чадом.

Человек образованный может и не иметь благоговения, но, будучи способным понимать вещи легко, он, обладая немногим смирением и немного подвизаясь, — достигнет преуспеяния. Например, когда в роте связи, где я проходил военную службу, нас начали обучать воинской специальности радиста, то некоторые позывные были на английском языке. Те, кто был образован и знал английский, выучивали их сразу. А нам, остальным, это было непросто. Да и на занятиях по теории, которые были не такими сложными, тем, у кого был хоть какой-то запас знаний, было легче, чем нам.

Человек должен уразуметь благодеяния Божии, понять, что ему дано. Для чего Бог дал нам разум? Для того, чтобы мы исследовали, изучали, следили за собой. Бог дал людям голову не для того, чтобы они постоянно ломали её над тем, как найти всё более и более быстрое средство передвижения из одной страны в другую. Он дал нам разум, чтобы мы с усердием прилагали его к главному — к тому,

---

[10] Быт. 12:1.

как достичь цели своего назначения — Бога, истинной райской страны.

Какие же благодеяния оказал Бог народу израильскому! Какие знамения, сколько чудес! И, несмотря на это, когда Моисей со скрижалями, на которых были написаны десять заповедей Божиих, задержался на Синае и спустился с него не сразу, народ отдал Аарону свои золотые украшения для того, чтобы сделать из них золотого тельца и поклоняться ему[11]. Но в нашу-то эпоху мозги у людей… не телячьи! Поэтому образованному человеку нет оправдания в том, что он не понимает, что правильно и что нет. Бог дал нам разум для того, чтобы человек обрёл своего Творца. А вот европейцы, те своим разумом переусердствовали. Убрав из своей жизни Бога, они запутались и приближаются к пропасти.

А некоторые, несмотря на то что имеют ум, сообразительность и прочее — все предпосылки для преуспеяния — невнимательны к тому, что им говоришь. Только начинаешь им о чём-то говорить, они кричат: «Понял, понял!» — и, перебивая тебя, спешат сами закончить твою мысль. На Святую Гору приезжают очень умные ребята. Когда им что-то говоришь, то создаётся впечатление, что они схватывают услышанное на лету. Однако, будучи невнимательными, они задирают нос, и «схваченное на лету» от них… улетает. Зато другие, хоть имеют и не столь острый ум, с благоговением внимают тому, что им говорят, не перебивают, дослушивают до конца, и услышанное остаётся с ними. Первые многое понимают, со всех сторон собирают знания, заполняются ими — и ничего не делают. Разум, который дал им Бог, они приводят в негодность, их голова становится всё равно что набитая соломой. Имея гордость, они не дают благодати Божией

---

[11] См. Исх. 32:1–6.

их осенить. Тогда как вторые, не будучи семи пядей во лбу, очень смиряются. «Я, знаете ли, — говорит человек такого склада, — ужасно тупоголовый!» — и переспрашивает: «Как-как ты сказал?» И такие люди стараются применить услышанное на практике. Таким образом, они исполняются благодатью и преуспевают. Смиренный человек обычно много знает, тогда как у эгоиста знаний нет — потому что он не смиряется и не спрашивает. Преподобный Арсений Великий был самым образованным человеком в Византийской империи. Император Феодосий Великий взял его в учителя двум своим сыновьям — Аркадию и Гонорию. Однако, уйдя в монахи и поселившись в пустыне, он, сидя у ног необразованного аввы Макария, говорил: «Я не знаю даже азбуки этого простолюдина»[12].

— Геронда, а как достичь того, чтобы не исследовать вещи посредством одного лишь рассудка?

— Человек должен использовать свой рассудок правильно. С помощью рассудка он должен трудиться над исследованием величия Божия, чтобы обрести Бога, а не делать богом свой рассудок. Умные люди должны быть духовно преуспевшими. Им достаточно бросить на что-то взгляд, чтобы понять, в чём дело. Работая рассудком, человек может помочь своему ближнему — в противном случае он может его измучить. Я знаю такие случаи из жизни мирян. Был я знаком с одним пареньком. Когда его отец умер, их осталось четверо детей. Мать снова вышла замуж, и ни от неё, ни от отчима дети не видели никакой любви. Когда этот несчастный подрос, он открыл промтоварный магазин и стал трудиться. Однажды он услышал, что умер какой-то человек, оставив сиротами троих детей. Ему стало больно за этих малышей, и он предложил вдове

---

[12] См.: Достопамятные сказания о подвижничестве святых и блаженных отцов. Об авве Арсении, п. 6.

умершего: «Если хочешь, давай поженимся, будем жить как брат с сестрой и вырастим этих деток». Та согласилась. Сейчас они ведут духовную жизнь, читают жития святых, «Добротолюбие», ездят по монастырям, имеют духовника. Этот человек должным образом размыслил, поступил правильно и приял Божественную благодать. А в противном случае тангалашка внушал бы ему: «Тебя в детстве мучили, вот и ты сейчас мучай этих детей». Однако этот человек «отомстил» за себя не злом, а добром. Одни используют свой разум для доброго и придумывают что-то доброе. Другие используют его для разрушения, и тангалашка помогает им в этом.

В случае с Авелем и Каином мы видим то же самое[13]. Разве Бог сотворил Авеля из одного теста, а Каина из другого? Нет. Но Авель правильно работал своим разумом, который даровал ему Бог. «Бог, — подумал он, — дал мне целое стадо овец — так неужели я не дам Ему одного ягнёнка?» Он выбрал самого лучшего ягнёнка, заклал его и принёс в жертву Богу. А Каин принёс в жертву Богу пшеницу вместе с мякиной и высевками. Один принёс в жертву отборного ягнёнка, а другой — ни на что не годные остатки колосьев, стеблей и другие отходы от молотьбы. Ну ладно, не хочешь ты приносить в жертву ягнёнка — так возьми же, по крайней мере, немножко чистой пшеницы! Но, к несчастью, Каин взял пшеницу со всяким мусором и стал воскурять её на жертвеннике. Что принёс в жертву один, и что другой! Жертва Авеля была благоприятна Богу, и после Каин позавидовал Авелю и убил его. Таким образом, Бог воздал Авелю за то, что он претерпел, а его старший брат кружил по лесам, подобно дикому зверю. Понятно, что Бог даровал каждому человеку свободу, но во благо использовал эту свободу Авель.

---

[13] См. Быт. 4:2–15.

ГЛАВА ВТОРАЯ
О рационализме нашего времени

Здравый смысл в духовной жизни

— Геронда, какое место в духовной жизни занимает здравый смысл?

— Какой здравый смысл? Мирской? Такой здравый смысл не занимает в жизни духовной никакого места[1]. В духовной жизни через окно к тебе входят ангелы и святые, ты видишь их, беседуешь с ними, потом они от тебя уходят. Если же ты захочешь исследовать такие события с помощью здравого смысла, то ничего не получится. К несчастью, в нашу эпоху умножившихся знаний доверие одному лишь здравому смыслу сдвинуло веру с её оснований и наполнило души людей сомнениями и вопросительными знаками. А потому мы лишили себя и чудес — ведь чудо переживается опытом, а не изъясняется посредством здравого смысла. Наоборот, вера в Бога

---

[1] Говоря о «здравом смысле» и порицая его, преподобный Паисий имеет в виду не то благодатное дарование, которым Бог почтил человека, но рационализм, или, как выражается сам преподобный, «нездравый смысл», то есть «смысл», лишённый веры в Бога, не принимающий Божественного Промысла и исключающий возможность чуда. — *Прим. пер.*

привлекает на землю Божественную силу и опрокидывает все человеческие умозаключения. Вера совершает чудеса, воскрешает мёртвых и оставляет науку стоять с разинутым от удивления ртом. Если смотреть со стороны, все явления духовной жизни кажутся лишёнными здравого смысла. Если человек не повергнет долу своё мирское мудрование, не станет человеком духовным, то познать кажущиеся странными, нелогичными таинства Божии ему невозможно. Всякий, кто полагает, что может познать Божии таинства с помощью внешних научных теорий, похож на того глупца, который хочет увидеть рай в телескоп.

Здравый смысл приносит много вреда, если кто-то хочет исследовать с его помощью то, что относится к области божественного — таинства, чудеса. Католики со своим «здравым смыслом» дошли до того, что подвергли Божественное Причащение анализу в химической лаборатории — чтобы увидеть, действительно ли это Тело и Кровь Христовы, тогда как святые одной лишь верой часто видели на святой лжице Плоть и Кровь. Скоро дойдут до того, что святых будут посылать на рентген, дабы убедиться в их святости! Католики отбросили от себя Святого Духа, заменили Его собственным здравым смыслом и доходят даже до белой магии. Одному католику, имевшему доброе расположение (несчастный плакал), я сказал так: «Среди различий между нами важное место занимает вот что: вы стоите на разуме — а мы на вере. Вы развили рационализм и, вообще, „человеческий фактор". Своим здравым смыслом вы ограничиваете Божественную силу, потому что благодать Божию вы отодвигаете на последнее место. В святую воду вы добавляете химические консерванты, чтобы она не портилась. Мы в испорченную воду добавляем воду святую, и испорченная вода становится хорошей. Мы веруем в освящающую благодать, и святая вода хранится и двести, и пятьсот лет, она не портится никогда».

— То есть, геронда, человек предпочитает Богу логику, здравый смысл?

— Может быть, лучше сказать не логику, а гордость? Ведь, в сущности, здравый смысл, о котором мы сейчас говорим, есть на самом деле нездравый, испорченный смысл. Гордость — это испорченная логика, это здравый смысл, в котором кроется эгоизм и свил своё гнездо враг — бес. Когда к нашим действиям примешивается здравый смысл подобного рода, мы даём диаволу права над собой.

— Геронда, а если духовному человеку надо преодолеть какое-то искушение, то здравому смыслу всё равно не должно быть места?

— В этом случае нужно сделать то, что возможно по-человечески, а то, что по-человечески сделать невозможно — оставить на Бога. Есть люди, которые всё стремятся «пощупать» рассудком. Как те, которые хотят творить умную молитву головой. Чтобы сосредоточиться, они напрягают голову, и потом она начинает болеть. Если бы я подобным образом подходил к тем проблемам, с которыми мне ежедневно приходится сталкиваться, то разве я мог бы с ними справиться? Но я делаю то, что можно сделать по-человечески, а в остальном полагаюсь на Бога. «Бог, — говорю я, — покажет выход и просветит в том, что необходимо сделать». Многие начинают причитать: «Как справиться с таким-то делом, как быть с другим, что делать с третьим?» — и от малейшего пустяка у них болит голова. Стараясь упорядочить что-то посредством одной лишь рассудочности, человек заморочивает себе голову. Перед каждым своим действием надо давать действовать Богу. Не надо делать что-то, не доверившись Богу, потому что в этом случае человек тревожится, утомляет свой рассудок и чувствует себя плохо душой.

— Геронда, раньше Вы говорили, что до перенапряжения не доходите. Как Вам это удаётся?

— Да, я не перенапрягаюсь, потому что не подхожу к тому, с чем мне приходится сталкиваться, с помощью рассудка. Если у меня болит голова, то это или от простуды или от пониженного давления. А со сколькими проблемами мне приходится сталкиваться! Каждый день у меня люди с вопросами, с болью, и потом я опять возвращаюсь мыслью к тем, кто приходил ко мне с разными проблемами, к больным, к тем, у кого есть какая-то нужда. И вот ведь: если приходивший ко мне больной становится здоровым, то он почему-то не сообщает мне об этом, чтобы я немножко порадовался. И я продолжаю держать в памяти и его.

— Геронда, а как монах может упорядочить свой помысел, чтобы не выбиваться из сил от рассудочности?

— Помысел надо упорядочить с помощью духовно здравого смысла, а не с помощью мирской рассудочности. Надо повернуть ручку настройки на духовную частоту. Монах должен мыслить духовно и расположить себя духовно. Даже в мирянине — если он человек духовный — мирской здравый смысл не имеет никакого места. Мирской здравый смысл годится для хорошего, но неверующего человека.

— Геронда, а что Вы имеете в виду под словами «расположить себя духовно»?

— Расположить себя духовно — значит радоваться не тому, чему радуются люди мирские, а противоположному. Например, радоваться, что тебя не ставят ни во грош. Мы будем двигаться в духовном пространстве, только если наши устремления будут противоположны мирским. Тебе хочется денег? Отдай и кошелёк. Хочется на архиерейскую кафедру? Сажай себя на скамью подсудимых.

— А у нас, геронда, какой процент здравого смысла?

— Кое-какие «винтики» вам надо бы поослабить. Молитвенно желаю, чтобы вы дошли до того умопомрачения любви, которое есть божественное безумие. А иначе те, кого привозят в Лембети², находятся в положении лучшем, нежели христиане, имеющие рационализм, то есть гордый здравый смысл.

Мирская рассудочность мучает человека

— Геронда, я чувствую, что моё сердце жёсткое, как камень. Что мне делать с моим жестокосердием?

— У тебя не жестокосердие, а «головосердие». Всё твоё сердце собралось в голове, и сейчас работает только она. Но у тебя ещё есть возможность исправиться — сердце может вернуться на своё место.

— Каким образом?

— Каждый день читай по одному канону из Феотокариона³. Это самое лучшее лекарство для того, чтобы заработало сердце. Сердце у тебя есть, но его заслоняет рассудочность. Ты скопировала себе европейский типикон, европейский менталитет. Во всём ты стараешься быть формально безукоризненной. Будь ты сотрудницей какого-нибудь европейского светского учреждения, тебя всем ставили бы в пример. На работу приходишь минута в минуту, порученное дело выполняешь безукоризненно. Ты была бы для всех эталоном. Если ту же самую последовательность ты приложишь к духовной жизни, то будешь двигаться семимильными духовными шагами и быстро достигнешь рая. Но видишь ли, европейский дух со своей рассудочностью влечёт человека не к Богу, а куда-нибудь на

---

² *Лембе́ти* — психиатрическая больница в Салониках.
³ *Феотока́рион* (греч. — Θεοτοκάριον) — сборник богослужебных канонов в честь Пресвятой Богородицы, составленный преподобным Никодимом Святогорцем и впервые изданный в 1796 г. Содержит 62 канона, написанных двадцатью двумя песнописцами разных эпох. — *Прим. пер.*

Луну. Сейчас ты ведёшь себя, как в светском учреждении. Однако в духовной жизни всё по-другому. Необходима простота. Веди себя просто и имей доверие Богу.

— Геронда, а как приобрести эту простоту?

— Просверлить надо твою головушку и вкачать в неё мозги времён давно минувших! Погрузи себя в простоту отечников и патериков, чтобы познать ту духовную науку, которая возводит душу ввысь и восстанавливает её силы. Тогда и человек не будет болеть. Рассудочность мучает человека. Например, я говорю: «Надо сделать так» — и делаю, потому что это надо сделать. То есть я делаю это не от сердца, а потому что мне подсказывает так рассудочность. И не только рассудочность, но и воспитанность говорит: «Надо уступить своё место другому». Однако этого не говорит сердце. Но если моё сердце взыграет и я уступлю своё место от любви, то это совсем другое дело. Тогда я почувствую радость.

В наших действиях не должно присутствовать нашего «я». Не надо искать покоя для самих себя. Это мешает приходу Христа. Надо стремиться к тому, что доставляет покой другому человеку. Действительный покой рождается от доставления покоя другому. Тогда в человеке почивает Бог, и сам человек перестаёт уже быть человеком, достигает обожения. В противном же случае работает один лишь рассудок и всё остаётся плотским, человеческим.

Мирской здравый смысл утомляет рассудок и истощает телесные силы: он зажимает, ограничивает сердце, тогда как духовно здравый смысл сердце расширяет. Если разум используется разумно, то он может уязвить сердце и помочь ему. Когда ум уходит в сердце и становится его сотрудником, тогда каждое наше делание перестаёт быть просто рассудочным. Здравый смысл — это дар Божий. Однако этот здравый смысл нам нужно освятить.

— А у меня, геронда, нет сердца...

— Есть у тебя сердце! Но как только твоё сердце хочет что-нибудь сделать, твой рассудок зажимает ему рот. Постарайся приобрести сердечно здравый смысл, приобрести веру, любовь.

— А как я могу этого достичь?

— Чтобы потерять рассудок, начни вот с чего: босиком пройди по Салоникам маршем протеста! Пусть люди скажут, что ты свихнулась! Ты, милая, всё хочешь рассчитать с математической точностью. Ты что — астроном? Чтобы ты смогла трудиться над собой, прекрати мыслить рационально.

— Геронда, чтение каких книг поможет мне освободиться от мирской рассудочности?

— Прежде всего читай Отечник, «Историю боголюбцев»[4], «Эвергетин»[5], то есть не теоретические, но практические книги, чтобы от простого отеческого духа святости ушла мирская рассудочность. А уже после этого начинай читать авву Исаака — чтобы этого писателя, просвещённого Богом, ты по ошибке не приняла за философа.

Мирской здравый смысл искажает орган духовного чувства

Святые отцы на всё смотрели духовным, божественным оком. Святоотеческие книги написаны Духом Божиим, и тем же Духом Божиим святые отцы истолковывали Священное Писание. Сейчас нечасто встретишь этот Дух

---

[4] «История боголюбцев» — жизнеописания сирийских подвижников, книга, составленная блаженным Феодоритом Кирским. — *Прим. пер.*

[5] «Эвергети́н» — систематизированный сборник святоотеческих поучений в 4 томах, составленный в XI веке основателем константинопольского монастыря Эвергетиды (Богородицы Благодетельницы) преподобным Павлом и впервые изданный в конце XVIII века преподобным Никодимом Святогорцем. — *Прим. пер.*

Божий, и поэтому люди не понимают святоотеческие творения. Они смотрят на всё оком мирским, они не вглядываются дальше, у них нет той широты, которую подают вера и любовь. Преподобный Арсений Великий не менял воду, в которой замачивал пальмовые ветви, и она очень плохо пахла[6]. Но где нам понять, что за дивный источник бил из этого чана с протухшей водой! «Ну уж этого-то я понять не могу!» — скажет кто-то. Говорящий так не хочет потерпеть и всмотреться в эту воду получше, чтобы увидеть, нет ли в ней чего-то ещё, но отвергает её, потому что не понимает.

Если вмешивается рассудочность, то человек не понимает ни Евангелия, ни святых отцов. Искажается орган духовного чувства, и человек, обесценивая своей рассудочностью и Евангелие, и святых отцов, доходит до того, что говорит: «Сколько же лет люди без проку мучают себя аскезой, постом, прочими лишениями!» Но говорить так — это хула. Как-то раз ко мне в каливу приехал один монах-келиот на машине. «Сынок, — говорю, — ну тебе-то зачем машина? Ведь она не приличествует твоему образу жизни!» — «Почему же, геронда? — удивился он. — Разве в Евангелии не написано: *Стори́цею прии́мет и живо́т ве́чный насле́дит?*[7] — «Говоря *стори́цею прии́мет*, — ответил я, — Евангелие имеет в виду то, что человеку необходимо. Но монаху, кроме этого, приличествует то, о чём говорит апостол Павел: *Я́ко ничто́же иму́ще, а вся содержа́ще*[8]. То есть у монаха нет ничего, но за его добродетель люди доверяют ему, и он может распоряжаться их богатством.

---

[6] «Старцы спрашивали авву Арсения, говоря: „Почему ты не переменяешь воды с ветвями — она дурно пахнет?" Он отвечал: „За благовония и масти, коими наслаждался я в мире, надобно терпеть мне это зловоние"». См.: Достопамятные сказания. Об авве Арсении, п. 18.
[7] Мф. 19:29.
[8] 2 Кор. 6:10.

Священное Писание не имеет в виду того, чтобы мы, монахи, собирали богатство сами!» Видите, какие ошибочные толкования может дать человек от рассудочности? Всегда знайте, что если человек не очистится, если к нему не придёт Божественное просвещение, то толкования, которые он будет давать, будут одной сплошной мутью.

Как-то раз меня спросили: «Почему Матерь Божия не сотворила чуда на острове Тинос и итальянцы взорвали крейсер „Элли" в день Успения[9]»? Но, попустив это зло, Матерь Божия сотворила большее чудо. Взрыв «Элли» привёл греков в негодование. Греки поняли, что для итальянцев нет ничего святого, и поэтому после, с криками «Ура», они прогнали их со своей земли. А если бы итальянцы не совершили этого злодеяния, то, не понимая нечестия итальянцев, греки могли бы сказать: «Они ведь тоже народ верующий, они наши друзья». А сейчас приходят люди с рассудочным мышлением и говорят: «Что же Матерь Божия чуда-то не сделала, а?» Ну что им на это скажешь? А другие спрашивают: «Почему в Библии написано, что пламя вавилонской печи, в которую бросили трёх отроков, поднималось на сорок девять локтей?[10] Линейкой его, что ли, померили?» Но сначала высота пламени поднималась на семь локтей. Потом в печь, не переставая, подбрасывали различные горючие вещества, чтобы она разожглась седмерицею. Семью семь — сорок девять, не так ли? А вот если бы тех, кто задаёт такие вопросы, самих

---

[9] 15 августа 1940 г. (в день Успения Пресвятой Богородицы по н. ст.) итальянской подводной лодкой был потоплен стоявший на рейде в порту греческого о. Ти́носа крейсер греческих ВМС «Элли». Итальянцы торпедировали «Элли» во время высадки греческих моряков на берег для участия в торжествах, посвящённых Пресвятой Богородице (на Тиносе находится одна из наиболее почитаемых в Греции чудотворных икон Божией Матери). После потопления «Элли», поняв, что война с Италией неизбежна, греки стали усиленно готовиться к защите Отечества. — *Прим. пер.*

[10] См. Дан. 3:47.

бросили в эту печку? В этих людях виден рационализм, рассудочность, лишённая смысла, находящаяся совершенно вне реальности. Некоторые из нынешних богословов занимаются «проблемами», подобными той, что описана выше. Например, они задаются вопросом: «Что стало с бесами, которые вошли в стадо свиней и утонули в море[11]? Выжили они — или захлебнулись?» Но значение имеет то, что эти бесы вышли из человека. Какое твоё дело, что с ними стало потом! Смотри лучше за тем, чтобы тебе самому не стать бесноватым, и не ломай голову над тем, где находятся эти бесы сейчас.

— А некоторые, геронда, пытаются увязать Евангелие с человеческим здравым смыслом. Посредством этого здравого смысла они исследуют Евангелие и никак не могут в нём разобраться.

— Увязать Евангелие с человеческим здравым смыслом невозможно. В основе Евангелия лежит любовь. В основе здравого смысла заложена выгода. В Евангелии написано: *Если кто-то принудит тебя идти одну версту, то иди две*[12]. Разве в этом виден здравый смысл? В этом, скорее, видно умопомрачение. Поэтому те, кто хочет увязать Евангелие со здравым смыслом, заходят в тупик. Например, есть различные общества, занимающиеся благотворительностью. Когда они узнают о том, что кто-то разорился, обнищал и имеет нужду в деньгах, то говорят: «Мы поможем этому человеку, но сперва убедимся в том, что он действительно нуждается». И вот два-три представителя от этого общества идут в дом к разорившемуся человеку, чтобы посмотреть, правда ли он испытывает нужду. Приходят и видят, к примеру, роскошно обставленную гостиную. Тогда они говорят: «Ну и ну, такие кресла, такая обстановка!

---

[11] См. Мф. 8:32.
[12] См. Мф. 5:41.

Раз у него такая мебель, то никакой нужды он не испытывает». И оставляют человека без помощи. Однако они не понимают, что несчастному нечего есть. Не понимают, что, если кто-то становится бедным, это не значит, что он в тот же час должен сменить свою одежду на нищенские лохмотья. И откуда нам знать, может быть, эта мебель стоит у него в доме с незапамятных времён и он ещё не успел её продать? Или, может быть, кто-то, узнав о том, как нуждается его семья, подарил им эти кресла и стулья? Люди судят и рядят посредством рассудочности, здравого смысла, поэтому они запутываются, и Евангелие в их жизнь не входит. Люди смотрят на вещи поверхностно и поэтому истолковывают всё на свой лад.

«Не суди́те на ли́ца»[13]

— Геронда, я чувствую, что моя способность к суждению, рассудочность и человеческая правда препятствуют духовному развитию.

— Да, конечно. Они препятствуют духовному развитию, потому что из-за них уходит благодать Божия. А после этого человек остаётся без Божественной помощи, падает и терпит полную неудачу. Суд и правда человеческие, как правило, неправедны. Правда Божия — это любовь, долготерпение, снисхождение. А ты исследуешь всё посредством человеческой рассудочности. Вот с этого-то микроба и начинается твоя духовная болезнь. Лекарство, которое исцеляет от этой болезни, — добрые помыслы. Когда человек мыслит по-доброму, то есть имеет добрые — «десные» помыслы, то увеличивается вместительность его сердца. Ты используешь много рассудочности, и поэтому тебе надо быть очень внимательной в отношении помыс-

---

[13] Ин. 7:24.

лов, потому что умозаключения, к которым ты с помощью своей рассудочности приходишь, суть выводы человеческие. Они не духовны и не освящены.

— Геронда, а отчего я так часто впадаю в осуждение?

— Твоя личная причина — юридическое образование. Потому ты так и судишь. Определённые знания или профессия нередко культивируют в людях сухую рассудочность. Рассудочность — это болезнь интеллигенции. Она поразила их до мозга костей. И поэтому, хотя у тебя и есть сердце, его опережает рассудочность.

У некоторых людей много рассудочности, и судят они с эгоизмом — выше себя не признают никого. Они требуют безупречности — но не от себя, а от других. Их собственная немощь им по душе, а других они осуждают. Удивительное дело! Такие люди создали свой внешний образ, то есть они слепили некоего внешнего человека — изнутри полного лицемерия. В них нет даже и следа простоты. Разница между европейцами и греками (под греками я имею в виду православный дух) как раз в этом. Европейца не поймёшь — когда и на какой козе к нему подъехать. Постоянное «добро пожаловать!» — и фальшивая улыбочка. А на грека посмотришь, и всё сразу ясно. Если у него на душе радость — он её не скрывает. Если он чем-то расстроен, то видно и это. А видя состояние человека, можно легко строить отношения с ним.

— Геронда, а в чём причина того, что некоторые судят людей, их дела и всё происходящее в мире — и притом очень поспешно?

— В этом случае человек движим одной лишь рассудочностью, то есть работает лишь его мозг и результат такой работы — осуждение. Хорошо бы, чтобы Бог взял отвёрточку и маленько «поослабил» мозги тем, у кого их стало слишком много. Насколько освобождается голова, настолько человек исполняется благодатью. Говоря «голова», я имею в виду человеческое суждение, эгоизм, самоуверенность. Однако если человек, поняв, что его суждения неверны, скажет: «Та способность суждения, которая у меня есть, — мирская, в ней нет Божественного просвещения, и поэтому я совершу ошибку, следовательно, мне не надо использовать этой способности», то Бог сразу просветит его, он приобретёт рассудительность и будет различать, что верно, а что нет.

Умных людей искуситель выводит из строя судом наружным. Если в человеке есть человеческое начало, то он судит по-человечески и совершает преступления. Для того чтобы суждение было божественным, человеческое начало должно исчезнуть. Мирское суждение есть суждение ошибочное. Сколько происходит всяких несправедливостей! Сколько раз человек впадает в грех! Поэтому, чтобы обезопасить душу, постоянно включайте в работу добрый помысл.

Каждый человек есть тайна, и где тебе знать, что это за человек! Как-то мы встречали Светлое Христово Воскресение в одной каливе на Святой Горе. После Божественной Литургии сели за стол — разговеться сыром и пасхальным яичком. Рядом со мной сидел монах — погонщик мулов, он перевозил на них дрова. Вижу: отодвигает он сыр с яйцом в сторону. «Разговляйся», — говорю. «Хорошо-хорошо, — отвечает, — разговеюсь». Смотрю — не ест. «Да кушай ты, — говорю я снова, — ведь сегодня же Пасха!» — «Прости, геронда, — отвечает он, — я в тот день, когда причащаюсь, не ем. Разговеюсь в два часа дня». С предшествующего дня постился и в самый день причащения ел во второй половине дня! Видишь, что он делал от благоговения? А другие могли посчитать, что перед ними не более чем простой погонщик мулов.

Человек есть тайна! И если тебя заставили быть судьёй других, то подумай так: «Божественен ли мой суд или исполнен пристрастия?» То есть свободен ли он от своекорыстия или же преисполнен им? Не доверяйте своему «я» даже в своём суждении. Если человек судит, в нём много эгоизма. Меня заставляют выносить суждения по разным поводам, и я вынужден это делать, несмотря на то что не хочу этого. Я сужу без своекорыстия и лицеприятия, но, даже несмотря на это, вставая после на молитву, не чувствую той, ну, скажем так, сладости, которую ощущаю в те дни, когда не сужу. И это не потому, что моя совесть в чём-то меня обвиняет, — нет, просто оттого, что я судил как человек. А что тут говорить, если суд ошибочен, или же у подсудимых есть смягчающие вину обстоятельства, или у судьи человеческие критерии оценки происходящего? Суд — дело нешуточное. Суд принадлежит Богу. Как это страшно! И то, что человек, сидящий на судейском месте, имеет доброе расположение, в этом случае значения не имеет. Значение имеет тот результат, к которому привёл совершённый им суд.

Необходимо много рассуждения. Конечно, хоть сколько-то рассуждения есть у каждого человека, но, к несчастью, большинство из нас используют рассуждение не по отношению к себе, а по отношению к нашим ближним (чтобы их как-нибудь не угораздило показаться другим лучше, чем мы). Так мы оскверняем наше рассуждение — суждением, осуждением и претензиями к другим, чтобы они стали лучше. Нам следовало бы иметь претензии только к нашему «я», которое не решается горячо взяться за духовный подвиг и отсечь свои страсти, чтобы освободилась и взлетела на Небо наша душа.

ГЛАВА ТРЕТЬЯ
Новое поколение

Оскудение духа жертвенности

Сегодня большинству людей неведом вкус той радости, которую подаёт жертвенность. Люди не любят труда. В их жизни появились праздность, желание устроиться потеплее, много покоя. Оскудело любочестие, дух жертвенности. Если людям удаётся получить что-то без труда, устроиться потеплее, то они считают это достижением. Они огорчаются, если достичь лёгкой жизни им не удаётся. Но если бы они смотрели на всё духовно, то радовались бы именно этому, потому что в этом случае им даётся благоприятная возможность для подвига.

Сегодня все — и стар и млад — гонятся за лёгкой жизнью. Люди духовные стремятся к тому, чтобы освятиться с меньшим трудом. Люди мирские — к тому, чтобы заработать побольше денег не работая. Молодёжь — чтобы сдать экзамены не готовясь, чтобы получить диплом, не выходя из кафе. А если бы можно было, сидя в кафе, звонить в университет и узнавать результаты экзаменов, они были бы очень этому рады. Да-да, доходят уже и до этого! Много юношей приходят ко мне в каливу и просят: «Помолись, чтобы мне поступить в университет». К экзаменам не готовятся, но при этом говорят: «Бог может мне помочь». — «Готовься, — советую я, — и молитвой проси Бога о помощи». — «А зачем, — удивляются, — разве Бог не может помочь мне и так, без подготовки?» Что же получается, Бог благословит твоё лентяйство? Так не бывает. Бог поможет в том случае, если юноша читает, старается, но не может удержать прочитанного в памяти. Некоторые ребята не могут запомнить или понять то, что они читают, но всё равно стараются, трудятся. Таким труженикам Бог поможет стать большими умницами.

К счастью, бывают и исключения. Один паренёк с Халкидики сдавал экзамены одновременно на три факультета и поступил на все[1]! Причём на одном факультете результаты его вступительных экзаменов были самыми лучшими, а на другом он получил второе место. Но, несмотря на это, парень решил, что лучше пойти работать и тем самым разгрузить своего отца, который, обеспечивая семью, работал на рудниках. Поэтому учиться он не стал, а вместо этого устроился на работу и стал приносить в дом деньги. Этот человек — бальзам на мою душу. Ради таких юношей я готов умереть, стать землёй. Однако большинство молодых попали под влияние мира сего и от этого испортились, повредились. Они выучились интересоваться только самими собой, думать только о себе — о ближнем они ничуть не задумываются. И чем больше ты им помогаешь, тем большими лентяями они становятся.

Вижу, что нынешняя молодёжь замешана на воде. Одно они судят, другое рядят, третьим они пресытились. Но ведь сердце человека не устаёт и не стареет никогда.

---

[1] Раньше в университетах Греции абитуриенты могли сдавать вступительные экзамены сразу на несколько факультетов. Сейчас только на один.

А они… Стать монахами для них тяжело. Жениться — страшно. Здоровенные парни приезжают на Святую Гору, уезжают, возвращаются опять. «Ах, — говорят, — да ведь и монахом быть тяжело. Каждую ночь вставать ни свет ни заря. Ни день, ни два, а постоянно!» Возвращаются в мир, но и там им не по душе. «Что, — говорят, — я буду делать в этом обществе, с каким человеком я соединю свою судьбу, если женюсь? Одни хлопоты и беспокойство». Снова возвращаются на Святую Гору, но, чуть пожив на ней, опять говорят: «Тяжело!»

Нынешние молодые люди похожи на новые машины, в двигателях которых от холода загустело масло. Для того чтобы эти машины завелись, масло должно разогреться — иначе ничего не получится. Несчастные юноши! Они приходят ко мне в каливу — не один и не два, а множество — и спрашивают: «Что мне делать, отец? Чем мне заполнить своё время? На меня наваливается тоска». — «Брат ты мой, да найди ты какую-нибудь работу», — говорю я, а в ответ слышу: «Дело не в этом. Деньги у меня есть. Зачем она мне нужна, эта работа?» — «Но апостол Павел, — говорю я снова, — пишет: *А́ще кто не хо́чет де́лати, ниже́ да яст*[2]. Даже если у тебя нет проблем с деньгами — чтобы есть, ты должен работать. Работа помогает человеку разогреть масло своего двигателя. Работа — это творчество. Она даёт человеку радость и забирает от него душевную тяжесть, тоску. Вот так, друг ситный! Найди работу, которая нравилась бы тебе хоть немного, и начинай трудиться. Попробуй и увидишь, как всё изменится!»

А некоторые ребята устают, но усталость восстанавливает их силы. Приходят ко мне в каливу молодые парни, садятся во дворе и устают от сидения. А другие со многим любочестием то и дело спрашивают: «Чем тебе помочь?

---

[2] 2 Фес. 3:10.

Что тебе принести?» Я никогда не прошу ни о какой помощи. Вечером, после ухода посетителей, я зажигаю фонарик и делаю всё сам: приношу дрова, зимой растапливаю две печки, навожу порядок в доме и во дворе. Многие посетители оставляют после себя беспорядок: разводят грязь, бросают во дворе свои грязные носки. Люди присылают мне тонкие носочки, я раздаю их посетителям — они надевают их, а свои грязные носки бросают где попало. Я и салфетку им даю, чтобы они их в неё завернули, но они предпочитают бросать всё как есть.

Я просил людей о какой-то услуге три раза в жизни. Одному пареньку я как-то сказал: «Мне нужно два коробка спичек из магазина в Кариес[3]». У меня было четыре зажигалки, но я сказал ему это, чтобы доставить ему радость. Он прибежал радостный, запыхавшийся, принёс мне эти спички, и усталость восстановила его силы, потому что он вкусил той радости, которая следует за жертвой. А другой в это время сидел на месте и устал от сидения. Люди стремятся ощутить радость, но для того, чтобы пришла радость, человек должен пожертвовать собой. Радость рождается от жертвы. Настоящая радость происходит от любочестия. А если возделано любочестие, то человек празднует, торжествует. Эгоизм, себялюбие — это мучение для человека, он застревает именно на этом.

Как-то раз на Святую Гору приехали два молодых офицера и сказали мне: «Мы хотим стать монахами». — «А почему вы этого хотите? — спросил я. — С какого времени у вас появилось такое желание?». — «А вот, — отвечают, — только что и появилось. Мы приехали на Святую Гору на экскурсию и теперь вот думаем остаться здесь насовсем. Там, в миру, кто его знает — может, ещё война

---

[3] *Кариéс* — административный центр Святой Горы Афон, где расположены Священный Кинот, губернатура, полиция, почта, магазины и т. д. — *Прим. пер.*

начнётся!» — «Да у вас, — говорю, — стыда нет! „Может ещё война начнётся!" Да и как бы вы смогли уйти из армии?» — «Найдём, — отвечают, — какой-нибудь повод». Что они там найдут? Прикинутся душевнобольными или придумают ещё что-нибудь… Да что тут говорить, что-нибудь точно найдут… «Если, — сказал я им, — вы идёте в монахи с такими побудительными причинами, то уже с самого начала вы потерпели неудачу». А другим людям уже давным-давно ничего не мешает жениться, создать семью. Но они приходят ко мне и говорят: «А зачем я буду жениться? Разве создашь семью и воспитаешь детей в такие трудные времена?» — «Хорошо, — говорю я, — разве во времена гонений жизнь останавливалась? Никто не работал и не женился? Может быть, тебе просто лень создавать семью?» — «Я, — отвечает, — хочу стать монахом». — «Да ведь причина — твоя лень! Разве из тебя выйдет хороший монах?» Вам это понятно? Если девушка хочет стать монахиней, думая так: «А зачем я буду оставаться в миру, выходить замуж, рожать детей? Морока, беспокойство. Уйду-ка я лучше в монастырь. Буду делать, что мне говорят, ответственности никакой, а если меня когда поругают, то я склоню голову пониже. Попробуй-ка, создай свой собственный дом в миру! А в монастыре будет всё необходимое, отдельная келья, готовая еда и прочее…» — итак, если девушка думает подобным образом, то пусть знает, что она уже с самого начала потерпела неудачу. Это кажется вам странным? Не удивляйтесь, такие люди действительно есть. Знайте, человек старательный преуспеет везде. Старательный семьянин преуспел бы и в монашестве, а старательный монах — избери он путь семейной жизни — тоже бы преуспел.

Один юноша поступил в монастырь послушником, но от пострига отказывался. «Почему же, сынок, ты уклоняешься от монашества?» — спросил я его. «А потому, — отвечает, — что монашеская скуфья напоминает мне солдатскую каску!» Ты только послушай! Он не хотел становиться монахом, чтобы не носить монашескую скуфейку! Каску она ему напомнила! А он её хоть когда-нибудь надевал, эту каску? Если и надевал, то всего несколько раз в армии во время учений — да и это-то ещё под вопросом! А где ему понюхать пороха на войне! Каску, она ему, видите ли, напомнила! Слышишь, что творится? Но что он забыл в монашестве? Скажи мне, пожалуйста, что за монах выйдет из человека, если он начинает монашескую жизнь таким вот образом? В конце концов этого несчастного где-то постригли в монахи, но толстую скуфью он так и не носил.

А в другой раз ко мне в каливу пришли два молодых человека, и оба с волосами чуть ли не до пояса. Хотел я им подстричь их гривы, но они не дались. Я куда-то спешил, поэтому вести долгие беседы не мог — только угостил их. А во дворе у меня гулял кот. Видит его один из этих длинноволосых и спрашивает: «А можно я кота возьму?» — «Бери», — говорю. Взял он кота, и от меня они пошли в Иверский монастырь — час ходу. Полил дождь, но он в обнимку с котом пришёл в монастырь, поднялся в архондарик и попросился переночевать. «С котами нельзя», — ответили ему, и тогда он остался сидеть на улице под дождём! Всю ночь! Если бы в армии его отправляли на час в караул, то он бы ответил: «Ой, нет, не могу!» А сидеть всю ночь на улице с котом — пожалуйста, может!..

А ещё одного забрали в армию, но он убежал и приехал на Святую Гору. Пришёл ко мне в каливу и сказал: «Я хочу стать монахом». — «Возвращайся, — говорю, — в армию, отслужи свой срок!» — «Армия! — отвечает он. — Армия — это тебе не то что родимый дом!» — «Большое, — говорю, — тебе спасибо, голова молодецкая, что ты мне об этом сказал. Вот ведь оно оказывается как! Раньше-то ведь я об этом и не догадывался! Теперь и другим буду об этом говорить!» А родные парня всё это время его разыскивали. Через несколько дней он снова пришёл ко мне в каливу. Была Фомина неделя, раннее утро. «Ты мне нужен», — говорит. «Что ты хочешь? — спрашиваю я. — Ты на Литургии где был?» — «Нигде», — отвечает. — «Сегодня, — говорю, — Фомина неделя, в монастырях служили бдения, а ты никуда не пошёл? И хочешь стать монахом! Где же ты проболтался?» — «Я, — говорит, — переночевал в гостинице. Там спокойно, тихо, в монастырях всю ночь такой гвалт!» — «Ну и что же, — спрашиваю, — ты теперь намерен делать?» — «Я, — говорит, — думаю податься на Синай, потому что стремлюсь к жёсткой, суровой жизни». — «А ну-ка, — говорю, — потерпи маленько». Захожу в келью, беру пасхальный кулич, который кто-то мне принёс, и опять выхожу к нему. «Вот, — говорю, — держи! Этот кулич очень мягкий, как раз для жёсткой, суровой жизни, к которой ты так стремишься. Бери и уходи!» Такова-то нынешняя молодёжь. Сами не знают, чего хотят. Не могут вытерпеть ни малейшего стеснения. Как же после этого они смогут пожертвовать собой?

Я помню, в армии, если возникала необходимость идти на какое-то опасное задание, только и слышалось: «Господин командир, я пойду вместо него! Ведь он человек семейный — если его убьют, то дети останутся на улице!» Солдаты просили у командира пойти вместо кого-то другого на опасное задание, на передовую. Они радовались оттого, что убьют их, но останется жив какой-нибудь глава семейства, и его дети не осиротеют. А сейчас? Разве встретишь где-нибудь, чтобы человек шёл на такую жертву? Если и встретишь, то крайне редко. Помню, как-то раз мы остались без воды. Командир нашёл по карте место неподалёку, где была вода. Но там засели мятежники. Тогда он говорит: «Есть тут неподалёку вода, но идти очень опасно и света зажигать нельзя. Кто возьмётся сходить и наполнить несколько фляг?» Подскакивает один солдат: «Я пойду, господин командир!» Подскакивает другой: «Я!» За ним — третий. То есть вызвались пойти все! На дворе тьма-тьмущая, без света страшно, аж мороз по коже продирает. Командир растерялся даже: «Вы ведь не можете пойти все!» Я хочу сказать, что о себе не думал никто. Ни один из нас не попытался найти какую-нибудь отговорку, например: «Господин командир, у меня болит нога», или «у меня болит голова», или «я устал». Мы все хотели пойти за водой, а на то, что наша жизнь подвергалась опасности, мы внимания не обращали.

Нынешний дух — дух теплохладности. Мужество, жертвенность совершенно отсутствуют. Нынешней ущербной логикой люди всё перевели в другую систему измерений. И видишь оно как: раньше люди шли в армию добровольцами, а сейчас, не желая служить, достают себе справку, что они психически больные. Прикладывают все силы к тому, чтобы не идти в армию. Разве раньше было хоть что-то подобное? У нас в армии был один лейтенантик, всего двадцати трёх лет от роду, но какой же он был молодчина! Однажды ему позвонил его отец, отставной офицер, и сказал, что намерен попросить кого-то, чтобы с передовой этого парня перевели в тыл. Ох, как же раскричался лейтенант, когда тот ему об этом сказал! «Как же тебе не стыдно, отец, говорить такое? Это трутни отсиживаются в тылу!» В этом человеке была искренность, честность и отвага настолько исключительная, что она даже переходила границы — он бежал в атаку впереди других. Вся его шинель была насквозь изрешечена пулями, но, несмотря на это, он остался в живых. А увольняясь в запас, он взял эту шинель с собой, на память.

*Нерассудительная родительская любовь
делает детей ни на что не годными*

Я заметил, что нынешние дети, особенно те, кто потом идут в университеты, портятся уже в родительском доме. Будучи вначале хорошими детьми, они впоследствии делаются ни на что не годными. Они ни о чём не задумываются, у них есть какое-то бесчувствие. Их губят, портят их же родители, которые сами пережили трудные годы и теперь хотят, чтобы их дети не испытывали лишений ни в чём. Родители не возделывают в детях любочестия, чтобы те радовались от лишений. Понятно, что всё это родители делают с добрым помыслом. Да, подвергать детей бессмысленным лишениям — это варварство. Но помочь детям приобрести монашескую совесть — чтобы они потом сами радовались, испытывая какие-то лишения, — это очень хорошее дело. Тогда как сейчас своей добротой, своей нерассудительной добротой, родители сами доводят детишек до отупения. Родители всё приносят своим детям на блюдечке, прямо в руки, даже воду подают. Они приучают их к этому. Они делают это для того, чтобы дети готовили уроки и ни на что не отвлекались, но таким образом делают их ни на что не годными — и мальчиков, и девочек. Потому что потом дети хотят получать всё готовым на блюдечке постоянно, а не только тогда, когда они занимаются уроками. А начинается это зло с мам: «Учи, сыночек, учи! А я тебе принесу носочки, я тебе помою ножки! Скушай сладенькое, попей кофеёчек!» Дети не трудятся и потому не понимают, насколько устала их мать, которая их обслуживает. А потом начинается: одноразовые тарелки, одноразовая одежда — завернуть кусок пиццы в бумагу и то не умеют! И так дети становятся совершенно ни на что не годными людьми. Потом им и сама жизнь в тягость. Шнурок развязался: «Мама, завяжи мне шнурок!» А пока мама им его не завяжет, чадо будет ходить с развязанным шнурком и на него наступать. Какого преуспеяния можно ждать от таких детей? Они непригодны ни для семейной, ни для монашеской жизни. Поэтому я советую матерям: «Не разрешайте детям читать целыми днями. Ведь они всё читают и читают и заморочивают себе голову. Пусть они делают перерывы в чтении на пятнадцать минут, на полчаса — и выполняют какие-то работы по дому. Так их голова будет хоть немножко развеиваться, приходить в нормальное состояние».

Эта дурная привычка нынешней молодёжи проникла и в монашество. И сейчас видишь, как в канцеляриях монастырей сидит по семь монахов-секретарей — все молодые, образованные, а с ними вместе сидит и старый монах, который был на этом послушании раньше. Раньше в монастырях был один секретарь. Его образование часто ограничивалось двумя классами средней школы, но при этом он один справлялся со всей работой. А сейчас их семь, и все так задыхаются от работы, что даже монашеское правило им выполнять некогда! Но ведь и старичка секретаря они не отпускают, ему приходится сидеть вместе с ними и им помогать!..

Тёмные силы направляют молодёжь ко злу

Несчастных детей сегодня разрушают с помощью различных теорий. Потому они так взбудоражены, так заморочены. Ребёнок хочет сделать одно, но делает другое. Он хочет пойти в одну сторону, но дух нашей эпохи уносит его в другую. Тёмные силы развернули страшную пропаганду, это они направляют ко злу тех юных, у которых в голове не хватает соображения. Некоторые учителя в школах говорят детям: «Для того чтобы быть инициативными личностями, не уважайте родителей, не подчиняйтесь им».

Таким образом они разлагают детские души. Потом дети не слушаются ни родителей, ни учителей. И они не виноваты, потому что считают, что должны поступать именно так. В этом их поддерживает и государство, их подталкивают к этому. А те, кому нет дела ни до Отечества, ни до семьи, для кого нет ничего святого, используют такую молодёжь для осуществления своих планов. Вот это всё и принесло много зла нынешней молодёжи. Очень много зла! Доходит уже до того, что диавола с рогами молодёжь считает своим лидером. Поклонение сатане очень распространилось. В некоторых дискотеках целыми ночами поют: «Сатана, мы поклоняемся тебе! Мы не хотим Христа, ты даёшь нам всё!» Как это страшно! Понимаете ли вы, что он вам даёт, несчастные вы дети, и чего он вас лишает!..

Маленькие дети уже озлоблены — от кофе, сигарет. Разве увидишь на их лицах сияющий взгляд, благодать Божию? Ох, как же был прав один архитектор, сказав группе юношей, которых он привёз на Святую Гору: «У нас с вами глаза — как глаза дохлой рыбы». Этот архитектор приехал на Афон с группой ребят от восемнадцати до двадцати пяти лет — человек десять их было. Сам он обратился к Богу раньше, и потому ему было жаль тех молодых, которые живут в разврате. Некоторых из таких несчастных он приблизил к себе, уговорил их поехать на Святую Гору, и сам оплатил им дорогу. Они шли ко мне в каливу, а мне как раз надо было куда-то идти, и мы столкнулись на тропинке. Я сказал им, что ухожу, но предложил немножко посидеть прямо там, где мы встретились. Только мы присели, как появилась ещё одна группа детей, направляющаяся к моей каливе. Это были воспитанники Афониады. «Садитесь, — говорю, — и вы вместе с нами». Присели и они. Вот тут-то архитектор и говорит своим ребятам: «Вы ничего не замечаете?» Те удивились. «А ну-ка, — говорит он им, — сперва посмотрите в лицо один другому, а потом взгляните на лица этих детей. Посмотрите, как сияют их глаза! И посмотрите на наши с вами глаза — они всё равно что глаза дохлой рыбы». И ведь правда! Когда я пригляделся, то понял, что он попал в самую точку: их глаза были как глаза дохлой рыбы. Мутные, неестественные… А глаза детей из Афониады светились! Ведь в Афониаде воспитанники кладут поклоны, участвуют в богослужениях. Глаза — зеркало души. Поэтому и Христос сказал, что *свети́льник те́лу есть о́ко*[4]. Сколько юных приходят на Святую Гору или в другие монастыри, становятся монахами, и несмотря на то что монастырская жизнь, скажем так, не сахар, они исполнены такой радости, что их лица излучают свет. А в миру у молодёжи есть всё, что хочешь, но она терзается, переживает адскую муку.

Отовсюду к нам дуют различные ветры. С востока — индуизм и другие оккультные религии, с севера — коммунизм, с запада — целая куча различных учений, с юга от африканцев — колдовство, магия и множество других моровых поветрий. Ко мне в каливу пришёл как-то раз один паренёк, избитый этими ветрами. Я понял, что ко мне его привели молитвы его матери. Мы побеседовали довольно долго, и в конце разговора я сказал ему: «Вот что, парень, найди духовника и поисповедуйся. Потом пусть он помажет тебя святым миром. Это будет помогать тебе сейчас, когда ты делаешь первые шаги в твоей духовной жизни. Тебя должны помазать святым миром, потому что ты отрёкся от Христа[5]». Когда я говорил ему это, несчастный юноша плакал. «Помолись, отче, — просил он

---

[4] Лк. 11:34.
[5] В Греческой Православной Церкви (в отличие от Русской) есть практика повторно помазывать святым миром христиан, возвращающихся из других религий в Православие (См. Требник в 3-х частях. Требник Дополнительный. Последование Мефодия Патриарха Константинопольского о от отвержения обращемся ко истинней вере. Киев, 1997. С. 678–690). — *Прим. пер.*

меня, — потому что я не могу выпутаться из этого болота. Мне сделали промывку мозгов. Я понимаю, что сюда меня привели молитвы моей матери». Насколько же сильны материнские молитвы! Несчастные дети! Их опутывают всеми этими учениями и делают не годными ни на что. Потом их охватывает страх, душевная тревога, и они ищут разрядку в наркотиках и тому подобном. Из одной пропасти — в другую. Да прострёт Бог Свою руку и остановит это зло.

— Геронда, а есть ли польза от того, что этим несчастным говорят, что такие учения — сатанинские?

— Ну а как же! Конечно, есть. Только говорить им об этом надо по-доброму.

— А как такая молодёжь может познать Христа?

— Как они могут познать Христа, если, не познав Православия, они едут в Индию ко всяким там гуру, живут возле них по два-три года, от различных колдовских воздействий доходят до одурения, потом, живя там, узнают, что в Православии есть таинственная, мистическая жизнь, и приезжают сюда, желая видеть Нетварный Свет, пережить высшие духовные состояния и подобное этому? А если спросишь их: «Сколько лет ты не причащался?» — то они отвечают: «Не помню точно, может быть, меня причащала моя мать, когда я был маленьким». — «А ты когда-нибудь исповедовался?» — «Этот вопрос меня не интересует». Но разве можно ждать после этого чего-то хорошего? О Православии они ничегошеньки не знают.

— Геронда, но как же им помочь?

— Что может помочь им после того, как они говорят, что «Церковь свой век отжила»? Как только от человека услышишь нечто подобное, так сразу понятно, к какому взаимопониманию с ним ты можешь прийти! Однако те из молодых, у кого есть доброе расположение, получают помощь и приближаются к Церкви.

«Не смейте трогать детей!»

— Геронда, что получится из тех маленьких детей, что растут без дисциплины?

— Некоторые смягчающие вину обстоятельства у них есть. Их родители в детстве не понимали, для чего нужна дисциплина, и поэтому теперь они дают своим детям свободу, превращая их таким образом, в настоящих маленьких хулиганов. Ты им слово — они тебе пять, да ещё с каким бесстыдством! Такие дети могут стать преступниками. Сегодня детей совершенно развинтили. «Свобода!» «Не смейте трогать детей!» А дети рады-радёшеньки: «Где, — говорят, — ещё найдёшь такой государственный строй?» То есть некоторые стремятся превратить детей в бунтарей, которые не хотели бы зависеть ни от родителей, ни от учителей, ни слушать никого. Это на руку некоторым людям, дети-бунтари помогут им осуществить их замыслы. Ведь если детей не сделать сейчас бунтарями, то как их потом заставишь разнести всё на мелкие кусочки? И теперь видишь, как несчастные дети стали уже почти бесноватыми.

Если свобода должным образом не использована в духовной жизни, то как она может быть использована в жизни мирской? Что ты с ней будешь делать, с такой свободой? Такая свобода — это катастрофа. Поэтому и с государством происходит сейчас то, что мы видим. Могут ли нынешние люди использовать должным образом данную им свободу? Свобода, если люди не в состоянии использовать её для положительного развития, является катастрофой. Мирская эволюция в сочетании с этой греховной свободой принесла человеку духовное рабство. Свобода духовная есть духовная покорность Божией воле. Но видишь как: послушание есть свобода, однако враг по злобе своей представляет её как рабство, и дети — особенно отравленные бунтарским духом нашей эпохи — начинают бунтовать. Понятное дело, ведь они к тому же устали от различных систем XX века, которые, к несчастью, всё больше и больше уродуют как природу — дивный мир Божий, так и людей — Божии творения. Эти системы начиняют души людей тревогой и уводят их от радости, удаляют от Бога.

А знаете, что нам довелось пережить, когда мы уволились из армии в запас? Да будь на нашем месте нынешняя молодёжь, она разнесла бы всё в пух и прах! Это было в 1950 году. Гражданская война только закончилась. Нас, солдат различных призывов, уволили в запас вместе. Один воевал четыре с половиной года, другой — четыре, третий — три с половиной. И вот представьте: после стольких страданий на войне мы, приехав в Ларису[6] и явившись в пункты распределения демобилизованных, видим, что они уже забиты другими фронтовиками. Мы тыркнулись было в гостиницы, но и там отказали. «Солдатня, — говорят, — разве можно её впускать! Все одеяла перепачкают». А ведь мы предлагали заплатить им за ночлег. На дворе март, холодно. На наше счастье, один офицер нас выручил, дай ему Бог доброго здоровья! Он пошёл на железнодорожный вокзал, узнал, когда поезда приходят, когда уходят, когда совершают маневры, договорился с железнодорожным начальством и нас пустили на ночь в пустые вагоны. «Ночью, — предупредил нас офицер, — вагоны будут маленько ездить туда-сюда, совершать маневры, но вы не бойтесь, до такого-то часа завтра утром они не уедут». Так всю ночь и прокатались взад-вперёд. Наконец добрались до Салоник. Те, кто жил неподалёку, отправились по домам. А мы опять пошли в пункты распределения, но и там яблоку негде было упасть. Опять по гостиницам — и опять безрезультатно. Помню,

---

[6] *Лариса* — город в Центральной Греции. — *Прим. пер.*

как я в гостинице просил: «Дайте просто стул — пересидеть ночь, и я заплачу вам вдвое больше, чем за кровать!» — «Нет, — отвечают, — нельзя». Они боялись, чтобы кто-то не увидел, что у них ночью в гостинице сидел на стуле солдат, и не донёс на них. Значит, стой всю ночь на ногах на улице и подпирай стенку! И вот несчастные солдаты стояли на улицах возле гостиниц, на тротуарах, прислонившись к стене. На всех тротуарах — солдаты, как на параде. Тебе понятно? Да будь это современная молодёжь, она спалила бы Ларису и в придачу всю Фессалию вместе с Македонией[7]! Ведь они и сейчас-то, не испытывая никаких трудностей, что творят! Громят, захватывают школы, университеты. А тогдашним бедным ребятам такое даже в голову не приходило. Конечно, им было горько, но при этом помысла отомстить, сделать какое-то зло у них не было. А ведь на войне, в снегах, они пережили такие страдания! Несчастные были искалечены войной — какая же жертвенность! — в конце концов их «отблагодарили» ночёвкой под открытым небом. Последнее «спасибо»! Вот я и сравниваю, какой была тогдашняя молодёжь и до чего она докатилась сейчас. Не прошло ещё и пятидесяти лет, и люди так изменились!..

Нынешняя молодёжь похожа на брыкливого бычка, который, привязанный, пасётся на лугу. Он постоянно натягивает верёвку, потом выдёргивает кол, к которому она привязана, пускается бежать, но за что-нибудь цепляется, окончательно запутывается и в конце концов его пожирают дикие звери. «Притормаживать», сдерживать ребёнка надо, пока он ещё маленький. Например, ты видишь, как малое дитя лезет на забор и может упасть, разбиться. Ты кричишь ему: «Нельзя, нельзя!» — и в придачу даёшь подзатыльник. В следующий раз ребёнок всё

---

[7] *Фессалия, Македония* — области Греции. — *Прим. пер.*

равно не подумает о том, что может убиться, однако о том, что можно получить ещё один подзатыльник, он помнит и будет вести себя внимательно. Но сейчас ни в школах не наказывают телесно, ни в армии не бьют палками. Поэтому юные и мучают родителей и народ. А в прежние времена чем жёстче были командиры в учебке, тем большую отвагу солдаты проявляли в бою.

Юный нуждается в духовном руководителе. С ним он должен советоваться и его слушаться — чтобы идти вперёд с духовной надёжностью, избегая опасностей, страхов и тупиков. Чем старше становится человек, чем дольше он живёт, тем больше он обогащается опытом — и своим, и чужим. У юноши этого опыта нет. Взрослый человек использует как собственный, так и заимствованный у других опыт для того, чтобы помочь неопытному юноше избежать каких-то промахов. Если юный не слушает опытных, то он ставит эксперименты на самом себе, но, слушая наставников, он обогащается.

Однажды ко мне в каливу пришли ребята из одного христианского братства[8]. Самоуверенно, до хрипоты они кричали: «Мы не нуждаемся ни в ком! Мы сами найдём свой путь!» Кто их знает, почему они стали такими? Видно, на них сильно давили и потому они взбунтовались. Собираясь уходить, они спросили меня, как выйти на большую дорогу, ведущую к Иверскому монастырю. «Куда нам, — спрашивают, — идти?» — «Хорошо, братцы, — ответил я им, — вы сказали, что найдёте дорогу сами, что вы ни

---

[8] Во второй половине XX столетия в Греческой Церкви господствовала идеология так называемых внецерковных организаций или братств. Согласно этой, по своей сути протестантской, идеологии, монашество считалось явлением, чуждым Церкви. Святые отцы, особенно те из них, которые писали о глубинах духовной жизни, были преданы забвению. В середине 60–70-х годов эта идеология стала изживать себя и началось возвращение к святоотеческой традиции. — *Прим. пер.*

в ком не нуждаетесь. Разве не это вы утверждали только что? Ну с этой дорогой ещё ладно: если вы её и потеряете, то, немножко помучившись, встретите чуть подальше кого-то ещё, и он подскажет вам, как на неё выйти. Но как вы сами, без руководителя сможете найти другую дорогу, ту, что ведёт в Горняя, возводит на Небо?» Тогда один из них и говорит: «Братцы, а батюшка-то вроде как и прав...»

Юным нужно сдать экзамены на целомудрие

Сегодня приходили студентки и просили меня: «Помолитесь, геронда, чтобы мы сдали экзамены». А я им на это ответил: «Буду молиться, чтобы вы сдали экзамены на целомудрие. Это самое основное. После этого можно расставить по местам и всё остальное». Правильно я им сказал или нет? Да, если сегодня на лицах юных видны скромность, целомудрие, то это великое дело. Весьма великое дело!

Какие же несчастные искалеченные девушки подчас ко мне приходят! Они беспорядочно живут в грехе с молодыми людьми, не понимая, что цели, которые те преследуют, нечисты. И таким образом несчастные становятся калеками. «Что мне делать, отче?» — спрашивают они меня. «Владелец кабака, — отвечаю я им, — хотя и водит дружбу с пьяницей, но дочь свою за него замуж не выдаёт. Прекратите греховные связи. Если те, с кем вы грешите, вас действительно любят, то они оценят это должным образом. Если же они вас оставят, то это будет значить, что они вас не любят, и вы не будете зря тратить время».

Лукавый использует юношеский возраст, в котором к тому же бунтует плоть человека, и старается разложить молодых в этот нелёгкий период, который они переживают. Их разум ещё незрел, они весьма неопытны и совсем не имеют духовных сбережений. Поэтому юный, находящийся в этом критическом возрасте, должен чувствовать, что ему постоянно необходимы советы старших. Эти советы нужны ему для того, чтобы не поскользнуться на сладкой горке мирского падения, которое угрожает тем, что будет впоследствии наполнять его душу тревогой и навеки удалит её от Бога.

Я понимаю, что физически здоровому парню или девушке нелегко в юношеском возрасте находиться в таком духовном состоянии, чтобы не различать *му́жеский пол, ниже́ же́нский*[9]. Поэтому духовные отцы и советуют, чтобы мальчики не водили дружбы с девочками, насколько духовными ни были бы дети, потому что сам по себе возраст создаёт трудности и их юность использует искуситель. Поэтому для юноши предпочтительнее, чтобы девушки за его духовное благоразумие и чистоту считали его даже глупым (или для девушки, чтобы юноши считали её глупой), и таким образом взять на себя этот тяжёлый крест. Ведь в этом тяжёлом кресте кроется вся сила и премудрость Божия, и тогда юный будет сильнее Самсона и мудрее премудрого Соломона[10]. Идя по улице, юному лучше молиться и не глазеть по сторонам, даже если какие-нибудь родственники или знакомые это неправильно поймут и обидятся, посчитав, что он их якобы презирает и потому не стал с ними разговаривать. Это лучше, чем с любопытством глазеть по сторонам и быть неправильно понятым даже людьми мирскими, которые обо всём мыслят лукаво. После церковной службы юноше в тысячу раз лучше убегать от людей для того, чтобы сохранить своё духовное благоразумие и ту пользу, которую он получил в храме, чем сидеть и беспечно любоваться меховыми воротниками

---

[9] Гал. 3:8.
[10] Именно по причине нецеломудренной жизни Самсон потерял свою силу (Суд. 16), а Соломон — мудрость, впав в идолослужение (3 Цар. 11). — *Прим. пер.*

женщин (или девушке — галстуками мужчин), и духовно ожесточаться от того, что враг расцарапывает его сердце.

То, что мир, к несчастью, разложился, — это истина. И человек, стремящийся сохранить себя чистым, запачкается, где бы он ни оказался. Однако разница в том, что с современного человека Бог не взыщет так же, как Он взыскивал в древнюю эпоху с христианина, который хотел сохранить себя в чистоте. Необходимо хладнокровие, юноша должен делать то, что он может: подвизаться, избегать поводов ко греху. Во всём остальном поможет наш Христос. Разгоревшееся в душе божественное рачение настолько огненно, что обладает силой сжигать всякое иное похотение и всякий непристойный образ. Когда в человеке запылает этот огнь, тогда он будет чувствовать и те божественные наслаждения, которые несравнимы с любым другим наслаждением. Того, кто вкусил сей небесной манны, сладость диких плодов рожкового дерева оставляет совершенно равнодушным. Поэтому юный должен крепко взять в руки штурвал, осенить себя крестным знамением и не бояться. После малой борьбы он получит и небесное наслаждение. В час искушения необходима отвага, и Бог чудесным образом поможет ему.

Старец Августин[11] рассказывал мне, как новоначальным послушником он поступил в один из монастырей у себя на родине, в России. Почти вся братия монастыря были стариками, и поэтому его послали помогать монастырскому рыбаку ловить рыбу, так как обитель жила за счёт рыбной ловли. Однажды на берег реки, где они трудились, пришла дочь этого рыбака и сказала отцу, чтобы он немедленно шёл домой по какому-то срочному делу. Сама она осталась помогать послушнику. Однако несчастной овладело

---

[11] О старце Августине см.: *Старец Паисий.* Отцы-святогорцы и святогорские истории. Свято-Троицкая Сергиева Лавра, 2001. С. 76–83.

диавольское искушение, и она, не осознавая того, что делает, бросилась ему на шею с греховными намерениями. Сначала Антоний — так звали отца Августина в миру — растерялся, потому что всё произошло внезапно. Но потом он осенил себя крестом и воскликнул: «Лучше уж мне утонуть, нежели согрешить!» — и бросился с берега в глубокую реку. Но Благий Бог, видя великую ревность чистого юноши, который, стремясь сохранить целомудрие, повторил подвиг святого Мартиниана[12], удержал его на поверхности воды, так, что он даже не намок. «Я бросился в воду вниз головой, — рассказывал мне старец, — но, несмотря на это, я и не заметил, как оказался стоящим на воде во весь рост! Даже одежда не намокла!» В тот момент он ощутил внутреннюю тишину и невыразимую сладость, которые совершенно уничтожили все греховные помыслы и плотское разжжение, возбуждённые в нём поначалу от непристойного поведения девицы. Та же, увидев Антония стоящим на поверхности воды и поражённая этим великим чудом, расплакалась, раскаиваясь в своём грехе.

Христос не требует от нас чего-то великого, чтобы помочь нам в подвиге. Он ждёт от нас самую малость. Один юноша рассказывал мне, что когда он был в паломнической поездке на Патмосе[13], диавол приготовил ему западню. Когда он шёл по острову, одна туристка бросилась ему на шею и стала его обнимать. Тогда юноша с силой оттолкнул её от себя и воскликнул: «Христе мой, я приехал сюда, чтобы поклониться святыне, а не для того,

---

[12] Преподобный Мартиниан подвизался в одиночестве на острове. Когда волны принесли к острову девицу после кораблекрушения, преподобный спас её, а сам бросился в море и был подхвачен дельфинами. День памяти 13 (26) февраля. — *Прим. пер.*

[13] *Па́тмос* — остров в Эгейском море. Здесь, в одном из монастырей, хранятся цепи, в которых апостол Иоанн Богослов был сослан на остров. До наших дней сохранилась пещера Апокалипсиса — место, где апостол Иоанн принял и написал Откровение о грядущих судьбах мира. — *Прим. пер.*

чтобы заниматься такой грязью!» После этого он убежал. Ночью в гостинице во время молитвы он увидел Христа в Нетварном Свете. Видите, чего он удостоился только за то, что оттолкнул от себя соблазнительницу? Кто-то подвизается долгие годы, несёт немалые подвиги, и ещё вопрос, будет ли он удостоен чего-то подобного? А целомудренный юноша увидел Христа только за то, что противостал искушению. Естественно, это событие его весьма укрепило духовно. После этого он ещё два-три раза видел святых: святую Маркеллу[14], святого Рафаила[15], святого Георгия. Как-то он пришёл ко мне и попросил: «Помолись, отче, чтобы мне снова увидеть святого Георгия. Мне нужно какое-то утешение — в этом мире меня ничто не утешает».

А теперь посмотрите на некоторых его сверстников — до чего только они ни доходят! Как-то раз ко мне в каливу пришёл один юноша со своим дядей и попросил: «Помолись об одной девушке. Она сломала позвоночник в автомобильной аварии. За рулём был её отец, он задремал и во что-то врезался — сам насмерть, а она покалечилась. Погоди, я дам тебе её фотографию». — «Да не надо», — говорю. Но он очень хотел, чтобы я на неё посмотрел. Ну что же, уступая его настойчивости, беру я фотографию и вижу девицу, развалившуюся на полу, между двух парней, которые держат её с разных сторон! «Кем же она ему приходится?» — спрашиваю я юношу, указывая на одного. «Подружкой», — отвечает. «А другому? Он что, собирается на ней жениться?» — «Нет, — говорит, — они просто встречаются». — «Не сердись на детей, — говорит мне его дядя, — что с ними поделать, такова нынешняя молодёжь». — «Молиться-то я буду, — подумал я про

---

[14] Мученица Маркелла Хиосская. День памяти 22 июля (4 августа).

[15] Мученик Рафаил Лесбосский. День памяти — вторник Светлой седмицы. Святые почитаются в Греческой Церкви. В месяцеслов Русской Православной Церкви данные памяти не включены.

себя, — не о том, чтобы исцелился её позвоночник, а о том, чтобы исцелилась её голова, в придачу с твоей головой, пропащий ты человек!» Куда же подевалось приличие? Дядя должен был как следует отругать своего племянника! «Духовная» молодёжь!.. Иметь духовника и докатиться до такого! Да даже если бы кто-то из тех парней на фотографии и собирался жениться на этой несчастной, то всё равно недопустимо, чтобы девушка была так распластана между двух парней! И зачем было показывать эту фотографию мне? Этот молодой человек даже не подумал, что это нехорошо. Мне-то оно не повредит, но ведь это же нехорошо! Какие семьи создаст эта молодёжь? Да просветит её Бог, чтобы она опомнилась.

А с какой жертвенностью девушки соблюдали свою чистоту в прежние времена! Помню, как во время войны наше командование собрало из разных деревень гражданских жителей с мулами и заставило их перевозить для армии грузы. Пошёл сильный снег, и эти люди оказались отрезанными на одной высоте. Мужчины наломали елового лапника и под заснеженными ветвями елей устроили что-то вроде навесов, чтобы хоть как-то защититься от холода. Женщины, бывшие там, тоже были вынуждены спрятаться под эти навесы, прося защиты у своих односельчан, у тех, с кем они были знакомы. Были там девушка и старуха из одного дальнего села. Им тоже пришлось укрыться под одним из этих еловых навесов. Но беда в том, что бывают такие неверующие и трусливые люди, что их не приводит в чувство даже война. Им не больно за своих ближних, которые калечатся или убиваются, но при удобном случае они стремятся даже совершать грех, боясь, что их убьют и они не успеют урвать от жизни удовольствия, хотя им, наоборот, следовало бы покаяться — по крайней мере, во время опасности. И вот один из таких неверующих трусов, которые думают не о том, как покаяться, а о том, чтобы согрешить, оказался под тем навесом, где укрылись девушка со старухой. Он начал приставать к девушке столь гадко, что та была вынуждена убежать. Она предпочла окоченеть от холода и даже умереть в снегах, но сохранить свою девичью честь. Несчастная старуха, видя, что девушка ушла и не возвращается, пошла по её следам и нашла её под навесиком часовни Честного Иоанна Предтечи, в получасе ходу. Честной Предтеча сохранил девушку, оберегавшую свою честь, и привёл её к своей часовенке, о которой она даже не знала. И что же сделал Честной Предтеча после этого? После этого он явился во сне одному солдату[16] и повелел ему как можно скорее спешить в его часовню. Солдат вскочил и поспешил в эту часовню. Та ночь была светла от снега, и он приблизительно знал, куда нужно идти. О, что за картина предстала перед его глазами! Старуха и девушка, по колено в снегу, уже посинели и окоченели от холода. Солдат сумел открыть дверь в церквушку, несчастные вошли внутрь и кое-как пришли в себя. У солдата не было никаких тёплых вещей, кроме шарфа, который он дал старухе, и двух перчаток, которые он дал им обеим, велев по очереди менять руки. Потом несчастные рассказали ему о том искушении, которое привело их в эту часовню. «Хорошо, — спросил девушку солдат, — как же ты решилась бежать ночью, по сугробам, неизвестно куда?» — «Это, — ответила она, — было всё, что я могла сделать. Я верила в то, что Христос поможет мне в остальном». Тогда солдат совершенно непроизвольно сказал: «Всё, закончились ваши муки. Завтра будете дома». Эти слова вырвались у него сами собой, от боли, а не просто для того, чтобы утешить несчастных. Ух, как же они

---

[16] Этим солдатом был Арсений Эзнепи́дис — будущий преподобный Паисий Святогорец. Описываемый случай произошёл во время Гражданской войны 1944–1948 гг. — *Прим. пер.*

обрадовались, услышав это! От этих слов им даже стало теплее. И действительно, к утру следующего дня горно-транспортная рота расчистила дорогу и со своими мулами пришла на место. Тогда несчастных отпустили по домам. Такими юными дочерьми Эллады — не обнажёнными от Божественной благодати, но облачёнными в неё — надо восхищаться и хвалиться! А та скотина — да простит меня Бог — пошёл к командиру и доложил, что, дескать, «солдат такой-то совершил взлом часовни и ввёл в неё транспортные средства», то есть мулов! «Нет, — ответил ему командир, — не верю, он на такое неспособен!» В конце концов этот человек закончил тюрьмой.

Истинная любовь извещает о себе молодых

— Геронда, те, кто хотел разрушить общество, взялись за его основы, корни — за детей. Они их развратили.

— Всё это недолго продержится. Зло разрушает само себя. В России разрушили всё, но только посмотри, что там творится сейчас, после того как прошли три поколения! Бог не бросает людей на произвол судьбы. И грехи молодых нынешней эпохи Он будет судить неодинаково с грехами молодых людей прежнего, нашего времени.

— Геронда, бывает, что молодые, живущие жизнью мирской, когда заходит разговор о вере, дают очень правильные ответы. Почему?

— У этих молодых было доброе расположение, но они не смогли себя остановить, увлеклись в мирскую жизнь. По причине этого доброго расположения они и дают правильные ответы о вере. Я хочу сказать следующее: например, человек хочет пойти по какому-то пути, но идти по нему не может. Однако к тем, кто по этому пути всё-таки идёт, он относится с уважением. Бог не оставит таких людей, потому что в них нет злобы. Придёт время, и у них появится сила идти вперёд.

— Геронда, а как можно найти подход к тем юным, которые сбились с пути?

— К ним надо подходить с любовью. Если присутствует истинная, благородная любовь, то она сразу же извещает о себе юных и обезоруживает их. Ко мне в каливу приходят молодые люди — ягоды с тысячи разных полей, с различными проблемами. Я встречаю их добрым словом, чем-нибудь угощаю, разговариваю с ними, и мы быстро становимся друзьями. Они открывают свои сердца и в ответ принимают мою любовь к ним. Некоторые несчастные так обделены! Они жаждут любви. Сразу же видно, что они не видели любви ни от матери, ни от отца. Они не могут насытиться любовью. И если тебе станет за них больно, если ты их полюбишь, то они забывают о своих проблемах, забывают даже о наркотиках, исцеляются от болезней и прекращают бесчинствовать, а после приезжают на Святую Гору уже как благоговейные паломники. Это потому, что они каким-то образом получают извещение о любви Божией. И видно, что у них есть благородство, которое пробивает брешь в твоём сердце. Они материально нуждаются, но, несмотря на это, не принимают денежной помощи от других, предпочитают найти работу, зарабатывать на жизнь, а вечерами учиться. Таким ребятам стоит помогать. В Салониках возле железнодорожного вокзала есть дома, где вместе живут много подростков — и мальчиков, и девочек. В одной трёхместной комнате их жило пятнадцать. Все они из распавшихся семей. Одни воруют, а другие не могут этого делать, потому что у них есть любочестие. Сколько же лет я просил приблизиться к этим детям, помочь им! Я просил устроить какой-нибудь храм, чтобы собирать в нём этих несчастных. Сейчас на вокзале открыли маленькую церквушку в честь святого апостола Филиппа-диакона — покровителя железнодорожников.

Так или иначе, я понял, что если человек с младых лет не использует те благоприятные возможности, которые ему даются, то этим пользуется диавол. Почему пословица говорит: «Куй железо, пока горячо»? Потому что раньше кузнецы сваривали железо не так, как сейчас: всяких там кислородных сварок и подобного этому не было. Кузнецы клали железо в огонь, опрыскивали его горячей водой с бурой[17], сковывали железяки между собой сразу же, как только вынимали их из огня — раскалёнными, разбрасывающими искры. Такие куски железа сразу же сваривались между собой, если же они успевали остыть, то ничего не получалось. Я хочу сказать, что если юный отнесётся равнодушно к данным ему благоприятным возможностям, а потом станет заниматься другими, судить, осуждать — так что от него удалится благодать Божия, — то с ним произойдёт то же самое, что с остывшим железом. В то время когда есть божественная теплота, он — если, конечно, будет внимателен — преуспевает. Поэтому родители должны, насколько это возможно, помогать своим детям, пока они ещё маленькие. Дети — это чистые магнитофонные кассеты. Если на них будет записан Христос, то они будут с Ним всегда. Если же нет, то детям легче будет уклониться ко злу, когда они подрастут. Если человек получил духовную помощь в детстве, то он снова придёт в себя, даже сбившись потом с пути. Если дерево пропитано олифой, оно не гниёт. Если немного «пропитать» детей благоговением, страхом Божиим, то это будет помогать им всю жизнь.

---

[17] *Бура́* — натриевая соль борной кислоты. — *Прим. пер.*

ГЛАВА ЧЕТВЁРТАЯ
О бесстыдстве и неуважении

Вольное обращение изгоняет благоговение

— Геронда, откуда происходит вольное обращение?
— Из Парижа[1]... Вольное обращение — это бесстыдство. Оно далеко отгоняет страх Божий — подобно дыму, которым мы окуриваем пчёл, чтобы они улетели из улья.

— Геронда, как избежать вольного обращения?
— Ощущай себя ниже всех. Необходимо много смирения. Ты, как младшая, имей уважение и благоговение ко всем сёстрам. Смиренно говори свой помысел, а не изображай из себя всезнайку. Тогда Бог будет подавать тебе Свою благодать и ты будешь преуспевать. Вольное обращение — это злейший враг послушника, потому что оно изгоняет благоговение. Обычно за вольным обращением следует непокорность, затем бесчувствие — сначала к мелким грешкам, постепенно привыкнув к которым, человек начинает считать их естественными. Но в глубине души у него нет покоя — одна лишь тревога. И понять, что с ним происходит,

---

[1] У преподобного Паисия замечательная игра слов: παρρησία — вольное обращение, дерзость; Παρίσι — Париж. — *Прим. пер.*

человек тоже не может, потому что снаружи сердце «засаливается» и он уже не чувствует того, что отбился от рук.

— Геронда, а какая связь между вольным обращением и простотой?

— Простота — это одно, а вольное обращение — это другое. В простоте есть и благоговение, и что-то детское. В вольном обращении есть наглость.

Часто бесстыдство может крыться и в прямоте. Если человек невнимателен, то в его прямоте и простоте часто кроется бесстыдство. «У меня прямой характер» или «я человек простой», — говорит он с бесстыдством, сам того не понимая. Однако простота — это одно, а бесстыдство — совсем другое.

— Геронда, а что такое духовная скромность?

— Духовная скромность — это страх Божий, в хорошем смысле этого слова. Этот страх, эта скованность приносят человеку радование, они источают мёд в его сердце. Духовный мёд! Посмотри на какого-нибудь застенчивого мальчика — он уважает своего отца, держит себя прилично и от многой скромности не смеет даже взглянуть на него. Когда хочет его о чём-то спросить, заливается краской. Такого малыша можно помещать прямо в иконостас. А другой ребёнок думает: «А ведь это всего лишь мой отец» — и вольно, с наглецой разваливается перед ним. А когда ему что-то нужно, он требует это — вынь да положь, топает ногами, грозит.

В хорошей семье дети ведут себя свободно. В такой семье живёт уважение перед родителями, казарменной дисциплины и хождения по струнке там нет. Дети радуются, глядя на отца и мать, а те радуются, глядя на них. «Любовь не ведает стыда»[2], — говорит авва Исаак. В любви

---

[2] См.: *Исаак Сирин, прп.* Слова подвижнические. Слово 89. М., 1993. С. 421.

есть дерзновение, в хорошем смысле этого слова. В любви такого рода есть благоговение, уважение к другим, то есть она побеждает страх. У кого-то есть скромность, нерешительность, но одновременно и страх, потому что настоящей скромности у него нет. А у другого человека есть скромность, но нет страха, потому что его скромность — настоящая, духовная. Когда скромность духовна, человек ощущает радость. Например, малый ребёнок любит своих отца и мать с дерзновением, не боится, что они его отшлёпают. Его отец может быть даже офицером, а он хватает его фуражку, бросает её и радуется. В нём есть добрая простота, бесстыдства в нём нет. Давайте проведём грань между простотой и бесстыдством. Если исчезнет уважение, скромность, то мы дойдём до вольного обращения, до бесстыдства. А потом можно услышать, как девушка лежит на кровати и распоряжается: «Мама, принеси мне стакан воды! И чтобы была холодная!.. Фу, тёплая… Я же тебе сказала: принеси холодной!» Начинают с этого и потом доходят до того, что спрашивают: «Почему это жена должна бояться мужа[3]?» Однако в страхе присутствует почтение, а в почтении — любовь. Если я что-то почитаю, то я его уже и люблю, и то, что я люблю — почитаю. Жена должна иметь почтение к мужу. Муж должен любить жену. Но сегодня люди истолковывают Евангелие шиворот-навыворот и поэтому уравнивают всё, а после распадаются семьи. «Жена должна быть послушной», — говорит муж. Но если у тебя нет любви, то ты не сможешь заставить быть тебе послушной даже кошку. Если у тебя нет любви, то человек остаётся без извещения, и ты не можешь попросить его даже о том, чтобы он принёс тебе стакан воды. Уважая своего ближнего, человек уважает самого себя, но при этом самого себя в расчёт не берёт. В уважении к другим

---

[3] Ср. Еф. 5:33.

есть любочестие, если же забота человека направлена на себя самого, то любочестия в этом нет.

Почтение к старшим

— Геронда, иногда я грублю старшим. Я понимаю, что веду себя плохо и исповедую этот грех.

— Раз ты это понимаешь и исповедуешься, то потихоньку ты возгнушаешься собой, в положительном смысле этого слова, и смиришься. Тогда придёт благодать Божия и ты избавишься от этой дурной привычки.

— А я, геронда, иногда шучу с сёстрами и по любви нередко поддразниваю их. Однако я боюсь дойти до вольного обращения.

— Это не дело, ведь ты же младшая! В семье обычно взрослые подшучивают над детьми и играют с ними, а не наоборот. Так радуются и взрослые, и дети. Но дразнить деда или бабушку малышу не приличествует. Каково будет, если карапуз ни с того ни с сего подскочит к отцу, схватит его за шиворот и начнёт щекотать! Но когда взрослый ущипнёт малыша — это совсем другое дело. Тогда ребёнок ведёт себя, в добром смысле этого слова, раскрепощённо, взрослый становится ребёнком, и радуются и тот, и другой.

— Геронда, бывает так: помысл говорит мне о том, что нечто совершается неправильно, я высказываю своё мнение старшим, а они этого не принимают. Следует ли мне с ними согласиться?

— Нет, со злом не соглашайся. Говори доброе, правильное, но правильно и по-доброму: «Может быть, лучше сделаем так? Я говорю тебе это просто, как помысел». Или же говори: «У меня есть такой-то помысел». Таким образом, ты становишься магнитом и притягиваешь к себе благодать Божию. Некоторые говорят вольно по привычке, а не от того, что стремятся выразить своё мнение. Как бы то ни было, младшему в любом случае необходимо иметь уважение к старшему. Но и сам старший, если можно так сказать, нуждается, чтобы его уважали. И даже если у него есть недостатки, доброе у него всё равно есть — какой-то опыт и тому подобное. Ты, когда тебя спрашивают, смиренно и с уважением высказывай свой помысел, но при этом не надо иметь в себе внутренней уверенности в том, что дело обстоит именно так, как ты себе представляешь. Ведь кто-то другой может знать то, что ты не знаешь, или то, о чём ты не подумала. Если человек услышит, как обсуждается какая-то тема, и в связи с этим ему в голову придёт какая-то мысль, по его мнению более правильная, то ему следует сказать: «Мне пришёл помысел», — если он разговаривает со своим сверстником. Если же он разговаривает с человеком старшего возраста, то ему следует сказать: «Мне пришёл хульный помысел». Потому что вмешиваться в чужие дела — это бесстыдство, даже если высказываемое мнение правильно.

— А говоря «уважение к старшему», Вы имеете в виду старшего по годам или по духовному возрасту?

— Главным образом по годам. Ведь посмотри: человек, который находится в духовно преуспевшем состоянии, относится к тому, кто старше его, с уважением, почтением.

— Геронда, а естественно ли человека, младшего по возрасту, но духовно преуспевшего, уважать более того, кто старше годами, но духовно преуспел меньше?

— Нет, это неправильная постановка вопроса. В каком бы состоянии ни находился тот, кто старше годами, ты должен отнестись к нему с почтением ради его возраста. Отнесись к людям с почтением: к тому, кто старше, — за его годы, к тому, кто младше, — за его благоговение. Если есть уважение, то младший с почтением относится к старшему, а старший — к младшему. В уважении присутствует любовь. *Ему́же дань — дань, ему́же честь — честь*[4], — говорит апостол Павел.

— А если младшие делают замечание старшим — это плохо?

— Это типикон нового поколения. Но в Священном Писании написано: *обличи́ бра́та твоего́*[5]. «Обличи отца твоего» там не написано. Нынешняя молодёжь спорит, бунтует, сама не понимая этого. Своё поведение они считают естественным. Они разговаривают с бесстыдством, а потом говорят: «Я сказал это просто так». Молодёжь попала под воздействие духа мира сего — развинченного, хулиганского духа, который ничего не чтит и не уважает. Младшие ведут себя по отношению к старшим без уважения и не понимают, насколько это плохо. Что можно ждать хорошего, если молодой человек якобы для того, чтобы быть яркой индивидуальностью, говорит, что уважение к старшим свой век отжило? Необходимо многое внимание. Современный мирской дух внушает молодёжи: «Не слушайте родителей, учителей». Поэтому нынешние дети с самого малого возраста становятся всё хуже и хуже. А больше всего портятся те дети, родители которых, не понимая того зла, которое они им делают, восхищаются своими чадами и считают их какими-нибудь там вундеркиндами, когда те разговаривают с бесстыдством.

Как-то раз ко мне в каливу пришёл отец с сыном лет восьми-девяти и племянником того же возраста. Одного мальчугана я посадил справа, а другого слева от себя. А незадолго до них ко мне пришёл один знакомый художник, очень хороший человек и мастер своего дела — за одну минуту может нарисовать портрет с натуры. «Дионисий, — попросил я его, — нарисуй-ка детей, вот как мы сейчас

---

[4] Рим. 13:7.
[5] Мф. 18:15.

с ними вместе сидим». — «Сейчас попробую, — ответил он, — но не знаю, удастся ли мне это, потому что они вертятся». Едва только он взял лист бумаги и начал рисовать, как один ребёнок вскочил и «уважил» его: «Сейчас посмотрим, придурок, что ты там нарисуешь!» А вокруг полно народу! Но молодой человек нисколько не смутился. «Таковы, отче, нынешние дети», — сказал он мне и продолжил рисование. У меня же кровь ударила в голову! А отец ребёнка вёл себя так, словно ничего не произошло! Его дети так хамят тридцатилетнему человеку, который их же ещё и рисует в придачу! Сколько же в этом бесстыдства и неуважения! Сколько всего ещё кроме этого! Как же это страшно! И вот представь теперь, что кто-то из этих детей захочет стать монахом. Для того чтобы такой ребёнок стал настоящим монахом, необходимо много работы. Матери, не следя за своими детьми, их разрушают. Вся основа в матерях. В России если что-то и изменилось, то лишь потому, что матери тайно удержали веру, благоговение и помогли своим детям. К счастью для нас, в христианских семьях сохранилось немного закваски. Иначе бы мы погибли.

— Геронда, а смогут ли дети, которые растут таким образом, измениться или стать монахами, если впоследствии они этого захотят?

— Если они осознают то, что вели себя нехорошо, то Христос поможет им. То есть если в человека войдёт добрая обеспокоенность, то вопрос можно считать закрытым. Но как исправятся такие дети, если, став монахами, они по-прежнему считают себя правыми и говорят об игумене или игуменье: «Что у нас за диктатор? Где это видано, чтобы такое творилось в нашу эпоху?!» Некоторые монашествующие доходят и до того, что говорят мне подобные глупости.

Мало-помалу уважение совершенно сходит на нет. Ко мне в каливу приходят молодые ребята, и большинство из них сидят нога на ногу, а старым людям некуда присесть. А другие, видя чуть подальше свободные пеньки для сидения, ленятся пройти два шага, перенести их поближе и сесть. Я сам должен ворочать для них эти пеньки. И даже видя, как я их несу, они не подойдут и не возьмут их у меня. Хотят попить воды, но сами не хотят пройти нескольких метров, чтобы её зачерпнуть. Я сам должен принести им и по второй кружке. Нет, правда, меня поражает: приходят группы по тридцать здоровенных парней, глядят на то, как я, ковыляя, несу большую коробку лукума, бидон с водой, кружки, чтобы их же и напоить, но ни один из них даже не шелохнётся, чтобы мне помочь. А пропахший порохом генерал-майор, сидящий рядом с ними, встаёт и спешит мне на помощь! Молодёжь думает, что в афонской каливе к ним тоже подойдёт официант и обслужит их — подобно тому, как он подходит где-нибудь в ресторане или в гостинице. Раз пять-шесть я даже проделал такую штуку: шёл за бидоном, с трудом ковылял, приносил им воду и выливал её на землю у них перед носом! «Воды-то, парни, я вам принести могу, — говорил я им, — да только она вам не на пользу пойдёт!»

В городском транспорте видишь, как дети сидят, а пожилые люди стоят. Молодые сидят нога на ногу, а взрослые люди поднимаются, чтобы уступить место старикам. Молодые свои места не уступают. «Это место, — говорят, — мною оплачено». Сидят и ни на кого не обращают внимания. А какой дух был в прежние времена! По обеим сторонам узеньких улочек сидели женщины, и когда мимо проходил священник или пожилой человек, они вставали. И детей своих тоже приучали к этому.

Сколь же часто я прихожу в негодование! Приходится видеть, как беседуют пожилые, степенные, заслуженные люди, а молодые наглецы беззастенчиво вмешиваются в разговор, прерывают его, несут всякую чушь и ещё считают это достижением. Делаю знак, чтобы они прекратили, но те не обращают на это никакого внимания. Чтобы остановить, приходится выставлять их на посмешище — иначе будут продолжать своё. Ни в каком отечнике или патерике не написано, чтобы молодые люди подобным образом разговаривали со старшими. В Отечнике написано: «*Рече́ ста́рец*», а не «Рече юнец». В старое время младшие молчали в присутствии старших и радовались, что молчали. Они даже не садились там, где сидели старшие. Юные той эпохи отличались застенчивостью, скромностью, благоговением, говоря со старшими, они заливались румянцем. А уж если бы кто-то из детей того времени нагрубил родителям, то он от стыда и на базаре не смел бы появиться! А на Святой Горе монах не участвовал в хоровом торжественном пении, если его борода ещё не была седой. А сейчас видишь, как в хоры собираются и послушники, и кандидаты в послушники… Ладно, что делать — но пусть, по крайней мере, выучатся вести себя с уважением к старшим и с благоговением.

Можно услышать и такое: воспитанник Афониады заявляет ректору, который облачён архиерейским саном: «Владыко ректор, мы с вами будем говорить как равный с равным». Да-да, доходят уже до этого! И худо то, что потом этот юнец не понимает, что здесь плохого, упорствует: «Ну и что я такого сказал? Не понимаю». Вместо того чтобы попросить владыку ректора: «Прошу прощения, благословите мне высказать один помысел; но, может быть, то, что я скажу, будет и глупостью», подросток как ни в чём не бывало заявляет: «У тебя своё мнение, а у меня своё». Тебе понятно? К несчастью, этот дух проник и в духовную жизнь, и в монашество. Слышишь, как послушники жалуются: «Я говорил об этом старцу, но он меня не понимает. Хотя я напоминал ему об этом неоднократно!» — «Слушай-ка, — говорю я, — да как же у тебя язык-то поворачивается говорить это „неоднократно"? Ведь тем самым ты словно говоришь: „Старец так и не исправился"». — «Ну а что, — отвечает, — разве я не могу выразить своего мнения?» Когда слышишь такое, просто взрываешься. А под конец он ещё тебя спрашивает: «Что, расстроился? Ну прости меня». То есть я должен его простить не за то, что он сказал, а за то, что у меня кровь ударила в голову!

Люди дошли уже до того, что судят Бога

— Геронда, а тенденция судить всех и вся была у людей всегда или же она появилась только в нынешнем молодом поколении?

— Нет, раньше такого не было, это дух нынешней эпохи. Сейчас судят мирян, судят всех политических и церковных деятелей, но этого мало — судят даже святых и доходят уже до того, что судят Бога. «Бог, — говорят такие люди, — не должен был совершать то-то и то-то. Ему следовало бы поступить так-то и так-то, а Он поступил неправильно». Слышишь, что несут? «Брат ты мой, ты что ли будешь Ему указывать?» — «А что? Я выражаю своё мнение», — отвечает он, не понимая, сколько в этом бесстыдства. Мирской дух разрушил много доброго. Зло развивается и доходит до скверного, уродливого состояния, доходит до богохульства. Люди судят Бога, и их даже не беспокоит помысел, что это хула на Него. А некоторые молодцы из тех, кого Бог ростом не обидел, если у них в голове есть при этом хоть немного способности к суждению, начинают говорить про других: «Это что ещё за пигмей? Ну а это что за косолапый? А на этого полюбуйся!» — и не считаются ни с кем.

Как-то раз ко мне в каливу пришёл один человек и заявил: «В таком-то вопросе Бог не должен был поступать так, как Он поступил». — «А ты можешь, — спросил я его, — удержать на воздухе хотя бы один маленький камушек?

Звёзды, которые ты видишь на небе, — это ведь не блестящие игрушечные шарики. Это небесные тела колоссальных объёмов, которые несутся с головокружительной скоростью и при этом не сталкиваются друг с другом и не отклоняются от своего курса». — «А по моему мнению, — снова говорит он мне, — это следовало устроить по-другому». Ты только послушай! Да неужели мы будем судить Бога? Появилось много логики, и исчезло доверие Богу. А если сказать таким людям, что они неправы, то они ответят: «Извини, но я высказал своё мнение. Разве я не имею на это права?» Чего только не приходится Богу слышать от нас! К счастью, Он не относится к нам всерьёз.

В Ветхом Завете говорится о том, что Бог повелел израильтянам изгнать из страны всех хананеев без остатка[6]. Раз Бог дал такие повеления, значит, Он что-то предвидел. Но израильтяне сказали: «Это не очень-то человеколюбиво. Давайте оставим хананеев, не будем их истреблять». Однако прошло время, и, заразившись от хананеев, они были увлечены в безнравственность, идолослужение и приносили в жертву идолам собственных детей, как говорится об этом в псалме[7]. Бог знает, что делает. А некоторые с бесстыдством спрашивают: «Зачем Бог создал адскую муку?» Человек начинает судить и с этого момента теряет доброе духовное состояние. У него нет даже малой благодати Божией, чтобы понять что-то чуть глубже, то есть понять, по какой причине Бог создал то или другое. Суд, гордыня, эгоизм — вот что такое все эти «зачем?» и «почему?».

— Геронда, некоторые молодые люди спрашивают: «А зачем было распинаться Христу? Что, разве Он не мог спасти мир по-другому, без распятия?»

---

[6] См. Втор. 7:2 и далее.
[7] *И пожроша сы́ны своя́ и дще́ри своя́ бесово́м* (Пс. 105:37).

— Да тут Он спас его распятием, и людей это не трогает! А что говорить, если бы Он спас мир по-другому? А некоторые говорят: «Бог-Отец никак не пострадал. Это Сын принёс Себя в жертву». Но, по-моему, любой отец предпочёл бы сам пожертвовать собой, только бы не отдавать в жертву своё дитя. Для отца больше страдания доставляет видеть, как жертвует собой его дитя, чем жертвовать собой самому. Но что ты скажешь людям, если они не понимают, что значит любовь?

А ещё один человек сказал мне следующее: «У Адама было двое детей — Авель и Каин. Так откуда же взялась потом жена Каина?» Однако, почитав Ветхий Завет, человек узнает, что после рождения Сифа Адам *родѝ сыны̀ и дще́ри*[8]. А Каин после убийства своего брата убежал в горы[9]. Он и не знал, что та, которую он взял себе в жёны, была его сестрой. Бог устроил так, чтобы люди были одного рода-племени, чтобы между ними не было злобы и преступлений, чтобы они говорили: «Мы дети одних родителей — Адама и Евы», и это сдерживало бы человеческую злобу. Но, даже несмотря на это, — посмотри, какая злоба живёт сегодня между людьми!

Как же я мучаюсь с некоторыми из людей, когда они приходят ко мне в каливу! В конце концов, видя, что дальше вести с ними беседу бесполезно, я говорю: «У меня болит голова, а аспирина нет». А они, уходя, ещё расстраиваются, обижаются. «Мы проделали такой дальний путь, а он говорит нам, что у него болит голова», — сетуют они, не понимая, почему я жалуюсь на головную боль. А некоторые предлагают: «Так, может быть, тебе аспирину принести?»

---

[8] Быт. 5:4.
[9] См. Быт. 4:14–15.

Бесстыдство изгоняет Божественную благодать

Требуется многое внимание. Развязное и невнимательное поведение — это препятствие для Божественной благодати. Отсутствие уважения к людям — самое большое препятствие для того, чтобы к человеку приблизилась Божественная благодать. Чем большее уважение к родителям, учителям, вообще к старшим имеют дети, тем большую Божественную благодать они приемлют. Чем они развязнее, непослушнее, тем больше их оставляет благодать Божия. Мирская свобода изгнала не только благоговение, но даже элементарную мирскую вежливость. Некоторые ребята не стесняются крикнуть своему отцу: «Эй, батя! У тебя сигареты есть? А то мои кончились». Разве раньше можно было такое услышать? Даже если подросток покуривал, он делал это тайком. А сейчас — как ни в чём не бывало! Как же после этого дети не будут вконец лишены Божественной благодати? Нынешние девицы в присутствии отца и матери самыми площадными выражениями поносят своих братьев за то, что те ходят в церковь, а отец только помалкивает. У меня волосы дыбом встали, когда я об этом услышал. Потом, оставшись один, я даже начал разговаривать сам с собой.

Мирская среда и мирские родители разрушают детей. Среда оказывает на детей сильное воздействие. Детей, у которых есть скромность и любочестие, немного. Большинство озлобленных, ожесточённых детей становятся такими, потому что ведут себя с бесстыдством. Многие родители приводят ко мне своих детей и говорят: «Отче, в моём ребёнке бес». А я вижу, что в этих детях нет беса. Да Боже упаси! Детей, имеющих в себе беса, не так много. Все остальные подвергаются бесовскому воздействию извне. То есть в самих детях беса нет, он помыкает ими извне. Но и действуя извне, он своё дело всё равно делает. А с чего всё это начинается? С бесстыдства. Разговаривая со старшими с бесстыдством, дети отгоняют от себя благодать Божию. А когда уходит благодать Божия, приходят тангалашки и дети ожесточаются, бесчинствуют. И наоборот: дети, которые имеют благоговение, почтительность, слушаются родителей, учителей, старших, непрестанно приемлют благодать Божию. На таких детях пребывает Божие благословение. Их покрывает благодать Божия. Большое благоговение перед Богом вместе с глубокой почтительностью к старшим привлекает в души детей многую Божественную благодать и наполняет их благодатью до такой степени, что божественное сияние благодати выдаёт их другим. Благодать Божия не идёт к маленьким бунтовщикам и безобразникам, она идёт к любочестным, благоразумным, благоговейным детям. Детей, имеющих почтительность, благоговение, видно. Их глаза сияют. И чем больше уважения они имеют к родителям и вообще к старшим, тем большую благодать Божию они приемлют. Чем они развязнее, непослушнее, тем более благодать Божия их оставляет.

Ребёнок, который имеет к другим претензии, ребёнок, которому ничем не угодишь — то ему не так, это не эдак, — превратится в бунтаря, превратится в диавола. Ведь и Денница хотел поставить свой престол выше Престола Божия. Посмотрите, ведь все дети, чьи прихоти исполняются родителями, становятся маленькими бунтарями. И если дети не покаются, чтобы освободиться от этой недоброй волны, обуревающей их, если они и дальше будут вести себя с бесстыдством, тогда — Боже упаси! — благодать Божия оставляет их вдвойне. И они доходят даже до того, что и о Боге говорят непочтительно, после чего ими уже командуют злые духи.

«Чти отца́ твоего́ и ма́терь твою́»[10]

До чего же дошли нынешние дети! Не могут вытерпеть ни единого слова. А уж где там вытерпеть берёзовой каши! Дети непочтительны, очень эгоистичны и неврастеничны. Они злоупотребляют свободой. Ребёнок заявляет своим родителям: «Я отведу вас в полицию». Не так давно один пятнадцатилетний подросток накуролесил так сильно, что отец дал ему оплеуху. Тогда сыночек пошёл в полицию, подал иск на собственного отца, и того отдали под суд! Во время суда отец сказал: «Вы творите надо мной неправедный суд. Ведь если бы я не дал своему сыну той пощечины, то он угодил бы в тюрьму. А больно за него было бы не вам, а мне». После этих слов он схватил юного «истца», залепил ему две оплеухи и сказал: «Вот за эти оплеухи меня и судите, а не за ту. Сейчас сажайте меня в тюрьму, потому что я ударил его ни с того ни с сего».

Я хочу сказать, до чего докатились дети. Таков их нынешний «менталитет». В прежнее время родители ругали нас, могли дать нам ремня, но злого помысла у нас не было. Даже ремень мы принимали как ласку, не противореча, не углубляясь в то, сильно ли мы провинились или не очень. Мы верили, что ремень тоже шёл нам на пользу. Мы знали, что родители любили нас и иногда ласкали, иногда целовали, иногда давали нам по затылку, потому что и родительская оплеуха, и родительская ласка, и родительский поцелуй — всё это, как бы получше выразиться, — всё это от любви. Когда родители бьют своих детей, страдает их собственное родительское сердце, а когда дети принимают от родителей побои, то у них болит только щека. Стало быть, сердечная боль сильнее, чем боль от пощёчины. Что ни делай мать своим детям: ругай она их, бей, ласкай —

---

[10] Исх. 20:12.

всё это она делает от любви, всё это исходит от одного и того же любящего материнского сердца. Однако, когда дети, не понимая этого, разговаривают с бесстыдством, противоречат и артачатся, они изгоняют из себя Божественную благодать. А после этого уже закономерным будет принятие ими соответствующего бесовского воздействия.

— Геронда, но разве не бывают и горе-родители?

— Да, бывают. Однако детям, имеющим таких родителей, помогает Бог. Бог не несправедлив. И на грушах-дичках бывает полным-полно плодов. На Афоне, у дороги, ведущей к моей каливе, растёт одна дикая алыча. Так на ней даже листьев не видно от множества плодов. Ветки ломаются под их тяжестью. А окультуренные деревья, несмотря на то что их опрыскивают, часто не дают плодов вовсе.

Разрыв поколений

Мир превратился в сумасшедший дом. Малые дети ложатся спать в полночь, тогда как им следовало бы ложиться сразу после захода солнца. Они заперты в многоэтажки, заключены в бетон, они живут по распорядку взрослых. Что делать детям и что делать взрослым? Приходят дети и говорят мне: «Нас не понимают родители». Приходят родители и говорят мне: «Нас не понимают наши дети». Между родителями и детьми образовалась пропасть, и, чтобы она исчезла, родители должны поставить себя на место детей, а дети — на место родителей. Если сейчас дети не мучают родителей, то потом, когда сами они станут взрослыми, их не будут мучить и их собственные дети. И наоборот: тех, кто сейчас не слушается и мучает родителей, впоследствии будут мучить их собственные дети, потому что вступят в действие духовные законы.

— А некоторые дети, геронда, говорят, что они испортились от чрезмерной любви к ним родителей.

— Они неправы. Когда у ребёнка есть любочестие, он не портится от родительской любви. Но, извлекая из родительской любви корысть для себя, ребёнок испортится, погибнет. Если ребёнок портится от любви родителей, то, по сути, он уже испорчен. Ему следовало бы благодарить Бога за родителей, их любовь, а он вместо этого недоволен тем, что к нему относятся по-доброму. Ведь у некоторых детей вообще нет родителей! И что тут скажешь? Когда ребёнок не признает родителей за своих благодетелей и не любит их — даже при том, что у его родителей есть страх Божий, — как он может любить и чтить Бога — своего Великого Благодетеля и Отца всех людей? Ведь осознать великие Божии благодеяния в детском возрасте очень непросто.

ГЛАВА ПЯТАЯ
О внутреннем неустройстве людей и об их внешнем виде

Несчастные мирские люди одеваются соответственно своему внутреннему состоянию

Геронда, пожелайте мне что-нибудь.

— Желаю, чтобы ты стала духовно ряженой, подобно юродивой святой Исидоре[1], чтобы ты достигла доброго лицемерия. Посмотри: несчастные мирские люди празднуют своё мирское лицемерие и одеваются соответственно своему внутреннему состоянию. В старые времена ряжеными одевались только раз

---

[1] *Блаженная Исидо́ра* подвизалась в женском Тавеннисиотском монастыре, основанном преподобным Пахомием Великим в начале IV в. на берегу реки Нил в Верхней Фиваиде. Неся подвиг юродства ради Христа, блаженная притворялась лишённой разума и бесноватой, смиряла и уничижала себя. Вместо монашеского куколя она покрывала голову лохмотьями, ходила босиком, без ропота и со смирением принимала от других уничижения и побои. Святость блаженной была открыта в ангельском видении отшельнику авве Питириму, который, в свою очередь, рассказал о ней всем сёстрам монастыря. После этого, желая избежать славы человеческой, блаженная тайно покинула обитель и подвизалась в безвестности до самого дня своей кончины. Память преподобной Исидоры совершается 10 (23) мая.

в году — на масленицу. Сейчас большинство людей — ряженые постоянно. В старину ряженых можно было видеть только семь дней в году — на масленицу, а сейчас их видно каждый день. Каждый одевается так, как ему подсказывает помысел! Люди стали вконец чудны́ми. Они сошли с ума! Мало людей сдержанных, скромных — будь то мужчины, женщины или дети. Особенно женщины — они уже дошли до предела. Сегодня по дороге в город я видел одну такую особу, обмотанную широченной лентой — как бинтом всё равно, в каких-то немыслимых высоченных сапогах и коротенькой юбке. «Так модно», — объяснили мне. Другие женщины вышагивают вот на таких тонюсеньких каблуках. Чуть где неровно ступят — точно угодят к хирургу-ортопеду. А уж про причёски лучше вообще помолчать… Видел ещё одну «красавицу», простит меня Бог, — что же это был за человек! Лицо какое-то дикое. В зубах сигарета пых-пых!.. Глазища красные! Говорят, что сейчас люди взяли за правило не курить дома, когда дети маленькие. А несчастные дети рождаются уже прокопчёнными, как селёдка! И кофе тоже во вред, от него потом гримасничают как не знаю кто. Ушла благодать Божия, вконец покинула людей.

Помню, в бытность мою на Синае приезжали люди, одетые так, что даже не находилось слов. Как мне было больно глядеть на приезжавших в обитель туристок! Как же они безобразно выглядели! Всё равно что видишь выброшенные на помойку прекрасные византийские иконы, с той лишь разницей, что люди — иконы Бога — выбросили себя на помойку сами. Однажды я увидел одну женщину, одетую во что-то наподобие фелони[2], и сказал: «Ну, слава Богу, хоть одна одета более-менее прилично. Ладно, чего уж там, пусть хоть в фелони, хоть в мелони, зато, по крайней мере, отличается от остальных». Но вот «дама в фелони»

---

[2] *Фело́нь* — священническая риза. — *Прим. пер.*

поворачивается ко мне лицом… Что я вижу! Всё спереди у неё было полностью открыто!

До чего докатились люди! Мне прислали фотографию одной невесты с просьбой помолиться, чтобы её брак был счастливым. Её свадебное платье не укладывалось в рамки никаких приличий. Быть так одетой — значит нечестиво относиться к таинству, к священному пространству Церкви. Духовные люди и то не думают, что же взять с остальных? Поэтому я и говорю, что если и монастыри не станут удерживающей силой, то никакого другого тормоза не найдётся. Сегодня люди необузданны, у них нет тормозов.

В старину, когда были Христа ради юродивые, в мире было очень мало сумасшедших. Так, может быть, нам стоит попросить юродивых ради Христа исцелить юродивых от природы и снова явиться в мире юродивыми ради Христа? Да что там говорить: сегодня видишь и слышишь самые немыслимые вещи. Один человек рассказал мне, что нынешние модники-лоботрясы берут свою одежду, в разных местах специально протирают и лохматят её, потом разрезают и толстенной иглой нашивают на неё заплатки. Я как это услышал, даже перекрестился. Ну ладно, для рабочего человека естественно быть так одетым. Но для лоботряса!.. А потом это человек рассказал мне и кое-что ещё. «Расскажу, — говорит, — тебе, геронда, и кое-что похлеще. Моя жена встретила как-то на площади Согласия[3] одного паренька из семьи наших друзей. Видит она, что штаны у парня разодраны на том месте, откуда ноги растут. „Детонька, — говорит моя супруга, — прикройся ты хоть ладошкой сзади…" — „Оставь меня в покое! — отвечает ей юный лоботряс. — Сейчас мода такая!"» Несчастные дети!..

— Геронда, некоторые носят блузки, рубашки с изображениями святых. Можно ли это делать?

---

[3] *Площадь Согласия* — центральная площадь в Афинах. — *Прим. пер.*

— Если святые изображены на блузках или куртках, то пускай, ничего страшного. Лучше пусть носят на себе изображения святых, чем картинки с диаволом. Но изображать святых на брюках негоже. Это неблагоговение. Есть такие благоговейные люди, что любят украшать одежду разными христианскими рисунками. Например, когда патриарх Димитрий был в Америке, там выпустили блузки, футболки с изображением патриарха и храма Святой Софии в Константинополе.

— Они сделали это от благоговения?

— Ну не евреи же это сделали, а христиане. Есть ведь и люди, которые делают что-то хорошее, так же, как наряду с шарлатанами, есть хорошие врачи.

— Геронда, бесчинство в одежде происходит и от влияния из-за рубежа?

— Ну а откуда ещё? Поэтому в годы моей юности и говорили: «Ну, это люди из Смирны…» Смирна была приморским городом и туда стекались многие иностранцы. Святой Арсений был очень строг в отношении одежды. Одна девушка из Фарас вышла замуж и носила пёстрый платок, привезённый из Смирны. Святой Арсений неоднократно делал ей замечания, говорил, чтобы она выбросила этот платок и одевалась скромно, как все фарасиотки. Молодая щеголиха его не слушала. Однажды святой Арсений вновь увидел её в пёстром платке и строго сказал: «Западных болячек мне в Фарасах не нужно. Знай, что если ты не образумишься, то дети, которых ты будешь рожать, будут умирать после своего крещения. Они как ангелы будут уходить к Богу, но тебе не придётся порадоваться ни о ком из них». Но она и после этого не образумилась, и у неё умерло два младенца. Только тогда она остепенилась, выбросила свой пёстрый платок, пришла к святому Арсению и попросила у него прощения.

— Геронда, а помогает ли в духовной жизни тёмная одежда тому, кто хочет стать монахом?

— Да, тёмная одежда очень помогает. Она помогает убежать из мира, тогда как яркой цветной одеждой человек цепляется за мир. Если тот, кто собирается стать монахом, говорит: «Вот когда уйду в монастырь, тогда и буду одеваться в чёрное, тогда и буду исполнять монашеское правило», то он и там, в монастыре, сделает свою жизнь… чёрной. Если же, ещё находясь в миру, человек делает с радостью то, что должны делать монахи, и с нетерпением ждёт этого, то он и в миру радуется духовно и потом, в жизни монашеской, будет идти вверх, перескакивая через две и через три ступеньки.

— Геронда, иногда дети, ходящие в церковь и скромно одевающиеся, подвергаются со стороны старших сильным нападкам.

— Делая так с верой и от сердца, они и старших ставят на своё место. Я был знаком с одной девушкой, которая носила чёрное платье с длинными рукавами. Какое же у неё было благоговение! Как-то раз одна шибко моднючая старуха начала её упрекать: «И не стыдно тебе, молоденькой девушке, ходить в чёрном и с длинными рукавами?» — «Раз вы, пожилые, не даёте нам таких примеров, — ответила ей девушка, — то, по крайней мере, будем одеваться в чёрное мы, молодые». Так она поставила старую модницу на место.

Видишь как: какая-то женщина хоронит мужа и тут же одевается в яркую одежду. Что тут скажешь? А вот моя сестра, оставшись вдовой двадцати трёх лет от роду, уже не снимала чёрного платья до самой своей смерти. Для меня блаженны не те броско одетые горемычницы, что проводят греховную — «броскую» — жизнь, а те вдовы, которые в сей жизни, пусть и не по своей воле одевшись в чёрное платье, живут белой, светлой жизнью и не ропща славословят Бога.

Сегодня не отличить мужчину от женщины

Однажды к премудрому Соломону, желая его испытать, привели детей — совершенно одинаково одетых мальчиков и девочек, с тем чтобы он отличил одних от других. Соломон отвёл детей к источнику и велел им умыться. Наблюдая, как дети умывались, он разделил их. Девочки аккуратно, стыдливо прыскали водой в глаза, тогда как мальчики смело плескали воду в лицо и били по ней ладошками[4].

Сегодня мужчины стали настолько женоподобны, что часто в них и не различить мужчин. В старое время на расстоянии пятисот метров можно было отличить мужчину от женщины. Сейчас иногда не отличишь и вблизи. Не поймёшь: мужчина перед тобой? женщина? Поэтому пророчество и говорит, что придёт время, когда нельзя будет отличить мужчину от женщины[5]. Старец Арсений Пещерник как-то спросил одного длинноволосого юношу: «Так кто же ты есть? Мальчик ты или девочка?» Сам старец не мог этого понять. Раньше на Святой Горе таких стригли. Сейчас приезжают какие есть… Но я их стригу: ножницами, которыми обрезаю шерсть, когда плету чётки. Знаете, скольких я уже обстриг! Я стригу их во дворе за стеной алтаря. Когда приходят такие длинноволосые, я говорю им: «Вот хорошо! А то у меня есть несколько лысых знакомых и я обещал приклеить им шевелюры. Окажите любовь, дайте вас обстричь! Что поделать, я ведь дал людям слово».

— Соглашаются, геронда?

---

[4] Это испытание царя Соломона, описанное в иудейских мидрашах, — одна из загадок царицы Савской. — *Прим. пер.*

[5] «Мир станет неузнаваемым, изменится облик людей и нельзя будет ясно различать мужчин от женщин, благодаря бесстыдству в одежде и форме волос головы». См. Посмертные вещания преподобного Нила Мироточивого Афонского. М.: Воскресение, Паломник, 1996. С. 173. — *Прим. пер.*

— Зависит от того, как им об этом сказать. Я ведь не налетаю на них с криками: «Что за срамотища такая! Как вам не стыдно! Вы не чтите это священное место!» — но говорю: «Слушайте, парни, ведь этими волосами вы оскорбляете своё мужское достоинство. Если вы увидите, как гвардеец почётного караула марширует по площади Согласия с дамским ридикюлем, как вы на это посмотрите? Ну, скажи, приличествует ли гвардейцу ридикюль? Давай остри́жем твои волосы!» И стригу. Знаете, сколько я собираю волос! Иногда, если кто-нибудь из них заартачится и начнёт всякие «почему» да «зачем», я отвечаю: «Что ещё за „почему"? Разве я не монах? Вот и совершаю „постриги". Ведь это моя работа». Всё дело в том, как это преподнести. Ребята смеются, а это мне и нужно. После этого я их стригу. Нет, имена при «постриге» не меняю. Только одному малому дал имя «Досто́йно есть», потому что, когда я совершал его «постриг», неподалёку проходил крестный ход с иконой «Досто́йно есть»! А как бывают рады родители моих «постриженников»! Знаешь, сколько благодарных родительских, материнских писем мне приходит? У! Только за это простит меня Бог!

Сейчас ещё взяли моду обстригать на голове волосы, а сзади оставлять хвостик. «Эй, орлы! — спрашиваю, — какой же в этих хвостах смысл?» — «Мы, — отвечают „орлы", — оставляем хвосты, чтобы на нас обращали внимание». — «Чудики вы, чудики, — говорю я им, — да у людей сегодня столько проблем, что они не будут обращать на вас внимания, даже если вы станете им за это платить!» А другие, здоровенные дылдищи, носят в ушах серёжки. Сколько же я поснимал с них этих серёжек!

— А некоторые, геронда, носят только одну серёжку.

— Одну серьгу носят анархисты. Одна серьга в ухе — символ анархии. Они надевают эту серьгу не для того, чтобы украсить себя, как женщины. Они протыкают своё ухо и надевают серьгу в знак протеста. Как-то ко мне в каливу пришёл отец с сыном двадцати двух лет — длинноволосым, с бородой и серёжкой в ухе. «Неприличны парням серёжки, — сказал я ему. — Многие вас понимают неправильно. Мне это объяснять не нужно, но люди-то ведь не знают, что вы анархисты, и понимают это неправильно». После он снял серёжку и отдал её мне. Она была золотая. «Отдай её, — говорю, — ювелиру, чтобы он сделал тебе нательный крестик».

— Некоторые, геронда, носят серьгу даже в носу.

— Это значит, что диавол вставил им в нос кольцо. Только уздечки не видно. А некоторые носят на шее широкие золотые цепочки — в несколько рядов. Одному я устроил выволочку, поснимал с него все эти побрякушки и сказал: «Отдай это золото какому-нибудь сироте. Или вручи его своей матери, чтобы она передала его кому-нибудь бедняку». После того как я привёл его в более-менее божеский вид, он меня спрашивает: «Что мне делать?» — «Начни с того, — говорю, — что надень на себя крестик на скромной цепочке». Подумать только — мужчины, а носят золотые украшения! Стоит перед тобой, весь сверкает золотом, на шее в два-три ряда толстенные золотые цепочки — принцессы и то таких не носят, стоит и жалуется, какие у него проблемы! А проблема-то как раз в этом! Его проблемы — это епитимья, которую он несёт. С одних я снимаю эти побрякушки сам, другим говорю, чтобы они сделали это своими руками. Люди потеряли меру. Они стали вконец никуда не годными. Некоторые носят на шее знаки зодиака. «Что это? — спрашиваю одного. — Первый раз такое вижу». — «Это, — отвечает, — зверушка такая, мой знак зодиака». А мне сперва показалось, что это иконка Божией Матери. «Что же, — говорю, — сами-то вы разве тоже зверушки из зоопарка, коли носите на себе эти знаки зодиака?» Ой, чудны́е… Внутреннее бесчинство выпирает наружу. Давайте же молиться, чтобы Бог просветил молодёжь и сохранил немного закваски.

Люди жаждут простоты

Хорошо, что люди жаждут простоты. Они дошли до того, что ввели простоту в моду, пусть внутри у них простотой и не пахнет. Некоторые приезжают на Святую Гору в вылинявшей потёртой одежде, и я задаюсь вопросом: «А почему они так одеты? Ведь они же не работают в поле?» Один разговаривает на безыскусном деревенском языке, потому что для него это естественно, и ты радуешься, слыша журчание деревенской речи. А другой подделывается в своей речи «под селянина», но от его «мужицкого говора» становится тошно. А некоторые приезжают на Святую Гору при галстуках… Из огня да в полымя… Один такой «паломничек» взял с собой на Афон шесть или семь галстуков. Утром, собираясь идти ко мне, он надел галстук, костюм — вырядился как на парад. «Что ты там копаешься?» — спрашивает его кто-то. «Собираюсь к отцу Паисию», — отвечает он. «А зачем ты так торжественно одеваешься?» — «Затем, — отвечает, — чтобы сделать ему честь». Ох, до чего же мы докатились!

У людей совершенно нет простоты. От этого молодёжь и начала бродяжничать, скитаться, не находить себе места. А духовные люди, не умея жить просто, будучи «застёгнутыми на все пуговицы», молодёжи не помогают. Нынешней молодёжи не с кого взять пример, и она начинает вести образ жизни бродяг. Потому что, видя в христианах людей, «застёгнутых на все пуговицы», людей, затянутых галстуками, важных и надутых, молодые не находят в них никакого отличия от людей мира сего и потому противостоят. Если бы они видели в духовных людях простоту, то не доходили бы до такого состояния. Но молодые сейчас отличаются мирским духом, а христиане — мирским чином. «Нам, христианам, следует ходить так, это делать сяк, а это — эдак...» Христиане ведут себя так не от сердца, не от благоговения, а потому, что «так следует себя вести». А молодые, видя всё это, говорят: «Что это? Ходить в церковь с затянутой шеей? А ну, пошли отсюда!» Они сбрасывают с себя всё и бродят раздетыми. Их бросает в другую крайность. Тебе понятно? Всё это молодёжь делает, выражая свой протест. У молодых есть идеалы, но им не с кого взять пример. Их стоит пожалеть. Поэтому нужно, чтобы кто-то задел их любочестие, тронул их своей простотой. Молодые люди негодуют, видя, как даже духовные люди, даже священники пытаются сдержать их с помощью мирских ухищрений. Однако, встречаясь со скромностью, а также с простотой и искренностью, молодые задумываются. Потому что если в человеке есть искренность и он не берёт себя в расчёт, то он прост и имеет смирение. Всё это даёт покой ему самому, но в то же время заметно и для другого. Другой человек чувствует, больно ли тебе за него или же ты лицемеришь. Какой-нибудь бродяга лучше, чем христианин-лицемер. Поэтому нужна не лицемерная «улыбка любви», а естественное поведение, не злоба и притворство, но любовь и искренность. Меня больше трогает, если человек упорядочен внутренне, то есть если у него есть уважение и настоящая любовь к другим, если он ведёт себя просто, а не по установленным «моделям поведения». Ведь в противоположном случае человек застревает на одном внешнем и становится внешним человеком, то есть тем самым масленичным ряженым.

Внутренняя чистота прекрасной души истинного человека красит и его внешний вид, а божественная сладость Божией любви услаждает даже его облик. Внутренняя душевная красота духовно красит и освящает человека даже внешне, посредством Божественной благодати она выдаёт его другим. А кроме этого, она украшает и освящает даже ту некрасивую одежду, которую носит исполненный благодати человек Божий. Батюшка Тихон сам толстой иглой шил скуфейки из обрывков рясы. Эти скуфьи были похожи на какие-то кульки, но он носил их и они излучали многую благодать. Какую бы одежду ни надевал старец — старую или мешковатую, она не выглядела некрасивой, потому что своей внутренней душевной красотой он делал красивой и её. Как-то раз один посетитель сфотографировал старца в том виде, как его застал, — с кульком вместо скуфьи на голове и в какой-то пижаме, которую он накинул ему на плечи, видя, что батюшка мёрзнет. И сегодня те, кто смотрит на эту фотографию, думают, что старец носил архиерейскую мантию, а ведь это была всего-навсего старая пёстрая пижама! Даже к лохмотьям отца Тихона люди относились с благоговением и брали их себе в благословение. Такой благословенный человек, изменивший себя внутренне и освятившийся, даже внешне имеет достоинство большее, чем все те люди, которые без конца меняют своё внешнее (то есть свою одежду), а внутри сохраняют своего ветхого человека с его «доисторическими грехами».

«Да не бу́дет у́тварь му́жеска на жене́, ни да облачи́тся муж в ри́зу же́нску»[6]

— Геронда, как нам относиться к женщинам, которые приходят в монастырь в брюках? Они часто говорят, что брюки не только удобнее, но и скромнее, чем короткие юбки.

— Нынешние женщины одеваются или в мини-юбки или в брюки! Выбирают одно из двух! В то время как

---

[6] В русском переводе: *На женщине не должно быть мужской одежды, и мужчина не должен одеваться в женское платье, ибо мерзок пред Господом Богом твоим всякий делающий сие* (Втор. 22:5) — *Прим. пер.*

в Ветхом Завете об этом сказано совершенно ясно и ещё с какими подробностями! «Мужчине непозволительно одеваться в женское платье, а женщине — в мужское». Это закон. Но и помимо закона, одевать на себя одежду противоположного пола — непристойно. Мужчин, которые надевают юбки, гораздо меньше, чем женщин, которые носят брюки.

— Однако женщины, работающие на полях, говорят, что свободно двигаться во время работы они могут только в брюках.

— Это всё отговорки.

— Геронда, а матери говорят, что девочки носят брюки, чтобы не простудиться.

— Разве нельзя придумать ничего другого? Что, нет тёплых колготок? Вот пусть и носят тёплые колготки, чтобы не простудиться. Можно выйти из любого затруднения — было бы желание.

— Геронда, что делать, когда в монастырь приезжают какие-нибудь официальные лица, а с ними женщина в брюках?

— Вы им объясняйте. Спросите их, хотят ли они, чтобы вы пошли ради них на уступку, нарушили заведённый порядок и в монастыре творилось бесчинство?

— Однажды, геронда, приехали тридцать преподавательниц в брюках, и мы пропустили их в обитель.

— Вот и плохо, не надо было этого делать. Надо было им сказать: «Извините, у нас в монастыре такое правило: женщинам в брюках вход запрещён». А то после они поедут и в другие монастыри, там будут говорить, что в такую-то обитель их пропустили в брюках. Вы, не желая их компрометировать, сделали им снисхождение, а они потом скомпрометируют вас. Повесьте на воротах табличку с соответствующим отрывком из Ветхого Завета. Сшейте полсотни юбок и мягко, по-доброму предлагайте их женщинам в брюках или коротком платье, которые, не зная о монастырских порядках, приезжают к вам в первый раз.

— Геронда, а как быть, когда приезжают учащиеся старших классов и все девочки одеты в брюки?

— Вынесите им угощение за ворота[7]. Это заставит их задуматься. Или, если они заранее сообщают вам о своём приезде, предупредите их по телефону: «Пожалуйста, пусть учительницы и ученицы будут одеты не в брюки». Так они поймут, что надо отнестись к монастырю с почтением. Здесь не приход. На приходе священник должен просвещать женщин, чтобы они поняли, почему им нельзя носить брюки и привели себя в божеский вид. А если иной раз в его храм придут женщины в брюках из другого прихода, то он должен что-то придумать. Церковь — мать, а не мачеха.

— Геронда, однако, многие говорят: «Поступая с такой строгостью, вы отгоняете людей от Церкви».

— Но раз в Ветхом Завете есть заповедь от Бога, запрещающая женщинам надевать мужскую одежду, то что им ещё нужно? Но они, видишь ли, рассуждают: «Почему женщина не может носить брюки? Почему в приходские советы не могут входить атеисты — ведь Церковь и народ — это одно и то же?» Но таким образом судьба Церкви будет зависеть от решения безбожников! Вот и превратят храмы в библиотеки, склады и тому подобное, раз они ко всему подходят со своим «почему». И что ты тут скажешь?

В монастырях не нужно терпеть и раздетых туристов. Нечего оправдываться тем, что на собранные с туристов деньги монастырь будет одевать бедняков — это уловка лукавого, который стремится сделать монаха чуждым

---

[7] По традиции гостеприимства, в монастырях Греции каждого приходящего паломника встречают угощением — лукумом или какой-то другой сладостью и стаканом холодной воды. — *Прим. пер.*

Божиих благословений и превратить его в мирского человека. Напротив, действительное устранение монаха от мира, совершаемое ради Христа, делает его богатым добродетелями.

— Геронда, в монастыре Стомион Вы были вынуждены вешать соответствующие объявления для туристов?

— Да, я развесил дощечки-объявления. Одна со словами «Добро пожаловать» была у входа в монастырь. Ещё две висели пониже, в двадцати минутах ходьбы от обители. На одной было написано: «В одеждах неблагопристойных — на речку» и стояла стрелочка, указывающая к реке. На другой было: «В одеждах благопристойных — к священной обители» и стрелочка-указатель к монастырю. Правда, хорошо написал?

— Геронда, а что нам надо делать летом? В это время года многие женщины приходят в обитель с открытой спиной.

— Э, сшейте какие-нибудь попоны — закрывать им спину. Так они поймут, что надо с уважением относиться к месту, в которое они пришли.

Косметика — пятна на образе Божием

До какого же безобразия докатились сегодня люди! Нынешние женщины делают себе разные химические завивки и волосы у них стоят дыбом — как всё равно накрахмаленные. А как они пахнут! Просто аллергия начинается. Видя мирскую женщину, по-мирски украшенную, по-мирски пахнущую, я испытываю внутреннее отвращение.

Как-то мне сказали, что одна особа поехала в Германию учиться косметологии. «И что же такое косметология?» — спросил я. «Косметологи, — объяснили мне, — старух превращают в молодух!» Вот тут-то я и вспомнил, что тоже видел как-то одну пожилую «молодуху» с горизонтальным шрамом на лбу. «Что с ней, бедной?» — спросил я потом у одного её знакомого. «Ничего страшного, — ответил он. — Она сделала пластическую операцию, чтобы на лице натянулась кожа и исчезли морщины». А я-то подумал, что несчастная бабушка попала в аварию и перенесла серьёзное хирургическое вмешательство. До чего же доходят нынешние люди!

— Сегодня, геронда, косметику грехом не считают.

— Да, это я уже понял. Недавно встретил одну женщину, с которой был знаком раньше. Прежде она была подобна ангелу, а сейчас, размалёванную, я её даже не узнал. «Бог, — сказал я ей, — сотворил всё очень премудро, но в отношении тебя допустил одну большую ошибку». — «Почему, отче?» — удивилась она. «Потому, — говорю, — что не „украсил" тебя синевой под глазами! Это была Его ошибка! Других-то людей Он сотворил красивыми, но с тобой просчитался! Неужели ты сама не понимаешь, несчастная? Ведь всей этой косметикой ты себя уродуешь! Всё равно что берёшь византийскую икону и в разных местах пачкаешь её краской, малюешь, портишь. Так что же, будем мазать краской образ Божий — себя самих? Представь, что художник написал красивую картину, потом пришёл человек, ничего не смыслящий в живописи, схватил кисточку и наставил на картине разных аляповатых мазков, то есть изуродовал произведение искусства. Ты делаешь то же самое. Этой косметикой ты всё равно что говоришь Богу: «Ты, Боже мой, сделал меня плохо. Я исправлю Твою ошибку».

Помню ещё одну женщину. Она пришла ко мне с красными ногтями — длиннющими, как у ястреба, и начала просить: «Мой ребёнок тяжело болен. Помолись, отче. Я тоже молюсь, но…» — «Что ты там молишься! — перебил я её. — Такими когтищами ты наносишь раны Христу! Чтобы ребёнок выздоровел, постриги сперва свои ногти.

Ради здоровья своего ребёнка сделай, по крайней мере, это: обрежь ногти и смой с них краску». — «А можно я покрашу их белым лаком, отче?» — «Я тебе говорю: очисти свои ногти от краски и подстриги их. Сделай хоть какую-то жертву ради здоровья своего ребёнка. Да что же это такое, а? Ведь если бы так было надо, то Бог изначально создал бы тебя с красными ногтями...» — «Так, значит, я покрашу их белым лаком, отче?» Ух, уморила. «Да, — подумалось мне, — дождётесь вы здоровья — и ты, и твой ребёнок...» Больше всего духовно «простужает» детей мать, когда она не одета в скромность сама и вдобавок старается «ощипать», лишить скромности своих собственных чад.

Кто-то может быть не очень красивым или иметь какое-нибудь увечье. Бог знает, что это духовно помогает ему.

Ведь Бога больше заботит не тело, а душа. У всех нас есть достоинства, но и какие-то небольшие изъяны, недостатки. Это даже не крест, а маленькие крестики. Эти крестики помогают нам в спасении души.

ЧАСТЬ ЧЕТВЁРТАЯ
О ЦЕРКВИ В НАШУ ЭПОХУ

«Церковь есть Церковь Христа, и Ей управляет Он. Церковь — это не храм, который благочестивые люди возводят из камней, песка и извёстки, а варвары разрушают огнём. Церковь есть Сам Христос».

ГЛАВА ПЕРВАЯ
О просвещении

Греческий язык

— Геронда, зачем в греческой грамматике упразднили ударения[1]?

— Сейчас, как люди не могут ничего потерпеть и всем швыряются, так и буквы не могут ничего потерпеть — ни острых, ни облечённых ударений! Буквы стали похожи на людей: они скачут во весь опор и не ставят за собой даже точки.

На каком же языке пишут некоторые! В одном современном переводе Нового Завета я прочитал: «Я позвал своего сына из Египта»[2]. Брат ты мой, да разве так можно! Священное не отделяется от несвященного. Они пишут так якобы для того, чтобы «выровнять» язык, привести его к единообразию. Но какой человек, будь он даже из

---

[1] В греческом языке существует три вида ударения: острое, тупое и облечённое. В 1982 г. в Греции были введены новые правила правописания, согласно которым, в новогреческом языке был оставлен лишь один вид ударения. Одновременно был сделан ряд других искусственных упрощений, значительно снизивших грамматический уровень современного греческого языка. См. также сноску 8 на стр. 333. — *Прим. пер.*

[2] Ср. Мф. 2:15.

самой глухой деревни, не понял бы, что значит *из Египта воззва́х Сы́на Моего́*? А однажды на Святой Горе во время чтения в трапезной какого-то святого отца в переводе на новогреческий я услышал, что слова «хлеб», «вино», «Божественное Причащение» были заменены на современные приземлённые словечки, употребляющиеся в расхожем быту. Но такие слова не годятся для передачи священных понятий! Разве можно? Кто из греков не знает, что такое «а́ртос» и «и́нос»³?

— Геронда, говорят, что греческий шрифт собираются заменить на латинский.

— Не волнуйся, этого не произойдёт. Не пройдёт у них этот номер. К счастью, Бог извлекает добро даже из кривого и злого. А иначе мы бы пропали. Предание, язык не погибли даже в то время, когда все письменные памятники были рукописными, когда не было ни ксероксов, ни иных технических приспособлений. Так что же, разве они погибнут сейчас, когда появилось столько технических средств? Нет, предание и язык не погибнут — как бы ни старались их погубить. Посмотрите на греков-переселенцев из России — как они сохранили свои обычаи! Они знали понтийский язык, и это им помогло. Таким образом они сохранили у себя предание. Но они уехали из России, чтобы найти свободу, несмотря на то что какая-то малая свобода была дана им и там, в России. Если бы они не уехали, то жили бы как птичка, которую выпустили из клетки и оставили свободно летать по комнате. Разве в комнате эта птичка не тосковала бы? А представьте, каково было несчастным понтийцам раньше!

Есть и такие, кто хочет создать новый язык. Однако греческий язык имеет «язык» от огненных языков Святой

---

³ Ἄρτος (древнегреч.) — хлеб; οἶνος (древнегреч.) — виноградное вино — *Прим. пер.*

Пятидесятницы[4]. Никакой другой язык не может передать догматы нашей веры. А поэтому, по Промыслу Божию, Ветхий Завет был переведён семьюдесятью толковниками на греческий язык и Евангелие тоже было написано на греческом. Если кто-то, не зная древнегреческого языка, занимается догматикой, то он может впасть в заблуждение. А мы убрали древнегреческий язык из школьной программы! Пройдёт ещё немного времени, и в наши университеты станут приезжать немцы, чтобы учить нас древнегреческому. Тогда, став сперва посмешищем, наши интеллигенты по достоинству оценят значение древнегреческого языка и скажут: «Гляди-ка, значит, не зря Церковь сохранила древнегреческий!»

Наш православный народ стремятся уничтожить. Понимаете, что это значит? Быть сегодня православным народом — это великое дело. Прежде у нас была философия. Святая Екатерина заградила уста философов, основываясь на философии[5]. Философы приуготовили дорогу для христианства. Евангелие было написано на греческом языке и распространено в мире. Потом греки просветили славян. То, что существует Эллада, некоторым очень мешает. «Она, — говорят эти люди, — наносит нам вред. Нужно её уничтожить».

Проблемы образования

— Геронда, Вы часто говорите, что сегодня всё стремятся разложить. И систему образования тоже?

— Да. Разве вы не видите, что происходит? Разве это школы? Разве то, что преподают сегодня детям, это наш

---
[4] Ср. Деян. 2:3.
[5] День памяти 24 ноября (7 декабря).

язык? Разве это наша история? Ну а в богословии, можно подумать, дела обстоят лучше? Безбожнику с богословским дипломом разрешают преподавать Закон Божий. Но при этом не проверяют, чему он учит детей — Закону Божию или безбожию. «Уволить его, — говорят те, кто за это отвечает, — мы не можем». А вот если филолог захочет преподавать математику, разрешат ли ему это?

А другой выпускник богословского факультета не разрешает людям причащаться, чтобы они не заразились СПИДом. Это «богослов» из тех, кто поступил на богословский факультет не по призванию, а «по разнарядке» компьютера. Такое знание — это не знание Бога. «Приступило дитя к священным наукам», — говорили в старину, потому что ученье было тогда священным делом. А сейчас видишь, как профессор богословия не верует в Бога, хулит перед студентами пророков, но от преподавания его не отстраняют. Но, господин хороший, что ты забыл на богословском факультете? Каких богословов ты вырастишь?

А какое влияние оказали на нас протестанты, католики? Насколько же глубоко проник в католичество безбожный дух! Мало-помалу католики хотят умалить святых. «Святая Екатерина, — говорят они, — не была великой святой: её отец был, так себе, — мелкий царёк. Святитель Николай был незначительным святым. Великомученик Георгий — миф, архангела Михаила не существовало — было просто явление Божие. То же самое относится и к архангелу Гавриилу». Потом они скажут, что Христос не Бог, что Он просто был великим Учителем. Затем дойдут до того, что Бога станут называть некой силой, а потом заявят, что Бог — это природа. Столько очевиднейших сверхъестественных событий, столько пророков и пророчеств, столько живых чудес, но, несмотря на всё это, некоторые из православных доходят до того, что верят подобным глупостям.

Как-то ко мне пришёл один молодой человек, чтобы взять благословение на учёбу в Италии. Он собирался изучать там литургику и писать диссертацию. «В своём ли ты уме? — спросил я его. — Собрался ехать к иезуитам писать диссертацию и ещё пришёл ко мне за благословением? Да они не знают, что творится у них самих! Ведь там преподают униаты, иезуиты и не знаю кто ещё!» Что касается учёбы нашей молодёжи за границеи, то надо быть внимательными во всех отношениях. Потому что происходит следующее: наши студенты едут на учёбу в Англию, Францию, другие западные страны, заражаются европейскими микробами, а потом пишут какую-нибудь диссертацию. К примеру, они изучают греческих отцов в переводах на западноевропейские языки. Но западные переводчики — либо будучи не в силах правильно передать смысл подлинника, либо от лукавства — добавили в святоотеческие сочинения собственные неправые мнения. И вот наши православные учёные, выучившись иностранным языкам, набираются на Западе этих иностранных микробов и переносят их сюда. А потом ещё учат этим болезням других. Конечно, если человек внимателен, то он легко отличит золото от подделки.

— Геронда, некоторые воцерковлённые ребята, не поступив в университет здесь, в Греции, едут учиться за границу и теряют веру.

— А я вот скажу об этом кое-каким своим знакомым. Попрошу их открыть в Греции ещё пару университетов, чтобы наша молодёжь не уезжала за границу. Пусть учатся здесь. А то и дети разлагаются, и родителям затраты, и столько денег уходит в карман чужому дяде.

Молодым, которые едут учиться за границу, я всегда говорю так: «Поезжайте, раз вам этого хочется. Но будьте внимательны, чтобы не потерять свою веру. Приобретайте за границей одни лишь знания. И самое главное: не забудьте потом вернуться на Родину. Эллада ждёт вас.

Ваш долг — ей помочь. Ваше место здесь — рядом со своими соотечественниками, чтобы они не были вынуждены мучиться, ища по заграницам врача или специалиста в какой-то области науки. Будьте внимательны, чтобы ваше сердце не охладело. Европейцы — народ холодный. Да и в Америке — в ней можно материально разбогатеть, но духовно разориться».

— Геронда, а какой же вред наносят забастовки учителей! Дети по целому месяцу не ходят в школу и слоняются по улицам.

— Я говорю учителям, чтобы они никогда не устраивали забастовок, кроме случаев, когда нужно, к примеру, протестовать против планов упразднить Закон Божий, отменить молитву перед уроками[6], убрать с греческого знамени крест или сделать что-то подобное этому. В этом случае учителям нужно протестовать. Но не в других случаях, иначе в чём провинились дети, которые сидят без уроков?

— То есть, геронда, сформировавшаяся система образования принесёт много зла?

— Теперь души многих детей будут искалечены этой системой, но ведь и Благий Бог не будет судить их формально. Он испытает, в каком состоянии они находились бы, если бы не попали под дурное влияние, если бы им не сделали этого зла. Однако и нам нужно много молиться за несчастных детей, чтобы Бог вмешался и помог им, чтобы они не искалечились духовно, но обладали крепким духовным здоровьем и стяжали добродетели.

---

[6] В школах Греции перед началом и в конце занятий в классах читают вслух православную молитву. В начале учебной недели на школьном дворе в присутствии всех учащихся торжественно поднимают государственный флаг Греции, а в конце недели его спускают. — *Прим. пер.*

Теория эволюции

Какие только глупости ни рассказывают сегодня в школах детям! Теорию Дарвина и тому подобную чушь… Те, кто учат детей всем этим глупостям, сами в них не верят. Однако они морочат детям головы, чтобы привить им эту заразу и увести их от Церкви. Как-то один такой «учёный» начал рассказывать мне свои сказки: «Допустим, что в составе земли имеются различные ингредиенты и микроорганизмы, использовав которые, Бог создал человеческую особь…» — «То есть, — говорю, — если бы всего этого не было, то Бог не смог бы создать человека? Вот ведь какое мудрёное дело, подумать только!» — «Но если предположить, — продолжал он свои рассуждения, — что Он, взяв обезьяну, довёл её до совершенства?» — «Хорошо, — ответил я, — разве Бог не мог создать Своё совершенное творение — человека — сразу, без обезьяны? Ведь созданию человека Он посвятил целый творческий день! Или сперва Ему надо было подобрать запчасти? Почитай о творении человека в пророчестве Иова, которое мы слушаем в храме на утрени Великого Четверга[7]. Все эти басни про обезьяну не принимает сегодня даже наука. Сколько лет прошло с тех пор, как люди слетали на Луну? А? А обезьяны за все годы своей „эволюции" не дошли даже до того, чтобы разок прокатиться на коньках. Я уже не говорю о том, чтобы обезьяна изобрела велосипед и проехалась на нём. Ты когда-нибудь видал мартышку на коньках? Другое дело, если ты, человек, возьмёшь обезьяну, отведёшь её на каток и при помощи дрессировки выучишь кататься». — «Да, — не мог угомониться мой собеседник, — но если высказать следующее предположение,

---

[7] *Или ты, брение взем, от земли́ созда́л еси́ живо́тно, и глаго́ливаго сего́ посади́л еси́ на земли́?* (Иов. 38:14).

которое является…» — «Да не высказывай ты, — говорю, — никаких предположений. Молчи себе и всё. Это будет надёжнее всего».

Ту же самую теорию эволюции преподавал один университетский профессор. Однажды я ему сказал: «Если ухаживать за фасолью, то она постепенно станет просто более хорошей фасолью. Баклажан от ухода за ним станет более хорошим баклажаном. Обезьяна, если ты будешь её кормить и окружать заботой, станет лучшей обезьяной. Человеком она стать не может. Если негр будет жить в холодных странах и не выходить на солнце, то цвет его кожи чуть изменится. Но негром он быть не перестанет». А если задуматься ещё и о том, что от человека, от Владычицы нашей Пресвятой Богородицы, родился Христос! То есть что же: по теории эволюции получается, что предком Христа была обезьяна? Какое богохульство! Но сторонники этой теории не понимают, что они богохульствуют. Они швыряют камень и, не глядя на то, сколько голов этим камнем будет разбито, хвалятся: «Я бросил камень дальше других». Сегодня занимаются как раз этим — восхищаются тем, кто бросит камень дальше других. Но о том, сколько будет разбито голов у тех, на кого он упадёт, такие люди не думают.

— Геронда, некоторые считают, что с помощью подобных теорий можно добиться того, что марксисты станут ближе к Церкви.

— Вначале марксисты, может быть, и станут ближе к Церкви, но потом «в партийном порядке вольются в её ряды». И тогда они будут определять, когда идти в храм, а когда нет, когда делать одно, когда другое. Станут всем управлять, а в конце концов скажут: «А кто вам сказал, что есть Бог? Бога нет. Вас обманывают попы». Таким вот образом марксисты используют сторонников теории эволюции для того, чтобы добиться своего. А те этого не понимают. Марксисты, по-доброму расположенные, и без теории эволюции приходят в Церковь, каются, исповедуются. А те, кто по-доброму не расположен, всё равно не изменятся.

Детей уводят от Церкви

Когда я был маленьким, как же помогало мне то, что я ходил в Церковь! В начальных классах у нас был очень хороший учитель. Он тоже нам помогал, разучивал с нами национальные греческие песни и церковные песнопения. По воскресеньям мы пели в церкви великое славословие, «Моли́твами Богоро́дицы…», «Святы́й Бо́же», Херувимскую песнь.

— И девочки тоже пели?

— Да, все дети пели вместе. Раньше церковь была возле школы, и мы играли вокруг неё на церковном дворе. По праздникам учителя водили нас в церковь, даже во время уроков. Учитель предпочитал потерять какой-нибудь учебный час, чтобы дети помолились на службе. Так дети учились, освящались, становились «ягнятками». Один из наших учителей был евреем, но Закону Божию он нас не учил, преподавать Закон Божий приходила другая учительница. Однако, даже будучи евреем, этот учитель водил нас до храма. А потом все дети смирненько и тихонечко стояли на службе.

И вот сегодня детей уводят от Церкви, и я вижу, как они ожесточились. Ведь в Церкви они становятся тихими, добрыми детьми, потому что в Церкви ребёнок приемлет благословение Божие, освящается. Теперь детям не разрешают ходить в церковь, чтобы они не «попали под духовное влияние», но при этом от всякой чуши их не защищают. И не только не защищают, но ещё и учат разной галиматье. Да неужели непонятно, что дети, попади они действительно под «духовное влияние», в конечном счёте, не будут бесчинствовать, станут благоразумными, прилежными в учёбе детьми, а не такими угорелыми, какие они сейчас. А повзрослев, дети, живущие в Церкви, станут сознательными гражданами своего Отечества. Они не будут связываться с дурными компаниями, с наркотиками, не превратятся в ни на что не годных людей. Разве всё названное выше не есть достаточное условие для того, чтобы они выросли порядочными людьми? Неужели те, кто уводят их от Церкви, станут отрицать даже это? Неужели им на это наплевать?

Но сегодня их цель — увести детей от Церкви. Детей отравляют, заражают различными теориями, расшатывают их веру. Им препятствуют в добром, чтобы сделать их не годными ни на что. Их разрушают с малых лет. И естественно, что из ягняток дети превращаются в юных козлищ. Потом они начинают ужасать своими выходками родителей, учителей и тех, по чьей указке они себя так ведут. Дети переворачивают всё вверх дном — митингуют, захватывают школы, отказываются посещать занятия. Но в конце концов придут в разум и те, кто подталкивает детей ко злу, — когда развращённые ими дети дойдут до того, что начнут вспарывать своим злым учителям животы.

Детей загружают многим

Я вижу, что нередко не только выпускники средней школы, но даже выпускники университета выводят какие-то каракули, делают орфографические ошибки. Мы, закончив одну начальную школу, таких ошибок не делали. Сейчас более-менее грамотны только студенты филологических и юридических факультетов[8]. На других факультетах даже писать без ошибок не умеют. А в старое время школа-восьмилетка была почти как...

— Как университет, геронда!

— Да уж, если в начальной школе дети приобретали столько знаний, что говорить о восьмилетке! А сегодня детей загружают и заваливают целой кучей всякого мусора. Их перекармливают науками, но при этом оставляют пустой другую чашу весов — духовную. В школах детей прежде всего должны учить страху Божию. Малые дети учат английский, французский, немецкий — а древнегреческого не учат. Занимаются музыкой, ещё чем-то, пятым, десятым... Но чему надо учиться в первую очередь? Сейчас учатся только буквам да цифрам, а тому, что необходимо знать об Отечестве, — самому главному — не учатся. Ни патриотическим песням, ничему подобному.

Останови какого-нибудь современного ребёнка и спроси: «В какой области находится твоя деревня? Сколько в ней жителей?» Он не сможет тебе ответить. «Я, — подумает он, — пойду на автостанцию, сяду в автобус, и он привезет меня в мою деревню. А уж где она, моя деревня, это должен знать кондуктор. Я ему скажу, что еду в такую-то деревню, заплачу за билет, и автобус довезёт меня до места». Мы в начальной школе знали всю карту

---

[8] В современном греческом языке существует два языковых стиля: *димотика́* (буквально — «народный» язык) и *кафаре́вуса* («чистый» язык). В грамматическом и лексическом отношении кафаревуса значительно ближе к древнегреческому языку, на основе которого исторически развились оба стиля. До 1974 г. преподавание в греческих университетах велось на книжном языке — кафаревусе. Сейчас в подавляющем большинстве высших учебных заведений Греции преподавание ведётся на димотике, которая изначально была разговорным стилем. В совокупности с искусственным упрощением правописания (см. сноску 1 на стр. 323), обильным проникновением в новогреческий язык иностранной лексики и т.п., упразднение кафаревусы как школьного языка привело к значительному упадку образовательного уровня современных греков. — *Прим. пер.*

мира как свои пять пальцев. Ученик начальной школы должен был знать назубок названия городов всех стран с населением свыше пятисот тысяч жителей. Кроме того, надо было запомнить, какие реки в этих странах самые длинные, какие самые широкие, какие занимают второе место, как называются самые высокие в мире горы и многое подобное этому. А уж про Грецию и говорить нечего! А в нынешние времена! Мне приходилось встречать не только маленьких детей, но и взрослых людей — студентов, которые не знают, сколько жителей в городе, где они учатся. Я спросил одного студента, какая самая высокая гора в Греции. Он не смог ответить. Какая самая большая река? Молчание. Какая самая маленькая? Молчание. Студент — и ничего не знал о своей Родине! А потом, когда придут наши «друзья», наши «добрые соседи» и скажут: «Это не ваша, а наша Родина», то он им ответит: «Да, вы правы, так оно и есть». Вам это понятно? Мы катимся к этому. Однако если спросить современных детей о футболе или телевидении, то увидишь, что они знают всех и вся до последней запятой.

Зато дети, которые приехали из Албании — Северного Эпира, умеют читать и писать. Спрашиваешь их: «Где же вы научились грамоте?» — и они отвечают: «В тюрьмах». Эти несчастные превратили тюрьмы в школы. А наши греческие дети школы превратили в тюрьмы. Они позахватывали школы и позакрывались изнутри. Нынешние дети, особенно в подростковом возрасте, доведены до одурения — особенно в средних и старших классах. В университетах юные более зрелы, к тому же университетские лекции они посещают, когда хотят.

Но вместо того чтобы принять необходимые меры в отношении системы образования, её всё портят и портят. И ведь искажают-то всё больше духовное. Вот послушайте-ка молитву из хрестоматии для чтения в начальной школе: «О, Дева Мария, Твой Малыш — самый прекрасный в мире!» Ох, до чего же мы докатились! Что учили дети в школе раньше и что они учат сейчас:

> Моя козочка-коза,
> Не бодайся, егоза.
> Покорми своих козлят,
> Сосуночков-дьяволят...
>
> ... чтобы дали молочка
> Твоим маленьким внучкам,
> Рогатеньким ребяткам,
> Козляткам-дьяволяткам[9].

Мыслимое ли дело — учить малых детей таким отвратительным гадостям! Но они делают это специально — чтобы приучить детей к диаволу и таким образом сатанистам легче было бы делать своё дело. Да прострёт Бог Свою руку, потому что сегодня дети не получают помощи, чтобы измениться к лучшему, но становятся бесноватыми.

Дети получают знания таким образом, что при этом они совсем не учатся работать головой. Поэтому они и не шевелят мозгами. Но коли мозги не шевелятся, то они полны туманной мглы. Вот изобретатели — те мозгами шевелили. Имея перед собой какую-то проблему, они думали, как её

---

[9] Просим прощения у читателей за то, что при переводе мы оставили приводимый преподобным Паисием стишок без изменений — несмотря на всю его отвратительность. Однако духовное содержание проблемы значительно страшнее её уродливой эстетической оболочки. Приведённый отрывок взят из учебника по родной речи, официально рекомендуемого Министерством образования Греции для 2-го класса начальной школы, то есть очевидно, что против детей Греции ведётся такая же целенаправленная духовная война, как и против их русских сверстников. Следовательно, и методы духовной обороны, предлагаемые преподобным Паисием в настоящей главе, могут быть на практике применены русскими родителями и педагогами. — *Прим. пер.*

решить. А сегодня большинство смотрит, что написано в инструкции. Люди остаются на этом уровне: всё цифры да номера, а больше ничего. «Это винт номер один, этот болт номер два»... А если какой-нибудь винтик не полезет в какую-нибудь дырку и машина не заработает, то сразу зовут инженера. Не соображают, что надо взять напильничек, чуточку расточить отверстие и винт в него пройдёт. А если отверстие, наоборот, чересчур большое, то надо взять какой-нибудь кусочек изоляции, обмотать им винт, и он не будет болтаться. Нет, чуть что, так сразу: «Давай вызовем инженера». Что тут скажешь? Телевидение, другие современные технические средства оболванили человека. Даже умные люди становятся в конце концов как магнитофонные кассеты: что на них записали, то они и воспроизводят. То есть я хочу подчеркнуть, что человек должен работать мозгами. В этом вся основа. Ведь не шевеля мозгами, он может сегодня что-то выучить, но завтра перепутает это с чем-то ещё. Поэтому задача в том, чтобы мозг человека сам что-то производил, сам находил решения. Мозг, который сам ничего не производит, — мозг недоразвитый.

Дело учителя священно

— Геронда, иногда педагогам в школах создают больше всего трудностей не ученики, а их собственные коллеги.

— В нашу эпоху человеку, который хочет правильно вести себя в кругу своих коллег, необходимо многое рассуждение и просвещение. Требуется много благоразумия и Божественного просвещения в каждом отдельном случае. Иногда даже не нужно показывать другим, что ты верующий, но вести себя тихо и рассказывать сослуживцам о вере больше не словами, а примером своей настоящей православной жизни. Так человек поможет другим, не раздражая их. А особенно в педагогической среде: там некоторые проблемы подобны опухоли — иногда доброкачественной, а иногда и злокачественной. Подходя к какой-то проблеме, основываясь на логике, мы вместо добра наделаем много зла. Если опухоль злокачественна, то после хирургического вмешательства начнутся метастазы. Поэтому такую опухоль лучше аккуратно прижечь.

— Геронда, педагогам, которые хотят сделать что-то хорошее, бывает нелегко, потому что они связаны, ограничены в возможностях.

— Если человек хочет, то он всегда сможет найти способ сделать что-то хорошее. Те, кто хотел, находили такую возможность даже при безбожных режимах. Так что же, не могут найти её здесь? Один грек поехал как-то в Болгарию (ещё при безбожном режиме) и возле одной школы стал раздавать детям крестики. Однако его заметил какой-то коммунист, стоявший неподалёку. Учительница, видя, что за ними наблюдает этот коммунист, стала отбирать у детей крестики, ругая их за то, что они их взяли. Но когда безбожник ушёл, учительница сама раздала крестики ребятишкам. Видишь, как учительница сумела избежать конфликтов и с законом, и с Богом? А греки-учителя в Малой Азии? Сколько дали они народу в те трудные годы! А всё потому, что они трудились от сердца, болели за дело, имели благоговение, жертвовали собой. А насколько мудро вёл себя в Фарасах святой Арсений Каппадокийский[10]! Приготовив помещение для школы, он вместо того, чтобы поставить парты, постелил на пол мохнатые козьи и овечьи шкуры. Стоя на этих шкурах на коленях, дети слушали урок. Поступая так мудро, святой Арсений не раздражал турок. Даже заставая детей

---

[10] См.: *Старец Паисий Святогорец.* Преподобный Арсений Каппадокийский. Свято-Троицкая Сергиева Лавра, 1997. С. 30, 33–34.

во время занятий, турки думали, что те молятся. А когда святой Арсений хотел вывести учеников отдохнуть на природу, он отводил их на свой участок, который был как сад, якобы на работу — и говорил: «Если заметите турка, то начинайте работать, что-нибудь делать. Ломайте ветки на деревьях, чтобы он подумал, что вы очищаете сад». Так они, бедные, и делали. Ведь если бы турки догадались, что святой вывел детей на природу, то у него были бы большие неприятности. Самая настоящая тайная школа! А когда турок уходил, дети опять принимались за игры. И летом, во время каникул, святой Арсений тоже собирал детей у себя — чтобы они не отвыкали от учёбы и не забывали, чему он их учил.

— Геронда, а для чего святой Арсений писал на уроках по-турецки, но греческими буквами?

— Для того, чтобы турецкий язык дети тоже знали и могли жить среди турок. И кроме того, если бы турки уличили святого в том, что он учит детей читать, и увидели греческие буквы, то, услышав, как он читает по-турецки, они бы успокоились. Так что и дети учились, и турки не волновались. Всё, что было присуще самому святому Арсению, — бескомпромиссное отношение к Православию, благоговение — он передавал своим ученикам.

Поэтому я и говорю, что если человек хочет, то он может делать детям добро — где бы ни оказался. Как-то мне в руки попала прекрасная книга о Северном Эпире, которую написала одна побывавшая там учительница. Да одна такая учительница стоит пятисот мужчин! Как же умело она обращалась с албанскими идеологами! Она разбила их в пух и прах. Вот молодчина!

Настоящий учитель — великое дело, особенно в наши дни. Дети — они как чистые магнитофонные кассеты. На них могут быть записаны или похабные песни, или дивные византийские песнопения. Дело учителя священно.

На учителе лежит великая ответственность, и если он будет внимателен, то может получить от Бога великую мзду. Его долг — стараться научить детей страху Божию. Педагоги должны находить способы доводить до детей какие-то знания о Боге и об Отечестве. Пусть они сеют семя. Не видят, как оно прорастает? Ничего. Ничто не проходит бесследно: придёт время и семя прорастёт.

И пусть они всегда ведут себя с детьми по-доброму, со снисхождением, с любовью. Пусть стараются разбудить в детях любочестие. Ребёнок хочет любви, тепла. Многие дети совершенно лишены этого у себя дома. Если учителя полюбят детей, то и дети их тоже полюбят. И тогда учителям будет легче делать своё дело. Наш учитель, когда мы шалили, мог высечь нас прутом. Но он любил детей, и дети его тоже любили. Своих детей у этого человека не было, и он очень любил детей.

Поэтому достойны похвал те родители, которые, рождая много детей, становятся многодетными отцами и матерями, но ещё больших похвал достойны те настоящие педагоги, которые возрождают великое множество детей и становятся «премногодетными» отцами и матерями. Они дают обществу возрождённых людей, и таким образом общество становится лучше.

ГЛАВА ВТОРАЯ
О духовенстве и Церкви

— Геронда, а почему Вы не стали священником?
— Наша цель в том, чтобы спастись. Священство — это не средство для спасения человека, который его принимает.
— А Вам никогда не предлагали стать священником?
— Меня принуждали к этому много раз. Когда я жил в общежительном монастыре, меня принуждали и к священству, и к великой схиме. Но задача в том, чтобы стать монахом внутри. Меня заботило как раз это — ничто другое меня не занимало. Ещё будучи юношей, мирянином, я пережил некоторые чудесные события и поэтому, придя в монастырь, говорил: «Хватит мне и того, чтобы по-монашески жить». Основной упор я сделал на это, и меня не занимал вопрос, когда же меня постригут в великую схиму и стану ли я священником. И недавно в келью Панагуда, где я живу, приходил один человек, который очень настаивал на том, чтобы я принял священный сан. Он даже ездил по этому поводу во Вселенскую Патриархию, а когда на Святую Гору приехала экзархия из Константинополя, он подошёл к ним с тем же вопросом. Но архиереи ответили ему: «Скажи об этом самому отцу Паисию. Чтобы не получилось так, что мы примем

решение о его рукоположении, а он от нас убежит». Вот он и пришёл ко мне. Когда я это услышал, то даже на него накричал. Тогда он мне говорит: «Стань, по крайней мере, священником, чтобы читать над людьми, которые к тебе приходят, разрешительную молитву. Ведь они говорят тебе не только о своих трудностях, но и о своих грехах. Разве ты не жаловался мне на путаницу из-за того, что люди по-разному рассказывают о своих духовных проблемах разным духовным лицам? А разве не бывает, что ты велишь им рассказать что-то своему духовнику или архиерею, но они говорят только половину? Вот поэтому и стань духовником сам: выслушивай их грехи и читай им разрешительную молитву, чтобы они получали разрешение грехов и их духовные проблемы тоже разрешались». Он-то, бедолага, говорил всё это с добрым помыслом, но то, что он предлагал, было не для меня.

— Стало быть, геронда, что делать человеку, который чувствует, что он слаб для священства, но другие подталкивают его к этому?

— Пусть он скажет им свой помысел. Никого не могут принудить ни к священству, ни к великой схиме. Однако если человек от послушания и со смирением примет то, что ему предлагают, если он приложит к этому чуточку любочестия и чуточку любви, то Бог восполнит всё. А кроме того, и сами люди обладают безошибочным критерием: они видят тех, кто стал священником от любви к Богу и для служения Его Церкви. Ведь есть и такие, кто хочет стать священником от похоти славолюбия. Если такие священники окажутся в каком-то затруднении, то они будут мучиться, потому что Христос не станет им помогать — если только они не смирятся и не покаются. Однако если человек хочет стать священником, не преследуя каких-то мирских целей, то в минуту опасности Христос поможет ему. Но вообще, по духовному закону надо, чтобы тебя принуждали к священству, надо, чтобы этого хотели другие, чтобы этого хотела Церковь. Тогда тебя будет покрывать Христос, и, если ты окажешься в нелёгком положении, на твою защиту встанут другие, и Сам Христос тоже поможет тебе.

Конечно, редко и весьма немногие идут в священники по каким-то недуховным расчётам. Я о таких даже и речи не веду. Большинство идёт в священники с добрым расположением. Но потом начинает своё дело диавол, и видишь, как у батюшки появляется любовь к славе, страстное желание получить более высокий сан, и он забывает обо всём. Некоторые доходят даже до того, что используют людей, знакомства, посредников, чтобы их назначили настоятелем храма, избрали в архиереи, поставили на какую-то церковную должность… Начинают ради Христа, заканчивают ради золотого креста… Золотые кресты, золотые митры, бриллиантовые панагии… Всё что угодно, кроме того, что действительно необходимо. Как же обманывает нас диавол, если мы невнимательны!..

— Геронда, что хочет от священника Бог и чего хотят от него люди?

— То, что хочет Бог, весьма велико, ты лучше этого не касайся. А насчёт того, чего хотят люди… В старое время священники подвизались, были добродетельны, святы и люди перед ними благоговели. А сегодня люди хотят от священника двух вещей: чтобы он был несребролюбив и имел любовь. Если люди находят в священнике эти две вещи, то они считают его святым и со всех ног бегут в церковь. А раз они бегут в церковь, то спасаются. Потом Бог, по Своему снисхождению, спасает и этого священника. Но как бы там ни было, священник должен иметь великую чистоту.

Монаха диавол старается обессилить недовольством и ропотом, чтобы вывести его из строя и чтобы его молитва была лишена всякой духовной силы. Для того чтобы монах имел благодать Святого Духа, он должен быть настоящим монахом. Только тогда он обладает от Бога данной властью и своей молитвой помогает людям весьма результативно. Но священник, даже не находясь в духовно высоком состоянии, всё равно помогает людям — той властью священства, которая ему дана. Он помогает им, совершая таинства, служа молебны, требы, исполняя другие священнические обязанности. Даже если священник убьёт человека, таинства, совершаемые им, всё равно будут действительными до тех пор, пока его не запретят в священнослужении. Однако если священник находится в высоком духовном состоянии, то он — настоящий священник и помогает другим больше.

Отвечая священникам, спрашивающим меня, как они могут помочь своим прихожанам, да и вообще, беседуя со всеми, кто несёт какую-то пастырскую ответственность, я подчёркиваю следующее: нужно стараться работать над самим собой. Надо исполнять положенное молитвенное правило, но не ограничиваться им одним, нужно духовно трудиться «сверх нормы», чтобы всегда иметь какие-то духовные сбережения. Духовная работа над собой — это одновременно и негромкая работа над нашим ближним, потому что добрый пример говорит сам за себя. И тогда люди подражают добру, которое они видят, и исправляются. Не стяжав духовного богатства, необходимого для того, чтобы жить на «духовные проценты» в случаях, когда нам придётся духовно «даром» работать на других, мы будем самыми несчастными и достойными сожаления людьми. Поэтому не надо считать пустой тратой времени работу над собой — какой бы эта работа ни была: краткой, долгой или постоянной — пожизненной. Ведь это таинственное делание обладает свойством совершать таинственную проповедь слова Божия в душах людей. Облагодатствованный человек Божий передаёт Божественную благодать другим и изменяет людей плотских. Освобождая их от рабства страстей, он тем самым приближает их к Богу, и они спасаются.

Священник несёт великую ответственность

Священник никогда не может закрыть перед другими дверь своего дома. Священник несёт великую ответственность. Кто-то дошёл до отчаяния, кто-то болен и нуждается в помощи, кто-то лежит при последнем издыхании... Одних священник должен принять, других посетить сам. Священник не может отказаться. Души людей находятся в опасности, и он должен им помочь. Если он не поможет этим душам и Бог заберёт их неподготовленными, то кто понесёт за это ответственность? Разве не священник? Будучи монахом, я могу закрыть свою дверь и уйти. Я могу исчезнуть с человеческих глаз и незаметно помогать миру молитвой. Потому что распутывать клубки людских проблем — это не моё дело. Моё дело — творить молитву за мир. Я не стал ни священником, ни духовником именно для того, чтобы помогать людям иначе, по-монашески.

Если бы я был священником в миру, то никогда не мог бы закрыть дверей своего дома. Мне всегда, не делая различий между людьми, нужно было бы дать каждому то, что ему требовалось. Прежде я заботился бы о своих прихожанах, а избыток времени, сил отдавал бы другим — тем, кто просил бы меня о помощи. Я беспокоился бы не только о верующих, но и о неверующих, и о безбожниках, даже о врагах Церкви. Или если бы я был духовником и один человек жаловался бы мне на другого, то я звал бы к себе и того — другого, чтобы разобраться в их отношениях. Я звонил бы людям по телефону, чтобы узнать, что с человеком, который ранее пережил какое-то искушение, как живёт тот, кто столкнулся с какой-то трудностью. Разве мог бы я при всём этом вести тихую безмолвную жизнь?

Священник должен идти впереди других, чтобы верующие шли за ним. Вон как в стаде: впереди идёт вожак, а следом за ним — остальные овцы. Вожак поворачивает рогами вправо, и все овцы поворачивают вправо. Все овцы следуют за главой стада — своим вожаком. Поэтому овцы и не отбиваются от стада — одна овечка тянется за другой. Вожак задаёт направление, овцы следуют за ним.

— Геронда, а если пастырь любит какого-то одного — доброго пасомого больше, чем другого, отличающегося чрезмерными претензиями, то это оправдано?

— Вот смотри: ты, к примеру, пастух. У тебя в стаде много ягнят. Одни мирно щиплют травку и радостно блеют, а другие — заморыши или больные — жмутся в сторонке. О каких ты станешь заботиться больше? Разве не о заморышах? А если на каких-то ягнят нападёт шакал и они станут жалобно блеять, то к кому ты поспешишь на помощь? К тем, которые радостно и спокойно пасутся и блеют, или же к тем, которые душераздирающе кричат, прося защитить их от хищника? Пастуху больнее за ягнёнка израненного, и он заботится о нём особо, пока и тот не станет здоров. И те, кто творит чудеса, и те, кто изранен врагом — диаволом, должны занимать в нашем сердце одинаковое место. Мы не должны внутренне презирать вторых. К тем, кто прежде вёл греховную жизнь, а сейчас подвизается, стремясь отсечь свои страсти, я испытываю больше любви, больше боли, чем к тем, кто не мучим страстями. О первых я помню постоянно. Если в человеке есть внутренняя любовь, то о ней извещается и его ближний, потому что эта любовь услаждает и всего внешнего человека — она делает его краше посредством Божественной благодати, которую невозможно скрыть, потому что она сияет.

Пастырям, будь они священники или архиереи, было бы хорошо помнить и о Моисее, о том, как он мучился с двухмиллионым строптивым народом. О том, сколько он с любовью молился о своём народе, о том, сколько горя хлебнул он вместе с народом за долгие годы странствия по пустыне, пока не привёл их в Землю обетованную. Приводя всё это себе на память, христианские пастыри будут получать неисчерпаемую силу и никогда не возропщут из-за своих страданий — ничтожных по сравнению с теми страданиями, которые пережил Моисей.

Обмирщение духовенства

— Геронда, пономарь обязательно должен быть одет в мантию даже летом, в жару? Я вот в жару в мантии просто потом обливаюсь.

— Ну и ну… Вот уж нынче монашество так монашество!.. Что ты тут скажешь… Преподобный Афанасий Афонский, подвизаясь, носил толстую одежду и тяжёлый-претяжёлый крест, а мы… До чего же мы сейчас докатились! Будучи в Австралии, я видел в одном храме пономаря в шортах. «В таком виде, — сказал я ему, — ходят на пляж, в море купаться». — «А мне, — отвечает, — удобнее так». Начинают с этого, потихоньку идут дальше, а потом доходят до того, что говорят: «Давайте сбросим рясы, чтобы нас не пекло солнце». Мешает мантия? Сбрось её! Мешает платок, апостольник, обливаешься потом? Сбрось и их, чего там! Да-да, мы катимся к этому. Брат ты мой, но если жарко, то каждый монах должен подумать о себе. Пусть надевает поменьше одежды под подрясник.

— Геронда, а можно ли монаху снять рясу и быть облачённым в одну мантию?

— А священники пусть снимут подрясники и останутся в штанах, да? Что тебе на это сказать… Мантия — это облачение монаха. В неё облачается монах, принимающий малую или великую схиму. Во время пострига в мантию облачён восприемник постригаемого. Облачив новопостриженного в рясу, восприемник снимает с себя мантию и надевает на него. Когда я был в Александрии, то поразился тому, что некоторые местные женщины были одеты в чёрное с головы до ног. Такое у них предание. И это при тамошней жаре! А что же мы — не можем вытерпеть рясы, принятой нами от наших отцов?

— Геронда, некоторые недоумевают: «Разве ряса делает человека священником?»

— А ты посмотри, к примеру, на два масличных дерева — одно в листьях, а другое без них. Какое из двух тебе больше понравится? С листьями или без? Живя в каливе Честного Креста, я однажды ободрал кору со ствола росшего во дворе масличного дерева и написал: «Древа́ свой сбросили наряд — посмотрим, сколько уродят!», а рядом ещё: «Поп безрясвенный — видать, безнравственный». В то время живо обсуждался вопрос об отмене ношения ряс священниками и некоторые приходили, надеясь получить от меня благословение на это!

— Геронда, один человек привёз к нам в обитель православного священника в брюках. Надо ли было брать у него благословение?

— Какое там ещё благословение! Кем бы ни был тот, кто привёз вам этого священника, надо было сказать ему так: «Просим прощения, но у нас в монастыре принято за правило давать духовным лицам рясу. Разве можно приезжать в женский монастырь священнику в брюках? Это неприлично». Если не стыдно ни тому, кто вам его привёз, ни самому этому священнику, то тебе-то почему должно быть стыдно дать ему рясу? Как-то раз я встретил на аэродроме одного улетавшего за границу молодого архимандрита в мирской одежде. «Я — отец такой-то», — отрекомендовался мне архимандрит. «Ну и где твоя ряса?» — спросил я его и, естественно, не стал брать у него благословения.

— А некоторые, геронда, утверждают, что, став более современным, духовенство принесёт больше пользы.

— Когда патриарх Димитрий, находясь в Америке, посетил Богословскую школу Честного Креста, то к нему подошли некоторые благоговейные студенты-американцы и сказали: «Ваше Святейшество, в нашу эпоху духовенство должно стать современнее!» А патриарх им ответил: «Святой Косма Этолийский говорит, что когда духовные лица превратятся в мирян, миряне превратятся в бесов!» Правда, хорошо он им ответил? Ему приготовили великолепную комнату, с роскошной кроватью, богатой обстановкой, а он, увидев всё это, сказал: «Где вы меня поселите? В этой комнате? Принесите мне лучше какую-нибудь раскладушку. Обмирщаясь, духовное лицо становится кандидатом в диаволы».

— Геронда, следует ли нам шить более простые священные облачения? Может быть, облачения со многой вышивкой священникам не на пользу?

— Вам сделает честь, если вы будете говорить заказчикам так: «Вот такие простые облачения мы шьём. Мы можем шить облачения и со многой вышивкой, но не шьём, потому что нас беспокоит помысел, не соблазняем ли мы людей». А потом, ведь это используют и неверующие. До нас доходит, что в народе поговаривают: «Нам не на что купить хлеба, а у попов — целая куча облачений». Если вы будете шить облачения с простыми вышивками, то и покупать их у вас будут серьёзные батюшки. А священники, мудрствующие по-мирски, купи они у вас облачения, украшенные многими вышивками, и сами будут в них смотреться как шуты гороховые, и вас скомпрометируют. А вот облачения для святого престола, воздухи для священных сосудов можете украшать более богатой вышивкой.

И старайтесь не вышивать крестов, изображений святых в нижней части подризников, стихарей и фелоней. Изображайте в этих местах облачений какие-то простые, несвященные символы. А то священники садятся прямо на святых, на кресты… Это — неблагоговение.

«Кто обличáет мя о соблáзне?»

— Геронда, если священнослужитель впадает в какой-то смертный грех, то теряется ли Божественная благодать, которую он имеет?

— Нет, как же она может потеряться? Божественная благодать может не потеряться, а удалиться. Запрещённый в служении священник не лишён священства, но совершаемые им таинства недействительны. Такой священник уже не имеет силы. Самое основное — это благодать. Если же запрет со священника снят, то обладают силой и совершаемые им таинства.

В отношении священников, имеющих канонические препятствия для священства, требуется многое рассуждение. Необходимо особое внимание, чтобы нерассудительные строгости не породили в людях соблазна; чтобы не начала мучиться помыслами семья этого священника. Он должен оставить служение Литургии рассудительно, чтобы вместо добра это не принесло верующим зла. Ведь о канонических препятствиях знают Бог и священник, и если он прекратит священнослужение резко, одним махом, то и верующие и его семья начнут мучиться помыслами, а зло станет больше.

Иногда я вижу, как благоговейным, но имеющим канонические препятствия священнослужителям Бог попускает какую-то телесную немощь, например кровотечения из носа, болезни желудка или нечто подобное. Эти священники рады, что всё устраивается таким образом, что они должны прекратить служение Литургий. Иногда ко мне в каливу приходит священник, имеющий какое-то каноническое препятствие, и я вижу, что ему, бедному, надо оставить священнослужение. Но подчас случается, что его епископ имеет на этот счёт другое мнение. Что тут скажешь? Остаётся только молиться, чтобы вмешался Бог. Помню конкретный случай. Одному священнику я посоветовал оставить священнослужение и подготовил его к этому шагу. Но, когда он сказал об этом своему духовнику и епископу, те не согласились. Так он продолжал священнослужение, несмотря на то что имел каноническое препятствие. Прошло немного времени, и его сбила машина. С проезжей части машину вынесло на тротуар, по которому он шёл, и она задавила его насмерть. *Стра́шно есть е́же впа́сти в ру́це Бо́га Жива́го*[1]!

У нашей Православной Церкви нет ни единого порока. Единственный порочащий Церковь порок происходит от нас же самих, когда мы, начиная с того, кто стоит во главе иерархии, и кончая простым верующим, представляем Церковь не так, как подобает. Избранных может быть и немного, однако это не должно быть поводом для беспокойства. Церковь есть Церковь Христа, и Ей управляет Он. Церковь — это не храм, который благочестивые люди возводят из камней, песка и извести, а варвары разрушают огнём. Церковь есть Сам Христос — *и пады́й на Ка́мени Сем, сокруши́тся, а на нем же паде́т, сотры́ет и́*[2].

Сегодня Христос терпит происходящее. Он терпит, и ради народа действует Божественная благодать. Мы проходим через бурю, но положение прояснится. То, что происходит сейчас, не устоит. Помнишь, как написано в Евангелии: *Я не задую едва горящего светильника и не*

---

[1] Евр. 10:31.
[2] Мф. 21:44.

прикоснусь к надломленной трости[3]. Христос сказал это для того, чтобы в День Судный нам нечем было оправдаться. Знаешь, когда в ёмкости светильника закончилось масло и осталось только немного масла в фитиле, светильник скоро погаснет, хотя его пламя «играет» — то ярко вспыхивает, то становится едва заметным. Такой светильник подобен человеку, лежащему на смертном одре, в котором видны последние проблески жизни. Однако Христос не хочет задуть, погасить этот светильник, потому что потом погасший светильник скажет: «Я горел бы и дальше, но Ты на меня дунул и погасил моё пламя!» А что там было на тебя дуть? Ведь у тебя в чашке совсем не было масла! И к надломленной трости Христос тоже не хочет прикасаться, потому что потом, сломавшись совсем, тростинка станет протестовать: «Это Ты до меня дотронулся, и потому я сломалась!» Но раз ты была надломленной, еле держалась и вот-вот сломалась бы сама, то что же ты обвиняешь Христа в том, что Он до тебя дотронулся и тебя сломал?

Не живя согласно Евангелию, мы — монахи, да и священнослужители тоже — распространяем безбожие. Люди нуждаются в наших добродетелях, а не в наших сквернах. А особенное, огромное значение имеет пример, который показывают мирским людям монахи. Мирские люди ищут повод для того, чтобы оправдать свои грехи, поэтому требуется внимание. Гляди, ведь мы не можем повторить вслед за Христом слов: *Кто обличáет Мя о гресé?*[4] — но слова: «Кто обличáет мя о соблáзне?» — мы сказать можем. Христос сказал эти слова о грехе, потому что Он был совершенный Бог и совершенный Человек. А мы люди. У нас есть несовершенства, с нами случаются падения — что тут

---

[3] Ср. Ис. 42:3 и Мф. 12:20.
[4] См. Ин. 8:46.

поделать. Но становиться поводом к тому, чтобы кто-то соблазнялся, мы не должны.

Один генерал рассказывал мне, что если бы он не унаследовал веру от своей матери, то потерял бы её, находясь на Кипре в связи с тогдашними событиями[5]. Был приказ, который предписывал относиться к мирному турецкому населению гуманно, но этот генерал своими ушами слышал, как одно духовное лицо кричало в телефонную трубку: «Режьте вы турок!» — так, ни за что ни про что. И фарасиоты, переселившись в Грецию из Малой Азии, совратились в секты, которые начали распространяться здесь в те годы, потому что видели неблагоговейных архиереев, священников. Видя в Церкви людей иного пошиба — не ведущих духовной жизни, беженцы из Малой Азии соблазнялись, ведь у себя на родине они знали другое духовенство. И сразу, тут как тут, появились еретики-«евангелисты», которые говорили, что они якобы применяют Евангелие в жизни, и несчастные совращались в сектантство.

Но ведь если виноват какой-то владыка, священник или монах, то Христос не виновен. Однако люди так глубоко не копают. «Разве, — говорят они, — это не представитель Христа?» Да, но вопрос в том, угоден ли этот представитель Тому, Кого он представляет? Или же люди не думают о том, что ждёт такого представителя Христа в жизни иной? Поэтому некоторые, соблазняясь какими-то неподобающими явлениями в жизни духовных лиц, доходят до того, что теряют веру. Несчастные не понимают, что если виноват какой-то жандарм, то не виновен его народ, и если виноват какой-то священник, то не виновна Церковь. Однако те, кто соблазняется, но имеет доброе расположение, способны понять это, если им объяснить.

---

[5] 20 июля 1974 г. турецкие войска вторглись на Кипр и оккупировали его северную часть. — *Прим. пер.*

У таких людей есть и смягчающие вину обстоятельства, потому что их могли увлечь ко злу, а каких-то вещей они просто не могут понять.

— Геронда, а почему никто не выказывает открыто свою позицию в отношении стольких происходящих в Церкви соблазнов?

— В отношении того, что происходит в Церкви, не по всем вопросам можно открыто выразить какую-то позицию. Можно просто переносить происходящее, терпеть, покуда Бог не покажет, что нужно делать. Терпеть происходящее — это одно, а одобрять его, в то время как одобрять это нельзя, — совсем другое дело. В случаях, когда предстоит что-то сказать, надо сделать это с уважением и мужеством — не брызгая в гневе слюной и не выставляя проблему на всеобщее обозрение. Надо сказать то, что требуется, наедине тому лицу, которого касается дело. Сказать с болью, от любви, чтобы он был более внимателен к каким-то вещам. Искренен и прям не тот, кто режет правду в глаза, и не тот, кто трубит о ней всему свету, но тот, кто, имея любовь и живя по правде, с рассуждением говорит то, что нужно и когда нужно, в необходимый для этого час.

Те, кто обличает других без рассуждения, находятся в духовном помрачении и, к несчастью, смотрят на людей как на пни или брёвна. Эти нерассудительные люди без жалости обтёсывают остальных, которые мучаются и страдают. Но при этом помрачённые «мастера кубизма» радуются тому, что из-под топора их обличений выходят ровные, обтёсанные под прямым углом люди-чурки. Только для человека, одержимого старшим бесом, есть оправдание в том, что он выставляет людей на позорище и раскрывает их прошлое, чтобы колебать слабые души. Конечно, последнее касается лишь тех, в отношении кого бес имеет на это право. Понятно, что нечистый дух выставляет на всеобщее обозрение не добродетели людей, но их немощи. И наоборот: люди, освободившиеся от своих страстей, не имеют злобы и поэтому исправляют зло добром. Увидев где-то нечистоты, которые нельзя убрать, такие люди присыпают их чем-нибудь сверху, чтобы они не вызвали отвращения у кого-то ещё. А вот люди, расковыривающие мусор и грязь чужих грехов, похожи на кур, которые копаются известно в чём…

Сейчас[6] диавол много пачкает, чернит и порочит. Он устраивает страшную путаницу, но в конце концов он обломает себе зубы. Пройдут годы, и праведники воссияют. Они будут заметны, даже если их добродетель невелика, потому что тогда в мире станет господствовать великая тьма и люди повернутся к ним. А тем, кто сейчас соблазняет других, если они доживут до тех времён, будет стыдно.

Правильное отношение к церковным проблемам

— Геронда, когда в Церкви возникают какие-то сложные проблемы, то как правильно к ним относиться?

— Надо избегать крайностей. С помощью крайностей проблемы не решаются. В старое время бакалейщик брал совком сахарный песок, крупу или что-то подобное и добавлял их на весы по чуть-чуть. Так он добивался точности, и весы приходили в равновесие. Он не швырял на весы и не забирал с них сразу помногу и резко. Обе крайности всегда мучают Мать-Церковь. И те, кто придерживается этих крайностей, тоже страдают, потому что каждая крайность обычно больно колется своим острым краем. Это похоже на то, как если бы с одного края держался бы за свою крайность бесноватый — человек духовно бесстыдный, всё презирающий, а с другого края упёрся бы в свою крайность сумасшедший, у которого глупая ревность

---

[6] Произнесено в 1974 г.

соединена с узколобием. То есть духовно бесстыдный человек никогда не придёт к согласию с ревнующим глупой ревностью зилотом. Эти люди будут пожирать и бить друг друга, потому что оба они лишены Божественной благодати. И тогда — Боже упаси! — обе крайности могут бить и колоть друг друга постоянно, и конца-края этому не сыщешь. А вот те, кто сможет согнуть друг пред другом края обеих крайностей, — так, чтобы они соединились — пришли к единомыслию, примирились, — увенчаются от Христа двумя неувядающими венцами.

Нам надо быть внимательными, чтобы не создавать в Церкви проблем и не раздувать случающиеся малые человеческие слабости, чтобы не сделать большего зла и не дать лукавому повода к радости. Тот, кто, видя какой-то маленький непорядок, приходит в сильное волнение и в гневе бросается его исправлять, похож на неразумного пономаря, который, увидев, что течёт свеча, со всех ног бросается её поправлять, сбивая при этом молящихся, переворачивая подсвечники и создавая во время богослужения величайший беспорядок. К несчастью, в наше время Мать-Церковь смущают многие: одни — образованные — ухватились за догмат умом, но не духом святых отцов. Другие — неграмотные — тоже ухватились за догмат, но зубами. Поэтому они ими и скрежещут, обсуждая какие-то церковные проблемы, и таким образом Церкви наносится вред больший, чем от врагов нашего Православия. Хорошо, чтобы река не была ни чересчур стремительной, потому что тогда вода уносит за собой деревья, камни, людей, ни слишком мелководной, потому что тогда она превращается в какое-то стоячее комариное болото.

А есть люди, которые занимаются не общим благом, а взаимной критикой. Человек следит за кем-то больше, чем за самим собой. Он ждёт, что скажет или напишет его оппонент, чтобы после этого нанести ему безжалостный удар, тогда как если бы ему самому пришлось сказать или написать то же самое, то он ещё и подкрепил бы свои рассуждения многими выдержками из Священного Писания и творений святых отцов. Зло, которое делает такой человек, велико, потому что, с одной стороны, он совершает несправедливость по отношению к своему ближнему, а с другой — сокрушает его на глазах у верующих. Вдобавок, такой человек часто соблазняет души слабых людей и таким образом сеет в них неверие. Некоторые, оправдывая свою злобу, обличают других, а не самих себя и, спекулируя на евангельских словах *повѣждь Церкви*[7], выставляют какие-то внутрицерковные проблемы на позор всему миру, трубя на всех углах о том, о чём не подобает и говорить. Пусть эти люди начнут со своей малой церкви — с семьи или монашеского братства, и если это придётся им по душе, то пусть уже потом позорят и Мать-Церковь. Я думаю, что добрые дети никогда не станут обвинять в чём-то свою мать.

Церкви нужны разные люди. Все: и те, кто отличается мягким характером, и те, кто суров нравом, — приносят Церкви своё служение. Телу человека необходима разная пища — и сладкая и кислая, необходимы даже горькие листья одуванчиков. Ведь в каждой пище есть свойственные ей вещества и витамины. Так и для Тела Церкви необходимы люди любого склада. Один человек восполняет нрав другого. Каждый из нас обязан терпеть не только особенности духовного склада нашего ближнего, но даже и те слабости, которые имеются в нём как в человеке. Но, к сожалению, некоторые имеют неразумные претензии к другим. Они хотят, чтобы все были такого же духовного склада, как они сами, и когда другой человек от них отличается, например, более снисходительным или

---

[7] Мф. 18:17.

резким характером, то они тут же приходят к заключению, что он — человек недуховный.

О высоком сане и славе человеческой

Я удивляюсь тому, что некоторые придают такое значение человеческой славе, а не славе Божией, которая ожидает нас, если мы «челове́ческия сла́вы отбежи́м». Если мы приобретём даже самый высокий сан из тех, что есть в целом мире, и если целый мир готов осыпать нас похвалами, то какую пользу нам это принесёт? Похвалы мира — возведут ли они нас в рай или же подтолкнут к пропасти ада? А что сказал Христос? *Сла́вы от челове́к не прие́млю*[8]. Какую пользу принесло бы мне, если бы я был не простым монахом, а стал иеромонахом, владыкой, патриархом? Более высокий сан помог бы мне спастись? Или же он лежал бы на слабом Паисии тяжким грузом и поверг бы его в адскую муку? Если бы не было жизни иной, то безумное стремление к высшему сану ещё бы могло быть как-то оправдано. Однако тот, кто стремится ко спасению своей души, *вменя́ет вся уме́ты бы́ти*[9] и к высшему сану не стремится.

Моисей был послан Богом на освобождение израильского народа. Но, несмотря на это, войти в Землю обетованную он не удостоился, потому что из-за своего народа он возроптал на Бога. Моисей жил среди их постоянного ропота и брюзжания, и вот однажды и сам возроптал. «Эти люди, — сказал он, — требуют у меня воды. Откуда я возьму им воду?»[10] Как? Ведь только недавно ты ударил по камню, извёл воду и напоил их! Разве это было тяжело? Но Моисей, с головой погрузившись в разные админи-

---

[8] Ин. 5:41.
[9] Флп. 3:8.
[10] См. Числ. 20:10.

стративные дела и проблемы своего народа, забыл о том, сколько воды он извёл из камня раньше. Он не понял своей ошибки и не попросил у Бога прощения. Если бы он попросил прощения, то Бог бы его простил. То, что он не вошёл в Землю обетованную, было маленьким наказанием от Бога, епитимьёй за его ропот. Конечно же, Бог взял Моисея в рай. Он почтил его тем, что во время Преображения Господня послал его вместе с пророком Илией на Фавор. Все эти события из Священного Писания помогают нам понять, каким великим препятствием на пути, ведущем христианина в рай, бывает тот высокий сан, которым он облачён, и связанная с этим ответственность.

А некоторым следовало бы испытывать внутри и излучать снаружи одну только радость, поскольку Бог устроил так, что они не несут никакой ответственности. Но, вместо этого, такие люди, наоборот, стремятся к ответственности и более высокому сану, а когда такой сан им не даётся, они все изводятся от мучения и разрушают свою душу, а заодно и тело, которое, по апостолу Павлу, есть храм Божий[11]. В то время как Христос готовит им небесную славу, они хотят попасть в рай посредством славы человеческой.

Однако кто-то может меня спросить: «Тогда почему некоторые сперва прославляются от людей, а потом — от Бога?» Но по сути дела, если человек хочет славы человеческой, то Бог его не прославит. Человек никогда не должен сам стремиться к ответственности. И если его освобождают от ответственности, то ему следует радоваться. Ведь по духовным правилам, ответственность, которую человек несёт, должна быть ему в тягость. Если человек не радуется тому, что его отстранили от ответственности, то это значит, что в нём затаилась гордость. Никогда не будем стремиться к высшим санам, званиям, должностям, чтобы

---

[11] См. 1 Кор. 3:16.

таким образом прославиться, потому что эти стремления — признак далеко зашедшей болезни. Это указывает на то, что в нашей болезни мы идём дорогой, отличной от той дороги смиренномудрия, которой прошли и достигли рая святые отцы.

У нас есть множество святых, которые избегали разного рода ответственности: игуменства, священства и архиерейства. Одни из них отсекали себе руки, другие — носы, третьи — уши, четвёртые — языки, чтобы иметь физические увечья и избежать рукоположения. Были святые, над которыми раскрывали крышу хижин и рукополагали их сверху, были святые, подобные святому Амфилохию, — их рукополагали на расстоянии. Эти люди были образованны, они имели святость. Но, осознав, сколь великое достоинство имеет душа, осознав великий труд ответственности, который становится большой преградой для спасения человека, они избегали этой ответственности. Путь, который нашли эти люди, им духовно помог.

И на Святой Горе некоторые считают священство препятствием в духовной жизни. Ведь, кроме прочих обязанностей, иеромонахи должны ходить в другие монастыри на встречу архиерея, их посылают по престольным праздникам... Конечно, это духовные праздники, но внутреннего упокоения от них всё равно мало. Живя в общежительном монастыре, я был знаком с одним иеродиаконом. Он состарился и скончался в том же иеродиаконском сане. Когда он был ещё молодым монахом, в монастыре не было диакона и поэтому его рукоположили. Потом в обитель пришла более молодая братия. Они становились диаконами, священниками, а диакон, рукоположенный раньше их, всё время кому-то уступал свою очередь и оставался в том же сане. Когда его побуждали к иеромонашеству, он отвечал: «Сейчас у монастыря такой нужды нет. Слава Богу, есть братия и помладше меня». Потом ему дали послушание в монастырской канцелярии. Когда в обитель пришли образованные послушники, он попросил освободить его от канцелярии и ушёл на другое послушание. А когда обитель переживала тяжёлые времена, благоговейный иеродиакон стал просить одного добродетельного иеромонаха согласиться на избрание в игумены. «Почему же ты сам уклонялся от ответственности? — спросил его иеромонах. — Решил нагрузить её на меня? Давай поступим вот как: ты становись членом Духовного собора, и тогда я стану игуменом». Так один стал игуменом, а другой вошёл в Духовный собор. Но когда всё наладилось и монастырь стал жить нормальной жизнью, наш диакон ушёл и из Духовного собора. Этот диакон мне очень помог. Он имел многую благодать Божию. Когда в Священном Киноте Святой Горы обсуждали какие-то трудные вопросы, то его приглашали туда, чтобы он сказал своё просвещённое мнение.

— Геронда, так в чём же причина того, что духовные люди, не любя деньги, стремятся к славе? Выходит, что справедливы слова древних греков: «Богатство возненавидели многие, славу — никто»[12]?

— Причина в том, что в голове у них так пусто, что хоть шаром покати. Это и есть пустая, суетная слава. Слова «богатство возненавидели многие...» отражают мирской взгляд на вещи. В духовной жизни такому места нет. Это слова древних греков, не знавших Истинного Бога. В духовной жизни слава должна исчезнуть. Вынес ли кто-то из людей бесчестие большее, чем то, которое претерпел Христос? Отцы искали бесчестия, и Бог воздавал им честью. А те, кто сами ищут чести, находятся ещё на мирском поприще — то есть на стадионе. Гоняют в футбол: «Сла-ва Спар-та-ку!» А в той славе, о которой говорится

---

[12] Изречение Клеовула — тирана г. Линдоса на Родосе — одного из семи древних мудрецов (VI в. до Р. Х.). — *Прим. пер.*

в Евангелии, есть любовь и смирение. *Прослáви Сы́на Твоегó*, — говорит Христос, — *да и Сы́н Твóй прослáвит Тя́... Се же есть живóт вéчный да знáют Тебé Едúнаго Истиннаго Бóга*[13]. То есть Христос просил у Бога Отца, чтобы люди познали своего Избавителя и таким образом спаслись. А сегодня большинство пытаются добиться славы, где это только возможно. Слава слева, слава справа, а потом хромают сразу и на правую и на левую ногу. Это то, о чём сказал Христос: *Слáву друг от дрýга приéмлюще*[14], *прельщáюще и прельщáеми*[15]. От такой славы меня тошнит, в такой атмосфере я не могу прожить и суток.

Ответственность за других — это великое препятствие в духовной жизни. Те, кто хочет заниматься духовным деланием, ответственности избегают. Обычно те, кто стремится к высшим санам и начальствованию, заканчивают плохо. Подмешивается личностное начало, эгоизм, и потом начальники начинают сталкиваться, ругаться между собой. Ведь в таких начальниках — и в одном и в другом — присутствует эгоизм. Однако те, кто любочестно подвизается, не дают себе поблажек и убирают своё «я» из каждого своего действия, помогают другим весьма результативно, потому что только тогда утешаются нуждающиеся в помощи души и только тогда души тех, кто помогает людям, будут внутренне утешены и в сей, и в вечной жизни.

В старину святые отцы уходили в пустыню и подвигами опустошали себя от страстей. Не строя собственных планов и проектов, они отдавали себя в руки Божии и избегали высокого сана и власти — даже если приходили в меру святости. Исключением были случаи, когда испытывала нужду Мать-Церковь. Тогда они оказывали послушание

---

[13] Ин. 17:1 и далее.
[14] Ин. 5:44.
[15] 2 Тим. 3:13.

воле Божией, и имя Божие прославлялось их святой жизнью. То есть сперва, живя в пустыне, питаясь здоровой духовной пищей и находясь под неусыпным отеческим наблюдением, святые отцы достигали крепкого духовного здравия, а уже после этого становились духовными донорами сами.

Как управляется Церковь

Православная Церковь всегда устраивала Свою жизнь посредством Соборов. Это православный дух: в Церкви должен действовать Священный Синод, а в монастырях — собор старцев. Предстоятель Церкви и Синод должны принимать решения вместе. Настоятель или игуменья монастыря должны принимать решения вместе с Духовным собором обители. Предстоятель Церкви — первый среди равных. Патриарх — это не папа, он имеет ту же самую степень священства, что и прочие иерархи. Вот папа — это да — он фигура иного разряда. Он восседает высоко, а остальные целуют ему ногу. Но патриарх не папа, он сидит вместе с другими иерархами и совместно с ними принимает решения. И настоятель или игуменья монастыря в отношении остальных членов Духовного собора — тоже первые среди равных.

Предстоятель Поместной Церкви или настоятель монастыря не может делать всё, что ему вздумается. Одного архиерея или члена собора старцев Бог просвещает в отношении чего-то одного, другого — в отношении чего-то другого. Посмотри, ведь и четыре евангелиста дополняют один другого. Так происходит и при обсуждении какого-то вопроса на Священном Синоде или в Духовном соборе монастыря: каждый излагает своё мнение, и если чьё-то мнение несогласно с другими, то это записывается в соборных протоколах. Потому что если речь идёт о решении, которое противоречит евангельским заповедям и кто-то с этим решением не согласен, то, если он не потребует, чтобы его мнение было записано в соборном протоколе, создастся впечатление, что он согласился с неправдой. Если член Священного Синода или Духовного собора не согласен с неправым мнением, но подписывает общее решение, не записав своего мнения в протокол, то он делает зло и несёт ответственность. В этом случае он виновен. Тогда как если он выскажет своё мнение, то пусть большинство с ним и не согласится — перед Богом он не согрешает. Если Синод в Поместной Церкви или Духовный собор в монастырях не работает правильно, то, говоря на словах о православном духе, мы на деле имеем дух папский. Православный дух такой: каждый должен высказывать и фиксировать своё мнение, а не молчать ради страха или чести — чтобы быть в хороших отношениях с Предстоятелем Церкви или настоятелем монастыря.

Но и те священнослужители, которые в молодом возрасте занимают какие-то руководящие церковные должности, себе вредят. Они растрачивают себя попусту — даже если у них есть необходимые для их должности качества.

Их зажимают, закручивают административные и канцелярские шестерёнки, и духовной пользы они не получают, хотя и обладают необходимыми для этого предпосылками. Не растрачивая себя понапрасну, а занимаясь работой над самими собой, некоторые из них составили бы впоследствии великий духовный капитал Церкви. Не занимаясь, в хорошем смысле этого слова, самим собой, то есть над собой не работая, человек уподобляется купцу, который занят куплями и продажами, не зная при этом, сколько на нём висит долгов. А в конце концов такого купца сажают в долговую яму.

Я очень огорчаюсь, слыша, что молодые священники сидят в начальнических креслах. Если бы они ещё немного времени не брали на себя начальственное бремя, то позже их помощь другим была бы велика. Однако сплошь и рядом настоятелями храмов становятся не опытные батюшки, способные духовно работать над своей паствой, а молодые иереи. Таким образом происходит двойное зло. То есть первое зло в том, что молодые, не совершив предварительно духовной работы над самими собой, взваливают на свои плечи ответственность за других. Не стяжав ещё духовного богатства, они занимают место, которое обязывает раздавать это духовное богатство другим. А второе зло в том, что духовенство более старшего возраста, не занимая в Церкви ответственных должностей, не имеет возможности делиться с другими своим драгоценным опытом и Божественным просвещением.

Божественная Литургия

— Геронда, когда совершается Божественная Литургия, то на ней всегда должны быть причастники?

— Да. Потому что главная цель Божественной Литургии в том, чтобы христиане, хотя бы те немногие, кто к этому готов, причащались. Во всех молитвах Божественной Литургии говорится о верующих, которые будут причащаться. Поэтому за Литургией должен быть хотя бы один причастник. Конечно, иногда бывает, что никто из молящихся за Божественной Литургией к Причастию не готов. Это дело другое, но всё же хорошо, если хоть кто-то причастится — какой-нибудь малыш, грудной младенец. Когда нет ни одного причастника, то Литургия служится только для причащения священника и поминовения имён. Но это должно быть не правилом, а исключением.

За каждой Божественной Литургией переживаются новозаветные события. Святой жертвенник — это Вифлеем, святой престол — Всесвятой Гроб Господень, Распятие за престолом — Святая Голгофа. Божественной Литургией, присутствием Христа освящается всё творение. Божественные Литургии удерживают мир! Как страшно то, что дал нам Бог! Мы этого недостойны. Есть священники, которые переживают это страшное таинство за каждой Божественной Литургией. Одно духовное лицо рассказывало мне, как очень простой и добрый священник жаловался ему: «Очень мне трудно потреблять Святые Дары. Не могу я сдержать своих гадких слёз. Они попадают прямо в Святую Чашу, и я из-за этого сильно переживаю». А как же он плакал! «Попроси Христа, — сказал ему мой знакомый, — чтобы Он дал немного „гадких" слёз и мне».

— Геронда, почему, когда священник совершает входные молитвы, Вы выходите из стасидии?

— Я выхожу из стасидии, потому что, когда священник молится, Бог ниспосылает ему Свою благодать, чтобы освободить его от слабостей и дать силы совершать Божественное Таинство. В это же время верующие тоже должны с благоговением молиться, чтобы приять Божественную благодать.

Божественная Литургия начинается с проскомидии. Как же промыслительно устраивает подчас Бог, чтобы и мы поняли, что такое Божественные Таинства, и их пережили! Когда я нёс послушание пономаря, со мной произошло одно чудесное событие. Однажды, когда священник, совершавший проскомидию, произнёс слова: «Яко овча́ на заколе́ние веде́ся», я услышал, как на святом дискосе затрепетал Агнец. А когда священник произнёс слова: «Жре́тся Агнец и Сын Бо́жий…»[16], я услышал, как от святого жертвенника доносится блеяние ягнёнка. Как же это страшно! Поэтому я говорю священникам, что нельзя вынимать и разрезать Агнца до проскомидии, а потом

---

[16] Так по греческому служебнику. — *Прим. пер.*

только класть его на святой дискос со словами: «Жре́тся Агнец Бо́жий» и «я́ко овча́ на заколе́ние веде́ся». Во время произнесения этих слов, и никак не раньше, священник должен брать святое копие и разрезать просфору. То есть когда произносятся слова: «жре́тся Агнец Бо́жий», тогда и должно совершаться «заклание» Агнца на жертвеннике.

Когда во время проскомидии священник звонит в колокольчик[17] и вы про себя поминаете имена, то ваше сердце должно соучаствовать в боли каждой поминаемой вами души, будь это живой или усопший человек. Приводите себе на ум все человеческие нужды вообще и конкретно того, о ком вы молитесь, и просите: «Помяни, Господи… Марию, Николая… Ты, Боже мой, знаешь, какие у них трудности. Помоги им». Имена, которые вам дают для поминовения, поминайте на нескольких Божественных Литургиях — какие-то на трёх, какие-то на пяти. Остальные имена поминайте во вторую очередь. А то что же — одних ты поминаешь постоянно, а других, которые нуждаются в молитвенной помощи, не поминаешь совсем? Я такого не понимаю. Имена католиков, иеговистов и прочих еретиков поминать на проскомидии нельзя. Нельзя ни вынимать за них частичку, ни служить панихиду. А об их здравии и просвещении мы молиться можем, и даже петь молебный канон.

— Геронда, некоторые священники говорят, что не хотят часто служить Литургию, чтобы к ней не привыкнуть.

---

[17] По традиции Святой Афонской Горы, после молитвы 3-го часа священник, совершающий проскомидию, звонит в колокольчик, расположенный на жертвеннике, и служба прерывается. Монахи выходят из стасидий и про себя поминают имена живых и усопших. В это время священник вынимает частички, произнося: «Помяни, Господи». Потом прерванная служба продолжается. См.: Святогорский устав церковного последования. Свято-Троицкая Сергиева Лавра, 2002. С. 33. — *Прим. пер.*

— Не следует священнику говорить такие вещи. Это неправильно. Это всё равно что говорить: «Навещаю своих родственников нечасто, чтобы они меня получше принимали, когда прихожу». Однако к Божественной Литургии нужно готовиться. Божественное Причащение исцеляет, освящает того, кто подвизается. А как же оно поможет тому, кто не подвизается? Что изменит Христос, если человек не изменяет себя сам? Когда-то на Афоне в пещере преподобного Афанасия жил старец с двумя послушниками, один из которых был иеромонахом, а другой — иеродиаконом. Как-то раз послушники пошли в одну церквушку служить Литургию. Священник очень завидовал диакону, поскольку тот был умнее и способнее его во всём. Однако и сам диакон содействовал этой зависти своим эгоизмом. Итак, священник внешне приготовился к служению Божественной Литургии: прочитал правило ко Святому Причащению и сделал всё, что положено. Однако, к несчастью, он не сделал главного — не подготовился к Литургии внутренне. То есть ему надо было смиренно поисповедоваться, чтобы изгнать из своего сердца зависть и ревность. Ведь если мы переодеваемся в чистую одежду и моем голову — эти страсти от нас не уходят. Ну так вот, иеромонах подготовился к служению Литургии лишь внешне, вошёл в алтарь, где приносится Страшная Жертва, и начал было проскомидию. Но внезапно раздался страшный гром и он увидел, как святой дискос поднялся с жертвенника и исчез[18]. Они не смогли служить Литургию. Помысел говорит мне, что если бы Благий Бог не помешал им таким образом и священник, находясь в неподобающем духовном состоянии, приступил бы к служению Божественной Литургии, то с ним бы случилась страшная беда.

---

[18] См.: *Старец Паисий*. Отцы-святогорцы и святогорские истории. Свято-Троицкая Сергиева Лавра, 2001. С. 102–104.

— Геронда, если во время Божественной Литургии случится что-то непредвиденное, то может ли она быть прервана?

— Начатую Божественную Литургию священник не может прервать на середине — что бы ни случилось. Даже если начнётся война — Литургию он должен закончить. Он должен завершить Литургию, даже если к храму будут подходить враги. Самое большее, что он может сделать в таком случае, — это постараться закончить её побыстрее. Но надо иметь доверие к Богу и не бояться.

Служитель Вышнего Бога должен отличаться многим вниманием, чистотой, бескомпромиссностью[19]. Священники — выше, чем ангелы. Во время совершения Таинства Божественной Евхаристии святые ангелы закрывают свои лица, в то время как священник это Таинство совершает.

---

[19] Словом «бескомпромиссность» здесь переведено греческое слово «ἀκρίβεια» (букв. — точность, строгость). В православном богословии акри́вией называется святоотеческий принцип строгого отношения к священным канонам (и вообще к Преданию Церкви), при котором признаётся необходимым их буквальное, точное применение. — *Прим. пер.*

ГЛАВА ТРЕТЬЯ
О праздниках и нерабочих днях

«Пра́зднуим ве́рнии пра́здник духо́вный»[1]

Возводя нас на духовную высоту Своей великой любовью и Своим великим радованием, которое Он всеми Своими праздниками рассыпает душам верных, Христос поистине воскрешает нас, возвращает нас к жизни. Лишь бы сами мы участвовали в этих праздниках и имели духовный вкус к тому, чтобы они становились духовным торжеством. Тогда мы духовно пируем и духовно пьянеем от принесённого святыми райского вина, которого они дают нам испить.

— Геронда, а как человек может пережить праздник духовно?

— Чтобы пережить праздник, надо погружать свой ум в святые дни, а не в те дела, которые нам нужно делать ради этих святых дней. Надо размышлять о событиях каждого из святых дней, будь то Рождество Христово, Богоявление, Пасха или любой другой праздник, и произносить Иисусову молитву, славословя Бога. Так мы будем праздновать

---

[1] См. 6-ю песнь второго канона на Введение во храм Пресвятой Богородицы (21 ноября).

каждый праздник со многим благоговением. Люди мирские стремятся постичь смысл Рождества Христова с помощью жареной свинины, Пасхи — с помощью печёной баранины, а масленицы — при помощи конфетти. Однако истинные монахи ежедневно переживают божественные события и радуются постоянно. Каждую седмицу они живут как Страстную седмицу. Каждую среду, четверг и пятницу они переживают Великую Среду, Четверток и Пяток — то есть Страсти Христовы. А каждый воскресный день они переживают Пасху — Христово Воскресение. Что, разве необходимо ждать Страстной седмицы, чтобы вспомнить о Христовых Страстях? Или, подобно людям мирским, придётся дожидаться Пасхи с печёным барашком, чтобы понять, что значит «Христо́с Воскре́се»? Что сказал Христос? *Бу́дите гото́ви*[2], а не «Давайте начнём готовиться сейчас». С того момента как Христос произнёс слова *бу́дите гото́ви*, каждый человек, и особенно монах, должен быть готов постоянно. Он должен постоянно исследовать и переживать божественные события. Исследуя события каждого праздника, человек естественным образом придёт в чувство и будет молиться с благоговением. Кроме того, наш ум должен находиться в празднуемых событиях, и мы должны с благоговением следить за стихирами и тропарями, которые поют. Когда ум человека пребывает в божественных смыслах, человек переживает священные события и таким образом изменяется. Если, находясь в таком состоянии, мы размышляем, к примеру, о каком-то святом, о том, кого мы особенно почитаем или память которого совершаем, то наш ум идёт чуть дальше — идёт на Небо. Когда мы думаем о святых, святые тоже думают о нас и нам помогают. Так человек заводит дружбу со святыми, а такая дружба — надёжнее любой другой. Тогда

---

[2] См. Мф. 24:44.

человек, живя один, может одновременно жить вместе со всеми — и со святыми, и с ангелами, и со всем миром. Быть одному — и ощутимо переживать всё это дружеское общение! Присутствие святых живо. Все святые — Божии дети, а мы — несчастные Божии дети, и они нам помогают.

Чтобы получать помощь, мы всегда должны с благоговением праздновать память святых, проливших ради Христовой любви кровь или пот и слёзы. И слушать чтение Синаксаря: «В се́й де́нь па́мять свята́го…» — мы должны стоя, подобно тому как стоят по стойке «смирно» солдаты, когда зачитывают имена их геройски погибших однополчан: «Такого-то числа и месяца солдат такой-то пал смертью храбрых на таком-то фронте».

Для того чтобы ощутимо пережить праздничное событие, в праздник нельзя работать. К примеру, если человек хочет что-то ощутить, пережить в Великий Пяток, то в этот день он не должен быть занят ничем, кроме молитвы. В миру несчастные мирские люди на Страстной седмице заняты работой и делами, а в Великий Пяток начинают расточать друг другу пасхальные поздравления: «Многая вам лета!», «Будьте здоровы!», «Пошли вам Бог невесту!..» Так нельзя! Я в Великий Пяток закрываюсь в своей каливе. После пострига в ангельский образ, новопостриженный монах-великосхимник одну неделю должен пребывать в безмолвии. Эти безмолвные дни очень помогают ему, потому что Божественная благодать напояет его душу, и монах понимает, что с ним произошло. Также великую пользу приносит безмолвие в праздники. В праздничные дни нам даётся благоприятная возможность немного отдохнуть, почитать и помолиться. Так к нам придёт какой-то добрый помысел, мы углубимся в себя, какое-то время посвятим молитве Иисусовой и от всего этого ощутимо переживём что-то от божественного события празднуемого дня.

«Лу́чше ма́лое пра́веднику…»

К несчастью, сегодня мы используем свободу не для доброго, не для стяжания святости, а для мирской суеты. В прежнее время вся неделя была рабочей, а воскресенье — выходным днём. Сейчас сделали выходным и субботу. Однако живут ли теперь люди более духовно или же они больше грешат? Если бы люди использовали своё время на духовные занятия, то всё было бы по-другому — они были бы собранными. Но мы, окаянные люди, хотим украсть часть духовного, похитить часть Христову. Если мирским людям нужно отработать лишний день, то они договариваются между собой отработать его в воскресенье. Они выискивают свободное воскресенье для «воскресника», какой-нибудь праздник для «субботника», и потом на них приходит гнев Божий. Чем после этого им помогут святые? Разве воскресный, праздничный день — для работы? И если мирские люди хотят в чём-то помочь нам, монахам, то пусть это будет не работа в воскресенье, а какая-то другая помощь.

Мы не даём Богу нами управлять. А то, что совершается без веры в Бога, к Богу отношения не имеет. Поэтому то, что мы делаем, не имеет благословения, а значит, не будет и доброго результата. А потом мы говорим: «Виноват диавол». Не диавол виноват, а мы сами не даём Богу помочь нам. Работая в дни, когда по церковному уставу работать не полагается, мы даём диаволу права над собой, и он вмешивается в то, что мы делаем, с самого начала. *Лу́чше ма́лое пра́веднику, па́че бога́тства гре́шных мно́га*[3], — говорит псалом. Вот это-то и имеет благословение, а всё остальное — стружка, чепуха. Однако надо иметь веру, любочестие и благоговение, надо с доверием возлагать

---

[3] Пс. 36:16.

всё на Бога. А иначе и в праздники ты будешь работать кое-как, и в другие дни станешь терять время попусту.

И посмотрите, ведь Бог никогда не оставляет верных Ему. По воскресеньям и праздникам я никогда не работал, и Бог никогда не оставлял меня, Он благословлял мой труд. Помню, как-то к нам в деревню приехали комбайны жать пшеницу. Отцу сказали, что они начнут с нашего поля, а потом пойдут дальше. Было воскресенье. «Что будем делать? — спрашивает меня отец. — Пришли комбайны». — «Я, — говорю, — в воскресенье работать не буду. Подождём до понедельника». — «Но если мы упустим эту возможность, — снова говорит мне отец, — то потом замучаемся жать на лошадях». — «Ничего, — говорю, — буду жать хоть до Рождества Христова». Пошёл я в церковь, словно никакие комбайны и не приезжали. А те направились к жатве. Ну и что же? Тут же и сломались, ещё по дороге! Тогда комбайнёры снова пошли к отцу и сказали: «Просим прощения, у нас поломались комбайны. Сейчас мы поедем в Я́нину на ремонт, а как вернёмся в понедельник, так начнём прямо с вас». Так вот и перенесли они жатву с воскресенья на понедельник. Много подобных случаев довелось мне увидеть своими глазами. Если мы, монахи, не будем как должно относиться к праздникам, то что останется делать людям мирским?

Какой же дух был раньше в монастырях! Помню, как в миру люди, отпраздновав Воздвижение Честнаго Креста по новому стилю, везли на Святую Гору виноград. Однако их баркасы иногда подходили к берегу Афона как раз в тот день, когда мы праздновали Воздвижение по старому календарю. Если так случалось, то монахи никогда не шли разгружать виноград в праздник. Они возвращали его назад или же оставляли нагруженный виноградом баркас у пристани. Если в какой-то праздничный день привозили масло или лес, то происходило то же самое.

А ведь монастыри были бедными. Но святогорцы думали так: «Что скажет мирской человек, увидев, как монахи работают в праздничный день?» Для монахов было в тысячу раз предпочтительней, чтобы неразгруженный баркас разбило за ночь штормом, чтобы и виноград и лес пропали, нежели разгружать их в праздник, лишаясь праздника, да при этом ещё и соблазняя души людей.

А сейчас… Накануне одного праздника я оказался в некой обители. Монахи разгружали виноград. После собрали всю братию его топтать. Вечером должно было быть бдение, но его перенесли на другой день! А ведь это был великий праздник! «Ради нужды, — говорят, — даже закон может потесниться…» В другой обители после пожара сгоревшие здания восстанавливали в воскресные дни. Ну что же — сгорят снова. А ведь это видят люди мирские и говорят: «Невелика важность все эти праздники». Надо быть очень внимательным в отношении того, чтобы не работать в праздники. Особенно это относится к нам, монахам, потому что, работая в праздники, мы не только согрешаем сами, но и становимся соблазном для людей мирских. Тем самым согрешаем вдвойне. Люди мирские ищут повода, чтобы оправдать свои грехи. Сами они могут работать день и ночь, не соблюдая праздников. Но вот они видят, как монахиня или монах работают в праздник по какой-то великой нужде. После этого диавол говорит им так: «Да тут вон даже попы работают! Что же ты-то сидишь сложа руки?» Увидев, как какая-нибудь монахиня вытряхивает в воскресный день одеяло, мирские люди скажут: «Раз работают монашки, то почему нельзя пойти на работу и нам?» Поэтому надо быть очень внимательными, чтобы не становиться соблазном для людей.

— Геронда, а если в какой-то праздничный день, например на Введение во храм Пресвятой Богородицы, в монастырь для работы приедет какой-то мастер?

— Введение Пресвятой Богородицы, а в обители будет работать мастер?! Негоже! Пусть не работает.

— Геронда, этот случай произошёл потому, что ответственная за работу сестра не догадалась сказать ему, чтобы он не приходил.

— Тогда надо наложить на эту сестру канон, наказание.

— Геронда, а если в праздничный день после бдения слипаются глаза от усталости, то можно ли заниматься рукоделием и творить Иисусову молитву?

— Разве нельзя делать поклоны? Чтобы разогнать сон, лучше делать не рукоделие, а поклоны[4].

— А в воскресенье? Если монашеское правило прочитано, то всё равно нельзя, например, плести чётки?

— Зачем их плести? Почему в это день ты не насыщаешься духовно? К несчастью, даже в монастырях появляется какой-то мирской дух. Я узнаю, что в некоторых обителях в воскресенья и великие праздники сразу после полудня монахи расходятся по послушаниям. Можно подумать, что у них умирают с голоду дети и дом продают с молотка! Уж такая великая нужда!.. Архондаричный, повар — это дело другое. В архондарике, на кухне кто-то должен исполнять послушание и в воскресенье, и в праздники. Оставить эти участки без людей нельзя.

Иногда, когда мне в каливу приносят рыбу, я говорю принёсшему: «Забирай её и уходи». Если мне начнут нести рыбу, кто живую, кто снулую, то что из этого выйдет? И если сюда, в монастырь, приносят на праздник рыбу и вам надо возиться и готовить её, то какая вам будет радость от праздника? Помните отца Мину из скита святой

---

[4] По святогорской традиции, земные поклоны на келейном монашеском правиле опускаются только в воскресные дни и на Светлой седмице. Во все остальные праздники, включая двунадесятые, земные поклоны в келье совершаются. — *Прим. пер.*

Анны? Однажды воскресным утром рыбак принёс рыбы для престольного праздника его каливы и сказал: «Вот свежая рыба, геронда». — «Постой-ка, — удивился старец, — ведь сегодня воскресенье! Когда же ты её поймал, что она свежая?» — «Сегодня утром», — ответил рыбак. «Выбрось её! — посоветовал ему отец Мина. — Это отлучённая рыба! Если хочешь убедиться в этом сам, брось одну рыбёшку коту. Увидишь, что он не станет её есть». И действительно, когда рыбак бросил коту одну рыбку, тот с отвращением от неё отвернулся! Вот какая чуткость была у наших отцов!

А нынче по великим праздникам в монастырях видишь рабочих, мастеров… Как-то раз на Успение возле одной обители целая бригада рабочих валила бензопилами лес. Поначалу на небе не было ни облачка, но вдруг нашла туча, началась гроза и рядом с лесорубами засверкали молнии. От молний загорелся лес, и рабочие убежали оттуда в таком ужасе, что даже никому об этом не сообщили. Пожар разгорелся так сильно, что пожарные боялись его тушить. Ну и что бы вы думали: в следующее воскресенье в лесу опять послышался треск и жужжание бензопил! На этот раз пилить лес вышли уже две бригады лесорубов. Но раз мы пилим лес по воскресеньям и праздникам, то пожары — это тоже гнев Божий. И худо то, что мы этого не понимаем. Мы уже перешли границы терпения Божия.

Если возникает какая-то нужда, то монахи тянут с молитвой чётку — сто узелков, а Бог просвещает кого-то, и он присылает монахам сто тысяч драхм. Дело монаха — это молитва. Кто будет иметь доверие Богу, если его не будет даже у нас, монахов? Люди мирские? Если монах вверяет свою жизнь Богу, то Бог обязан его услышать. В общежительном монастыре, где я жил в начале своего монашеского пути, у игумена был один келейник. В его обязанности входило готовить зал для собраний братии. Когда он был болен или занят чем-то другим, то его послушание поручали мне. Келейник был человек не слишком расторопный, к тому же на Божественной Литургии он всегда стоял до самого конца, однако со всей работой при этом справлялся. Я был расторопнее, чем он. Чтобы успеть приготовить зал до прихода братии, я уходил с Божественной Литургии раньше, но всё у меня шло наперекосяк. То опрокидывался кофейник и выливался кофе, то сыпались чашки, то валились из рук стаканы с водой… Всё шиворот-навыворот! А келейник, отстояв в храме до самого окончания Божественной Литургии, осенял себя крестным знамением и верил, что Бог ему поможет. А если его ругали за то, что он не уходил на послушание заранее, то он принимал это со смирением. У этого монаха было смирение, и польза, которую он получал, была двойной.

Как бы там ни было, но, не цепляясь за то второстепенное, что можно без ущерба опустить, люди получают сугубую пользу и сугубо славословят празднуемых святых. Будем, насколько возможно, внимательны, чтобы всё, что мы делаем, не шло бы в ущерб духовному. Чтобы освящались все наши труды, чтобы мы имели благословение Божие — духовное должно совершаться в первую очередь. Будем уделять первостепенное внимание не материальному, а духовной жизни. Если у монаха дела и заботы стоят на первом месте, а молитва — только на втором, то бо́льшую ценность для него имеет работа, а не духовная жизнь. А в этом есть гордость и неблагоговение. Дело, которое совершается, но при этом духовно разоряет того, кто его делает, не освящается. Если мы будем уделять первостепенное внимание духовному, то Бог всё устроит. Если не будем как должно относиться к праздникам мы, монахи, то что останется делать людям мирским? Если мы не выполняем свои духовные обязанности, не просим о помощи святых, то кто станет их об этом просить? Так, мы на словах говорим, что веруем в Бога, но на деле не имеем к Нему доверия. Если мы, одетые в рясы иноки, не чтим даже священных канонов, всё попираем и бесчестим, то какой в нашей жизни смысл?

Люди работают по воскресеньям и праздникам, и на них сыпятся беды

По правилам, перед вечерней накануне праздника или воскресного дня всякая работа прекращается. Лучше, если это возможно, поработать подольше в предыдущий день, чтобы во время и после праздничной вечерни не работать. Если кто-то по большой необходимости сделает какое-нибудь несложное дело поближе к вечеру в самый воскресный и праздничный день, то это дело другое. Но и такая лёгкая работа должна совершаться с рассуждением. В старые времена даже работавшие в поле крестьяне, услышав благовест к вечерне, осеняли себя крестным знамением и прекращали работу. То же самое делали и женщины, которые по-соседски собирались с рукодельем возле своих домов. Они поднимались со скамеек, осеняли себя крестным знамением и откладывали в сторону вязанье или иную работу. И Бог их благословлял. Они были здоровы и радовались жизни. А сейчас люди отменили праздники, удалились от Бога и Церкви, но в конечном итоге они растрачивают все заработанные деньги на врачей и больницы. Как-то ко мне в каливу пришёл один отец и сказал: «Мой ребёнок часто болеет, и врачи не могут понять что с ним». — «Прекрати работать по воскресеньям, и всё уладится», — ответил я ему. И действительно, он послушался, и его малыш больше не болел.

Я всегда даю мирянам совет прекратить работать по воскресеньям и праздникам, чтобы на них не сыпались беды. Упорядочить свою работу могут все. Вся основа — в духовной чуткости. Если есть эта чуткость, то в любой ситуации находится выход. И если этот выход повлечёт за собой какой-то малый убыток, то благословение, которое получат эти люди, будет сугубым. Однако многие этого не понимают и не ходят по воскресеньям и праздникам даже на Божественную Литургию. Божественная Литургия освящает человека. Если христианин не идёт в воскресенье в церковь, то как он освятится?

Но, к несчастью, люди потихоньку идут к тому, чтобы ни от праздников, ни от Предания ничего не осталось. Видишь как: для того чтобы забылись святые, изменяют даже христианские имена. Василику превращают в Вику. Из Зои делают Зозо, а получается-то ведь не одно животное, а целых два[5]! Придумали праздник матери, 1 Мая, 1 Апреля… Скоро скажут: «Сегодня День артишока, завтра — праздник кипариса, послезавтра — память изобретателя атомной бомбы или того, кто придумал футбол…» Но, несмотря ни на что, Бог нас не оставляет.

---

[5] У преподобного игра слов, основанная на омонимичности новообразованного имени Ζωζώ (искажённое Ζωή — жизнь — соответствует русскому имени Зоя) и слова «ζῶο» — животное. — *Прим. пер.*

ГЛАВА ЧЕТВЁРТАЯ
О православном Предании

«Иису́с Христо́с вчера́ и дне́сь, то́йже и во ве́ки»[1]

— Геронда, часто приходится слышать об обновлении Церкви. Как будто бы Церковь тоже стареет и ей требуется обновление!

— Постарела? Как бы не так! Да тут даже те, у кого нет благоговения, но есть хоть чуточку соображения в голове, не удовлетворяются новыми современными поделками, а разыскивают древности. К примеру, новописанные иконы таких людей не трогают — они понимают достоинство иконы древней. Уж если так ведут себя просто сообразительные, то что же говорить о тех, в ком есть благоговение! Из этого сравнения понятно, насколько ошибочны все эти разговоры об обновлении Церкви и подобных вещах.

Если сегодня человек старается как-то хранить Предание — соблюдать посты, не работать в праздники, быть благоговейным, то некоторые говорят: «Да он что, с луны свалился? Ведь это всё пережитки прошлого! Сейчас это устарело!» А если попытаешься их образумить, то в ответ

---

[1] Евр. 13:8.

услышишь: «Ты в какое время живёшь? Всё это кануло в Лету!» Мало-помалу Предание Церкви принимают за сказки. Однако что говорит Священное Писание? *Иису́с Христо́с вчера́ и днéсь, то́йже и во вéки.* Если человек не может соблюдать Предание, то пусть он, по крайней мере, скажет: «Согреших, Боже мой!» Тогда Бог помилует этого человека. Но сегодня, имея какую-то слабость, человек хочет принудить к ней и своего ближнего, потому что если у ближнего этой слабости нет, то грешника это обличает. Возьми бесноватого и помести его в какую-то духовную среду. Вот увидишь — он станет ёрзать как на иголках, не найдёт себе места. Всё потому, что духовная среда будет его беспокоить. Также и люди, живущие в грехе, — правильная жизнь других их обличает, беспокоит. Они стремятся наступить своей совести на горло и поэтому говорят всю эту ложь о пережитках. Даже вечные ценности они объявляют сейчас отжившими свой век и хотят заменить эти ценности на бесчинства. В мире творится великое растление! Духовную красоту считают уродством. То есть для людей мира сего духовная красота представляется по-мирски некрасивой. А ты возьми какого-нибудь монаха и обстриги ему волосы! Каким же он станет некрасивым! Однако эту некрасивость люди мира сего принимают за красоту.

И посмотри: сейчас сражаются с Церковью, борются за её разрушение. Ладно, допустим, эти люди не веруют. Допустим, они учат других безбожию. Но как они могут не признавать то добро, которое Церковь даёт людям, как они дерзают идти против неё? В этом есть много злобы. К примеру, как они могут не признавать того, что Церковь заботится о детях, что она помогает им стать добрыми людьми, а не каким-то хулиганами? Однако они подталкивают детей ко злу, они развязывают руки тем, кто детей растлевает. Но чему учит юных Церковь? Быть благоразумным ребёнком, уважать других, блюсти себя в чистоте, чтобы войти в общество настоящим человеком. Но несмотря на старания разрушителей Церкви, всё снова встанет на свои места. В России, ещё при безбожном режиме, одна бабушка пришла в храм, за колонной опустилась на коленочки и стала молиться. Одновременно с ней в храме оказалась ещё одна женщина — молодая. Несмотря на свой молодой возраст, она была уже видным научным работником. Увидев молящуюся на коленях бабушку, молодая женщина сказала: «Это всё дела давно минувших дней». Тогда бабушка ответила ей так: «Вот к этой самой колонне, где я сейчас молюсь и плачу, потом придёшь плакать ты. Ведь ваше-то, дочка, оно пришло и ушло: нынче было, а завтра быльём поросло. А христианство — нет, оно не порастёт быльём никогда».

Уважение к Преданию

Многие святые мученики, не зная догматов веры, говорили: «Я верую в то, что установили святые отцы». Говоря так, человек свидетельствовал о Христе, становился мучеником. То есть христианин не мог привести доказательств истинности христианской веры, чтобы убедить в ней гонителей, но он имел доверие к святым отцам. «Как же я могу не доверять святым отцам? — думал он. — Ведь они были и более опытны, и более добродетельны, чем я, они были святы. Как я могу согласиться с бессмыслицей и стерпеть хулу на святых отцов?» Мы должны доверять Преданию. Сегодня, к несчастью, и у нас появилась европейская «корректность», и люди стремятся показать себя добрыми. Желая проявить своё «высшее благородство», они заканчивают тем, что кланяются двурогому диаволу. «Пусть будет одна религия», — говорят они и всё ставят на одну доску. Ко мне в каливу тоже приходили несколько человек с такими взглядами. «Нам, то есть всем, кто верует во Христа, — говорили они мне, — надо объединиться в одну религию». — «Это всё равно что предлагать мне собрать в одну кучу столько-то каратов золота и столько-то отделённой от этого золота меди, чтобы снова сделать из них один сплав, — ответил я. — Но разве разумно опять смешивать золото с дешёвыми металлами? Спроси золотых дел мастера: „Можно ли смешивать мусор и золото?" Ведь было столько борьбы, чтобы очистить догмат от мусора». Святые отцы знали, что делали. Они воспретили общение с еретиками не без причины. Но сегодня призывают к совместным молитвам не только с еретиком, но и с буддистом, огнепоклонником и сатанистом. «Православные, — говорят, — тоже должны присутствовать на экуменических совместных молитвах и конференциях. Это — свидетельство!» Да какое там ещё «свидетельство»! Эти люди разрешают все проблемы с помощью логики, они находят оправдание тому, чему не может быть оправдания. Европейский дух считает, что с прилавков Общего рынка можно торговать даже духовными предметами.

Некоторые из тех православных, кто, отличаясь легкомыслием, хотят «протолкнуть Православие», «развернуть миссионерскую деятельность», устраивают совместные конференции с инославными — чтобы при этом было побольше шума, и думают, что таким образом — смешиваясь со злославными во единый винегрет — они «проталкивают Православие!» После этого принимаются за дело «суперревнители». У этих другая крайность: доходят даже до хулы на таинства Поместных Церквей, живущих по новому календарю, и тому подобного, весьма соблазняя благоговейные и православно чуткие души. А инославные, со своей стороны, приезжают на все эти совместные конференции, строят из себя учителей, отбирают из услышанного от православных хорошее духовное сырьё, обрабатывают его в своей лаборатории, окрашивают в свой цвет, наклеивают свой ярлык и выдают за подлинник. И странные современные люди, приходя от подобных странностей в восторг, духовно разрушаются. Но всё же, когда это будет нужно, Господь восставит и Марков Ефесских, и Григориев Палам, которые соберут воедино всех наших израненных соблазном братьев — для исповедания веры, во утверждение Предания и на великую радость нашей Матери-Церкви.

Если бы мы жили по-отечески, то у всех нас было бы крепкое духовное здравие. И все инославные, завидуя этому здравию, оставляли бы свои нездравые заблуждения и спасались без проповеди. Сейчас наше святое отеческое Предание их не трогает, потому что они хотят видеть в нас преемников святых отцов, видеть наше действительное родство с нашими святыми. В обязанности каждого православного входит всеивание доброй обеспокоенности и в инославных, чтобы они поняли, что находятся в заблуждении, и не успокаивали бы ложно своего помысла, лишая себя тем самым богатых благословений Православия в сей жизни, а в жизни вечной — ещё больших, вечных Божиих благословений. Ко мне в каливу приходят некоторые ребята-католики — расположенные очень по-доброму, готовые познать Православие. «Мы хотим, чтобы ты сказал нам что-то, духовно помог нам», — просят они. «Сделайте вот что, — советую им я, — возьмите церковную историю. Вы увидите и то, что когда-то мы были вместе, и то, до чего вы дошли впоследствии. Это вам очень поможет. Сделайте это, и в следующий раз мы побеседуем с вами обстоятельно».

Раньше люди дорожили какой-то вещью, принадлежащей их дедам, и бережно хранили её как реликвию. Я был знаком с одним очень хорошим человеком, адвокатом. Его дом отличался простотой. Эта простота восстанавливала силы не только у него самого, но и у его гостей. «Несколько лет назад, отче, — рассказывал адвокат, — мои знакомые смеялись надо мной из-за моей старой мебели. А сейчас они приходят и восхищаются ею как антиквариатом! Я, пользуясь этой старой мебелью, радуюсь. Радуюсь потому, что она напоминает мне о моём отце, о моей маме, о моих дедах. Эти воспоминания согревают мне душу. А мои знакомые собирают в свои квартиры разный старинный хлам, делают свои гостиные похожими на лавки старьёвщика, чтобы забыться среди всех этих предметов и хоть ненадолго перестать думать о своей мирской душевной тревоге». Крохотную золотую монетку, полученную от матери, от деда, в прежнее время хранили как великое сокровище. А сегодня, если кто-то имеет от своего деда, к примеру, греческий золотой времён короля Георгия и эта монета оценивается на сто драхм дешевле, чем английский золотой времён королевы Виктории, то он поменяет первое на второе. Такой человек не чтит, не берёт в расчёт ни мать, ни отца. Появляется этот европейский дух, и потихоньку всех нас уносит в общую стремнину.

Помню, как впервые приехав на Святую Гору, я познакомился со старцем одного братства. Он был уже старый человек, отличавшийся большим благоговением. От благоговения он не выбрасывал не только камилавки[2], которые носили «дедушки» — его предшественники, но даже деревянные колодки для изготовления этих камилавок. Разные красиво обернутые старинные книги и рукописи хранились у него в тщательно закрытом книжном шкафу. Он берёг их от пыли. Этими книгами он не пользовался и держал их под замком. «Я, — говорил, — такие книги и читать-то недостоин. Я почитаю вот эти, простые —

---

[2] *Камила́вка* — головной убор священнослужителей и монахов. — *Прим. пер.*

Отечник, Лествицу». Потом в их братство поступил один молодой монах (в конце концов он не остался на Святой Горе) и начал обличать старца: «Что ты собираешь здесь всякий хлам?» Собрал он старые колодки для камилавок и хотел бросить их в огонь. «Это принадлежало моему духовному деду, — с плачем говорил ему старец, — чем они тебе помешали? Ведь у нас столько комнат! Сложи их в каком-нибудь уголочке». От благоговения этот старый монах хранил не только книги, реликвии, камилавки, но даже и старые колодки! Если есть почтение к малому, то и к великому будет многое почтение. Если нет почтения к малому, то почтения к великому тоже не будет. Так хранили Предание отцы.

Будем хранить в монашестве то, что проверено опытом

— Геронда, если сестра приходит на новое послушание и находит там некий ранее заведённый порядок, то может ли она менять что-то в этом порядке?

— Нет, поначалу не надо ничего менять, даже если она выполняет это послушание одна. Изменения, о которых ты говоришь, сделали пришедшие в старые обители новые монашеские братства. К опыту своих предшественников они отнеслись без уважения. Приступая к делу с таким отношением, вводя свои расписания богослужений и распорядки дня и упраздняя при этом древние монастырские уставы — то есть существовавший ранее чин, проверенный опытом и помогавший в монашеской жизни, — монахи не имеют не только Предания, но даже и уважения к Преданию. Потом-то они поймут, какую пользу приносило всё то, что они изменили. Те, кто заводили в монашестве какой-то порядок или правило, знали, что делали. То, что хранится в монашестве издревле, — взвешено, проверено опытом.

Посмотри, ведь в любом искусстве или ремесле надо соблюдать каноны. Я вот был столяром и знаю, что высота обычного стола должна быть восемьдесят, а ширина лестничной ступеньки — двадцать семь сантиметров. Всё это проверено опытом, взято в правило, а ученик должен просто принять это на веру — ему не нужно объяснять, почему оно так, а не иначе. Эти установления — порождения опыта. От ученика требуется доверие мастеру и уважение к его опыту. Тот, кто не чтит канонов ремесла, хорошей работы не сделает. Он сделает стол чересчур низким или высоким, в чём-то обязательно напортит.

Я поменял в своей жизни много калив, стал настоящим «кавсокаливитом»[3]! Иногда, приходя на новое место, я что-то менял — заколачивал ненужные двери, выдёргивал лишние гвозди… Но потом я пришёл к убеждению, что всё, что сделано прежде, имеет какой-то смысл. Поэтому сейчас, придя в какую-то новую каливу, я вначале не меняю ничего из сделанного моими предшественниками, даже если испытываю от этого какие-то неудобства. Я не вытаскиваю из стен ни одного гвоздя. Если, не имея опыта, я вытащу из стены вбитые в неё гвозди, то потом, после бесплодных попыток вколотить их в другом месте, испортив штукатурку, я всё равно буду вынужден вбить их туда, где они были раньше. Ведь тот, кто жил на этом месте до меня, вбил их туда, проверив это практической необходимостью. Раз в стену вбит гвоздь, то он там необходим — вешать майку, рясу или для чего-то ещё. В одной келье, где я какое-то время жил, в каждом углу стояла толстая кривая палка. Я раздавал эти палки тем, кто ко

---

[3] Греческое слово «кавсокаливит» означает «сжигатель калив». Так называли афонского святого XIV в. преподобного Максима (память 13/26 января), который вёл подвижническую жизнь, часто переходя с одного места на другое, строя себе маленькие каливы-шалаши и затем сжигая их. — *Прим. пер.*

мне приходил, но потом понял, для чего они были нужны. В этой келье было много змей, и тот, кто жил там до меня, расставил по углам палки — чтобы не бегать и не искать их в случае необходимости.

Самое важное — держаться того, что проверено опытом. В противном случае уходит Предание и остаётся предательство[4]. Сравни слова «Предание» и «предательство»! Как же одно отличается от другого! Разве можно предательство Предания превращать в Предание? Сегодня некоторые монастыри делают что вздумается и считают, что это находится в рамках Предания. Так, по отношению к Преданию эти монастыри превращаются из хранителей — в предателей. Но если нет духовной чуткости, то как потом придёт духовное рассуждение? Ведь монашеству необходимо держаться иного пути. Ни марширующая солдатская колонна, ни рельсы общественной активности, ни производственный конвейер по типу фабрики или колхоза для нас, монашествующих, не годятся. Монашеству необходим монашеский, проверенный опытом путь, несущий на себе начертание — характер святоотеческого пути. Бывает, что святоотеческим называют и путь иной — ложный путь «теоретического монашества», названный святоотеческим потому, что идущие по нему начитались святых отцов, не имея при этом внутренней связи ни с отцами, ни с монашеством вообще.

Некоторые новые монастыри сегодня живут и действуют как благотворительные организации. Конечно, какое-то оправдание у них есть — они не нашли закваски. Но они могли спросить о монашестве в старых обителях. Когда после турецкого ига в Греции стали вновь возвращаться к жизни первые монастыри, то закваски тоже не было.

---

[4] У преподобного Паисия игра слов: παράδοση — предание; παράβαση — преступление, нарушение, попрание. — *Прим. пер.*

Баварские временщики[5] хотели уничтожить существовавшие обители и забрать их собственность. Стремясь уничтожить монастыри, они дошли до того, что издали распоряжение, чтобы монахи женились! Но, с другой стороны, и сами православные греки не захотели розыскивать старое монашество, чтобы увидеть, каким оно было, и вернуться к Преданию. Видя, что у монастырей есть коровы и телята, греки говорили: «Вот оно какое, это монашество! И коровы у них, и телята!» Однако все эти коровы, телята и поросята были у монастырей потому, что при турецком иге несчастные мирские люди отдавали в монастыри своё имущество, скот и тому подобное, чтобы уберечь его от турок. Больные, изувеченные люди приходили кушать монастырский хлебушек. В монастырях кормили убогих и нищих, туда стекались все несчастные. Благотворительных учреждений в те времена не было, и поэтому монахам приходилось возиться со скотиной — чтобы помогать людям. Но потом, когда у монастырей уже не было необходимости так много заниматься благотворительностью, они всё равно продолжали держать телят, коров и овец, продолжали заниматься всем этим животноводством. Тогда, видя это, многие духовные люди той эпохи начали показывать пальцем: «Полюбуйтесь, какое у нас монашество!» — и, обратив взоры на Запад, стали брать за образец монашество западного типа, с его уклоном в миссионерство. Стали подражать всему запад-

---

[5] В 1833 г. королём освобождённой Греции был избран несовершеннолетний баварский принц Оттон. Вместе с ним и его регентским советом в Грецию прибыло множество немцев, которые заняли подавляющее большинство руководящих мест в греческом правительстве, армии и экономике. Таким образом, в Греции начался период т. н. баварского засилья, которое во многих отношениях было для греков тяжелее, чем свергнутое турецкое иго. Конец баварскому засилью был положен 3 сентября 1843 г. — отменой абсолютной монархии и принятием Конституции Греции. Король Оттон и большинство баварцев были выдворены из страны. — *Прим. пер.*

ному. Они не обратились назад, к нашему собственному Преданию, чтобы, увидев, что произошло, и поразмыслив, сказать: «Ну ладно, все эти пережитки остались со времён турецкого ига. Тогда у монастырей не было возможности жить по-монашески так, как подобает. Эта болезнь со старых времён. Сейчас нам надо опять вернуться к Преданию». Нет, к нашему Преданию они не вернулись, а обратились к состоянию, в котором находятся монахи на Западе. Они взяли тамошние образцы, желая применить их здесь. Они не вернулись к Преданию, и в этом была их ошибка. Ведь даже турки с уважением относились к тому, что принадлежало Церкви, потому что и они многократно видели чудеса от наших святых. И в монастырях турки искали не радушного приёма, а Божественной помощи.

Люди опять вернутся к старому

Пройдёт время, и люди оценят то, что христиане хранят сегодня честь, веру и величие Церкви. Вот увидите — люди опять вернутся к старому. Ведь и с иконописанием произошло то же самое. Было время, когда византийского искусства понять не могли. Люди теслом сбивали со стен старые фрески, чтобы отштукатурить и расписать их заново — в стиле Возрождения. Сейчас, после стольких лет, за византийским искусством признали великую цену. Даже многие из тех, в ком нет благоговения, даже те, кто не верует в Бога, потихоньку возвращаются к старому и снимают со старинных, израненных теслом фресок скрывавшую их расписанную в западном стиле штукатурку. Точно так же люди потихоньку начнут разыскивать и то, что они выбрасывают как ненужное сегодня.

А посмотри, как возвращается всё на свои места в византийском церковном пении! Сейчас петь по-византийски выучились даже малые дети. Раньше было трудно найти человека, который знал бы византийское пение. А сейчас его знают малые дети, и взрослые, видя это, задумываются. А какие же у византийского пения красивые сладкие «завитушки»! Особенно в чисто византийских произведениях. Одни подобны тонкой соловьиной трели, другие — нежному плеску набегающей волны, третьи придают мелодии особую величавость. Все они передают и подчёркивают божественные смыслы. Вот только услышать эти красивые «завитушки» можно не часто. Большинство певчих пропевают музыкальные произведения не полностью, ущербно, шаблонно. В пении остаются незаполненные, дырявые места. А самое главное — поют, не следя за ударением. Удивляюсь: неужели в их певческих книгах нет ударений, подобно тому как их нет в нынешней грамматике? Большинство певчих поют совершенно поверхностно, одноцветно — как будто у них по нотам проехал дорожный каток и всё умял. Всё «па-ни-зо» да «па-ни-зо»[6], а толку никакого. Другие певчие выделяют ударные слоги, но без сердца и с визгом. Есть и такие, кто с силой выделяет слоги, но всё одинаково, топорно — словно гвозди заколачивают. Да, правда ведь: поют или совсем без ударения или выделяют ударением, но слишком жёстко. Такие певчие не воспламеняют, не изменяют тебя. А вот чистое византийское пение — насколько же оно сладостно! Оно умиротворяет, умягчает душу. Правильное церковное пение — это излияние вовне внутреннего духовного состояния. Это божественное веселие! То есть Христос веселит сердце, и человек в сердечном веселии говорит с Богом. Если певчий соучаствует в том, что поёт, то, в положительном смысле этого слова, изменяется и он сам, и те, кто его слушает. Много лет назад один старый певчий, приехав из мира на Святую Гору, опростоволосился. Святогорцы пели по-ста-

---

[6] Ноты византийской музыки.

ринному. Его поставили петь вместе с ними, но он пел без «завитушек», потому что не знал их. А святогорские отцы выучились им по Преданию. Уж потом-то и этот певчий, и некоторые другие начали в затылках чесать. У них появилась добрая обеспокоенность, они стали разыскивать, читать литературу, слушать старинных певчих, певших по Преданию. Таким образом, и эти певчие из мира стали петь с «завитушками».

Турки ведь тоже заимствовали свою музыку из Византии, когда пришли в Малую Азию. Поэтому турецкие народные песни берут слушающего за сердце. В народе даже говорят: «Пой песни по-турецки, разговаривай по-французски, а пиши — по-гречески». Не то чтобы все турки отличались хорошим голосом, нет. Но даже те турки, у которых нет хорошего голоса, поют с душой, с чувством. А некоторые греки, не зная, что турецкие народные песни происходят из Византии, говорят, что, мол, это мы заимствовали византийское пение у турок! Да когда турки пришли в Византию из азиатских глубин, у них не было ни музыки, ни пения! У них тогда вообще ничего не было. Они взяли свои мелодии из византийского церковного обихода.

— Геронда, а почему католикам по душе европейская гармония?

— Почему? Говорят, что такая музыка понятнее народу. А ты помнишь тех католических монахинь во Франции, что пели «Христос воскресе» и одновременно танцевали с иконой современный танец? Пасху справляли! А икону держала в руках сама настоятельница монастыря! Всё изменяли, подменяли одно другим — и видишь, до чего докатились в итоге! Как-то я услышал одного монаха, певшего славословие. Мелодия показалась мне несколько странной. «Что же он такое поёт?» — подумал я. «Чьё это ты пел славословие?» — спросил я его потом. «Петра

Пелопоннесского⁷, — ответил он, — только я его маленько подправил». — «Ты подправил славословие Петра Пелопонесского?!» — «Ну, а что, — говорит, — разве я не вправе это сделать?» — «Если хочешь, можешь написать своё собственное славословие, но не надо портить чужое!» Вот так — взял и изменил мелодию чужого славословия, а потом, небось, ещё и называл бы свой опус святогорским. Надо быть очень внимательным. Нельзя менять то, что создано раньше. Если хочется, можно создать что-то своё и дать ему своё имя. На это человек имеет право. Но брать старое и его видоизменять — это неблагоговение. Всё равно как если бы человек, не смыслящий в иконописании, хотел бы исправить старинную икону. Если ему так хочется, пусть напишет свою икону, но не уничтожает чужую.

Без веры мир не может устоять

Безбожные власти считали, что вера приносит обществу вред, и хотели её упразднить. Сейчас они потихоньку понимают, что если человек не верует, то у него нет тормоза и он становится зверем; они понимают, что человек не может устоять без идеалов. Как-то один журналист спросил старого политика-коммуниста: «На что нынешним политикам нужно обратить внимание, чтобы не потерпеть фиаско и преуспеть?» — «Мы потерпели фиаско, потому что пошли против Церкви», — ответил ему старый коммунист. То есть неверующие коммунисты, у которых нет ни материальной заинтересованности, ни духовных высот, поняли, что они не могут бороться с Богом. Сейчас⁸ в некоторых областях Сербии начали строить храмы. Югославские власти

---

⁷ *Пётр Пелопоннесский* (†1777 г.) — выдающийся сочинитель византийской церковной музыки послевизантийского периода. — *Прим. пер.*

⁸ Произнесено в июне 1985 г.

увидели, что там, где есть церковь, по статистике меньше душевнобольных, меньше преступлений и тому подобного. В Бога эти люди не верят, но для того, чтобы не пичкать людей таблетками от шизофрении, они строят им храмы. Даже Чаушеску, несмотря на то что был «бесстыдным капралом»[9], называл христианство «опиумом для народа» и произносил другую подобную хулу, одновременно говорил, что христиане — люди хорошие. Потому что те, кто веровал, имели «тормоза» и не устраивали беспорядков. А остальные, неверующие, разносили всё в пух и прах. А сколько святых воссияет нам из России! Сейчас коммунизму объявлена война. Но есть и такие, кто всему пытается найти оправдание. «Ленин и Маркс, — говорят эти люди, — были согласны со Христом, но не поняли Его духа и поэтому совершили преступления». Они говорят так потому, что христиане возвысили свой голос, заявили, что хотят вернуться к своему старому Преданию, к своей вере. И вот, будучи не в силах удержать народ в прежней узде, коммунисты тоже обращаются к нему с призывами: «Давайте вернёмся к нашему древнему Преданию!» Как будто коммунисты натворили дел во время и после революции, потому что они не поняли духа Христа!

Придёт время, когда не только верующие, но даже и неверующие поймут, что если нет веры, то мир не сможет устоять. Тогда они будут принуждать народ к вере во что-то, чтобы его сдерживать. Пройдут годы, и наступит такое время, что если в какой-то день ты не будешь молиться, то тебя станут сажать в тюрьму. Люди будут отчитываться перед правителем в том, помолились они или нет!.. Так всё встанет на свои места.

---

[9] Игра слов: фамилия политического деятеля, генерального секретаря компартии Румынии Николая Чаушеску (1918–1989) в греческой транскрипции омонимична словосочетанию «τσαούσης τοῦ αἴσχους», что буквально означает «бесстыдный капрал». — *Прим. пер.*

*После себя мы должны оставить
доброе Предание*

— Геронда, а отчего в некоторых областях, деревнях и сёлах родятся добрые люди?

— Оттого, что и прежде люди, жившие там, были добрыми. Они оставили после себя добрых потомков, и сейчас доброе Предание продолжается. А ты, видно, думала, что там просто земля на добрых людей такая урожайная? Нет, не в земле дело. Если в каком-то месте есть Предание — доброе или недоброе, то оно продолжается. В Эпире, возле албанской границы, была одна деревня, жители которой ходили в храм на вечерню, на Божественную Литургию — когда она совершалась. Ходили даже на повечерие. Эти люди — как бы это получше выразиться — жили в раю ещё в этой жизни, и, перейдя в жизнь иную, они тоже пойдут в рай. Они помогли и самим себе, и следующему поколению, потому что создали добрую преемственность. Когда потомки воспринимают доброе Предание, то доброе Предание продолжается. А невдалеке была ещё одна деревня. В ней все воровали. Из этой деревни вышел всего один священник, но даже он воровал из церкви иконы! Дело не в том, что в этой деревне была плохая земля, а в том, что у тамошних людей была плохая привычка. Так они оставили после себя плохих потомков, и это плохое предание продолжается. Чтобы в эту воровскую деревню пришло доброе Предание, необходимо положить много труда. И посмотри: если в каком-то месте живёт недобрый человек, то остальные жители стараются доказать, что он некоренной житель, докапываются до корней его родословной. А вот человека святого все наперебой стараются записать себе в родственники. Как святого Косму Этолийского — хотя он был родом из центральной Греции — поместили в собор эпирских святых, потому что его отец вёл своё происхождение из одной эпирской деревни. Так, волей-неволей стал эпирцем святой Косма.

Один мой знакомый, глава семьи, при разговоре, не переставая, нервно тряс указательным пальцем. Потом и его дети, рассказывая что-то, тоже трясли своими пальчиками. Ведь дети перенимают от отца все его привычки, они копируют их в точности. Но задача в том, чтобы перенимать только доброе. В противном случае зло затягивается надолго. Помню, как один юноша поступил послушником в особножительный монастырь, но там ему пришлось не по душе. «Подожди, чадо, — говорил ему его старец, — не уходи, всё изменится». — «Как оно изменится, геронда? — возразил послушник. — Ведь послушник старца такого-то — это его точная копия. Послушник отца такого-то тоже похож на своего учителя как две капли воды. Как же всё может измениться?» Если в монастыре или монашеском братстве есть какое-то застарелое зло и послушники, не проявляя доброй обеспокоенности, просто «снимают копию» с того, что они видят, то недоброе состояние становится хроническим. Если же послушники проявляют добрую обеспокоенность, то недоброе состояние может измениться на доброе. Так могут стать бесконечными добро и зло.

Я понял одно: всё, что у нас имеется — будь то святоотеческие или уставные традиции, — это поскрёбки по сравнению с тем, что было раньше. То есть всё это можно уподобить тем редким гроздьям, которые остаются в винограднике после сбора урожая. Поэтому мы должны быть внимательны, чтобы сохранилось немного закваски. Это наш христианский долг. Оставлять после себя недоброе предание мы не имеем права.

Несколько лет назад[10] разные богословы, университетские профессора, другие видные деятели собрались

---

[10] Произнесено в 1992 г.

в Женеве на «предсоборное совещание». Рождественский и Петровский посты они решили упразднить, а Великий пост сделать на пару недель короче — поскольку народ всё равно не постится. В этом совещании принимали участие и наши профессора. Когда, вернувшись оттуда, они приехали ко мне и стали обо всём этом рассказывать, я пришёл в такое негодование, что даже накричал на них. «Понимаете ли вы, что творите? — говорил я. — Если кто-то болен, то он имеет оправдание есть скоромное в пост — общие правила на него не распространяются. Если кто-то съел в пост скоромное не по болезни, а по духовной немощи, то он должен просить: „Прости меня, Боже мой", он должен смириться и сказать: „Согреших". Такого человека Христос не станет казнить. Однако если человек здоров, то он должен поститься. А тот, кто безразличен, всё равно ест всё, что хочет, и его ничего не волнует. Всё и так идёт само собой. Действительно, большинство не держит постов, не имея на это уважительной причины. И мы, желая угодить этому большинству, хотим вообще отменить посты? Но откуда мы знаем, каким будет следующее поколение? А вдруг оно будет лучше, чем нынешнее, и сможет относиться к тому, что заповедует Церковь, без компромиссов? По какому же праву мы будем всё это отменять? Ведь всё это так просто! У католиков пост пред Святым Причащением продолжается один час. Что, будем поддаваться тому же духу? Будем благословлять свои слабости и падения? Но ради наших слабостей мы не имеем право перешивать христианство на собственный аршин. Даже если хранить установленный чин могут немногие, ради этих немногих он должен быть сохранён. Если больной человек оказался среди чужих, то пусть он ест скоромное так, чтобы другие его не видели и не соблазнялись. Пусть купит себе какой-нибудь сметаны и скушает её у себя в комнате». — «Это лицемерие», — ответил мне один из этих профессоров. «Тогда почему, чтобы быть более искренним, ты не идёшь на площадь и не грешишь на ней?» — спросил я его в ответ. В каком же свете выставляет им всё это диавол! Мы создаём своё собственное «православие» и в духе этого «православия» истолковываем святых отцов и Евангелие. В нашу эпоху, когда такое множество образованных христиан, Православие должно было бы ярко сиять! Да тут вон один святой Никодим Святогорец[11] сколько всего успел! Сколько он написал слов, сколько книг! Собрал жития всех святых! Все библиотеки преподобный знал до последней запятой, хотя ни ксерокса, ни компьютера у него не было.

Человек должен, насколько это возможно, стать правильным христианином. Тогда у него будет орган духовного чувства, тогда он будет испытывать большую или меньшую боль за Православие и Отечество и осознавать свой сыновний долг по отношению к ним. Находясь в таком состоянии и узнав о каком-то событии, христианин проявляет участие, беспокоится, молится. Однако христианин, которого надо то и дело подталкивать: «Сейчас поинтересуйся-ка вот этим, а потом — вот тем-то», похож на квадратное колесо, которое, чтобы оно двигалось вперёд, тоже надо постоянно толкать. Задача в том, чтобы подталкивание шло изнутри самого человека. Тогда он будет катиться гладенько — подобно круглому колесу. Если человек становится правильным христианином, если подталкивание

---

[11] *Преподобный Никодим Святогорец* (1749–1809) был одним из наиболее образованных людей своего времени. Сочетал исключительные способности к наукам с неповреждённой чистотой Православной веры. С 1775 г. подвизался на Святой Афонской Горе. Здесь им было написано множество книг, составляющих золотой фонд православного богословия и аскетики. При непосредственном участии преподобного Никодима были отредактированы и подготовлены к изданию «Добротолюбие», «Эвергетин» и другие святоотеческие творения. На русский язык большинство из творений преподобного Никодима до сих пор не переведены. День памяти 14 (27) июля. — *Прим. пер.*

исходит из него самого, то потом Бог извещает его даже больше и шире, чем того, кто читает газеты. Такой человек узнаёт не только то, что пишут, но и то, что собираются написать. Вам это понятно? К человеку приходит Божественное просвещение, и все его действия просвещены.

Мы не имеем права растерять в наши дни то великое наследие, которое оставил нам Христос. Мы дадим ответ Богу. Мы, маленький греческий народ, уверовали в Мессию, нам дано благословение просвещать весь мир. За сто лет до Пришествия в мир Христа Ветхий Завет был переведён на греческий язык. А что перенесли первые христиане? Они то и дело подвергали опасности свою жизнь. И какое равнодушие царит сейчас! Разве можно быть равнодушным сегодня, когда мы можем просветить народ безболезненно, без опасности для жизни? А знаешь, что перенесли наши предки ради того мира, в котором мы живём сейчас? Знаешь, сколько людей пожертвовали собой? Если бы они не принесли себя в жертву, то сейчас у нас не было бы ничего. И вот я сравниваю: как тогда, подвергая опасности свою жизнь, они хранили веру, — и как сейчас, не подвергаясь никакому давлению, люди уравнивают всё! Те, кто не терял национальной свободы, не понимают, что это такое. «Боже, сохрани, чтобы не пришли варвары и не нанесли нам бесчестия!» — говорю я этим людям, а в ответ слышу: «Ну и что мы от этого прогадаем?» Ты только послушай! Да чтоб вам было пусто, негодные вы люди! Такие вот они, человецы нынешние. Дай им денег, автомобилей — и на веру, честь и свободу им будет наплевать.

Своим Православием мы, греки, обязаны Христу и святым мученикам и отцам нашей Церкви. А своей свободой мы обязаны героям нашего Отечества, пролившим за нас свою кровь. Это святое наследие мы обязаны чтить. Его мы должны сохранить, а не растерять в наши дни. Будет обидно, если погибнет такой народ! И сейчас мы видим, как Бог собирает людей персональными повестками, подобно тому как рассылают такие повестки военнообязанным перед началом войны. Бог делает это для того, чтобы что-то сохранилось, для того, чтобы спаслось Его создание. Бог не оставит нас, однако и мы должны делать то, что можно сделать по-человечески. А о том, что по-человечески сделать нельзя, мы должны молиться, чтобы подал Свою помощь Бог.

УКАЗАТЕЛИ

УКАЗАТЕЛЬ ССЫЛОК НА СВЯЩЕННОЕ ПИСАНИЕ

Ветхий Завет

Быт.
- 4:2–15 245
- 4:3–7 215
- 4:14–15 298
- 5 175
- 5:4 298
- 5:32 и далее 133
- 12:1 242
- 18:21 53
- 37:20 и далее 97

Исх.
- 1:13–14 216
- 13–15 206
- 20:12 301
- 32:1–6 . . . . 126, 243

Числ.
- 20:10 358

Втор.
- 7:2 и далее 297
- 22:5 314

Нав.
- 6:23 32
- 10:11 122
- 13:1–2 122

Суд.
- 3:1–4 122
- 16 278

3 Цар.
- 9:1–9 122
- 11 278
- 11:7 51
- 18:17–40 124
- 19:13–18 229

4 Цар.
- 7 129
- 24 и далее 123

Иов. 90
  38:14. 329

Пс.
  16:15. 79
  18:2 141
  36:16. . . . . 90, 373
  36:35–36 107
  89:10 175
  103:24. 139
  105:37. 297
  110:10 29
  150:5. 206

Притч.
  23:26. 76

Ис.
  3:6 34
  26:15. 108
  42:3 352

Дан.
  3:47 253

2 Мак.
  1:19–22 43

Новый Завет

Мф.
  2:15 323
  5:13 86
  5:40 98
  5:41 255
  6:33 . . . . 193, 221
  8:20 85
  8:32 255
  12:20. 352
  16:24. 40
  16:26. 75
  18:15. 292
  18:17. 357
  19:29. 253
  21:44. 351
  24:44. 371
  25:1–13 . . . . 135, 222

Мк.
  9:44 91

Лк.
  8:26–33 55
  9:58 85
  10:40. 222
  11:34. 271
  12:13. 221
  12:20. 188
  19:26. 52
  23:34. 115

Ин.
  5:41 358
  5:44 362
  7:24 256
  8:32 236
  8:46 352
  16:11. 73
  17:1 и далее 362

Деян.
  2:3 325

Рим.
  1:24–32 48
  12:14. 108
  13:7 . . . . 98, 292

Указатель ссылок на Священное Писание

1 Кор.
  3:16 359
  8:1 231

2 Кор.
  6:10 253

Гал.
  3:8 278
  5:22–23 225

Еф.
  5:6 126
  5:33 289
  6:12 73

Флп.
  3:8 358

2 Фес.
  3:10 262

2 Тим.
  3:13 362

Евр.
  10:31 351
  11:38 189
  13:8 381

Откр.
  12:12 31
  12:6 85
  15:7 150
  16:14–16 221
  22:11 44

ИМЕННОЙ УКАЗАТЕЛЬ

Аарон, первосвященник 243
Августин Филофейский, старец 279–280
Авель, праотец 245, 298
Авраам, праотец 242
Адам, праотец 70, 298
Али-паша 44
Аркадий, сын императора Феодосия 244
Арсений Великий, прп. 87, 162, 196, 244, 253
Арсений Каппадокийский, прп. 11, 13, 14, 35, 113, 154, 307, 337, 339
Арсений Пещерник, старец 309
Афанасий Афонский, прп. 163–164, 347
Василий Великий, свт. 18, 239
Власий Склавенский, св. 13
Гавриил, архангел 326
Гагарин Ю. А. 141
Георгий II, король Греции 182
Георгий, вмч. 281, 326
Геронтий, прп. 217

Гитлер А. 44
Гонорий, сын императора Феодосия 244
Давид, царь, пророк 229
Дарвин Ч. 329
Димитрий, патриарх Вселенский 230, 307, 349
Диоклетиан, Римский император 67
Евагрий, авва 68
Ева праматерь 298
Евфимия Всехвальная, вмч. 13
Екатерина, вмц. 325, 326
Екатерина, вмч. 13
Елисей, пророк 129–130
Зервас Н. 168
Иисус Навин, прав. 122
Илия, пророк 124–125, 229, 359–358
Иоанн Предтеча 118, 283
Иов Многострадальный, прав. 90, 329
Иосиф Киприот, афонский старец 169

Иосиф Прекрасный, праотец 97
Ирод Великий, Иудейский царь 67
Исаак Сирин, прп. 12, 13, 112, 173, 288
Исидора, блж. 304
Исидор Эсфигменский, монах-столяр 210
Иуда 71
Каин 215, 245, 298
Кирилл Иерусалимский, свт. 36
Косма Этолийский, равноап. сщмч. 142, 196, 349, 396
Ленин В. И. 395
Лукиллиан, мч. 13
Макарий Великий, прп. 65, 244
Маккавеи, мчч. 35
Маркелла Хиосская, мц. 281
Маркс К. 395
Маро, царица Сербская 183
Мартиниан, прп. 280
Марфа и Мария, свв. 222
Мина, старец из скита святой Анны 376–377
Михаил, архангел 326
Моисей, пророк 243, 347, 358–359
Муссолини Б. 44
Навуходоносор, Вавилонский царь 123

Никодим Святогорец, прп. 250, 252, 399
Николай Чудотворец, свт. 326
Нилевс Камарадос, церковный композитор 200
Ной, праотец 133, 175
Пантелеимон, вмч. 13
Папаниколау Харалампос, церковный композитор 200
Пахомий Великий, прп. 185
Пётр Пелопонесский, церковный композитор 394
Рафаил Лесбосский, мч. 281
Самсон, судия Израильский 278
Седекия, царь Иудейский 123
Сиф, праотец 298
Соломон, царь Иудейский 122, 278, 309
Тихон, старец 216, 219, 314
Трифон Капсальский, старец 221
Феодосий Великий, Византийский император 244
Филипп, апостол, диакон 286
Фотиния-пустынница, прп. 195

ТЕМАТИЧЕСКИЙ УКАЗАТЕЛЬ

А

ад
  начинается уже в этой жизни 52
Америка
  в ней можно разбогатеть, но духовно разориться 328
  как там достигают счастливой жизни 175
  есть там верующие люди 230
  что американцы оставили на Луне 141
армия
  не уклоняться от службы 265
аскеза (подвиг)
  с эгоизмом — приносит беспокойство, а со смирением — радость 176–178
Афониада
  отличие воспитанников Афониады от мирской молодёжи 270–271

встречается и здесь неуважение к старшим 295

Б

бдение
  «на два клироса» 63
бедуины 157
беды (несчастья)
  по каким причинам бывают 111–112
  следствие удаления от Бога 121–122
безмолвие
  внешнее приводит к внутреннему 199
  в общежительном монастыре 199, 202
  полезно в праздники 372
  стяжать его среди внешней суеты 207
беснование
  детей 299–300

устранить его причину, покаяться 58
бесстыдство
судить Бога 296
вмешиваться в дела старших 291, 294–295
вольное обращение 287–290
современной молодёжи 293–296
современных детей 292–293
благоговение
в сочетании с неведением — большое зло 228
благодарность
испытывают бедняки 165
благодать
ей препятствует неуважение к старшим 299–300
когда приходит в сердце 78–79
уходит благодать — приходят бесы 52
благословение
сила родительского благословения 114
сказанное от сердца — исполняется 118–120
Бог
красота и премудрость Его творения 139–142
для Него нет затруднительных положений 131
оберегает грешный мир 41
даёт земле дождь и воду 130–132
всё, попускаемое им, человеколюбиво 124
ищет нашего сердца 76
чтит свободу человека 40, 133

без Бога человек мучается 50–51
не помогает лентяям 261
помогает, когда человек сделал, что мог 401
будет судить людей разных эпох не одинаково 284
Богородица
Её помощь 120, 135
Её помощь и вразумление 217–218
чудо от Её Пояса 121
читать Ей каноны из Феотокариона 250
богословие
даруемое Святым Духом 234, 236
приступать к нему со смирением 237
современные «богословы» 326
богохульство
судить Бога 296
теории эволюции 330
болезни
от греховной жизни 123
от комфорта 164–165, 167–169
от современной цивилизации 143
от проклятия 110–111
не лежать в постели 168–169
боль *см. также* **страдания**
о мучающихся людях 32
о погибающем мире (людях) 30
о человеке — низводит на него благословение Божие 118

В

вера
  необходима современному миру 394–395
  опора современного человека 33
  Бог не делает людей верующими вынужденно 133
  вера и «здравый смысл» 246–247
  монах должен иметь доверие Богу 377
  неверие — причина грехов 53

Ветхий Завет
  ветхозаветный закон не был жесток для людей того времени 125
  запрещает женщине носить мужскую одежду, и наоборот 315, 316
  повеление изгнать хананеев 297

вечность
  о ней не думают те, чьё сердце в мирской радости 80

вещи
  не пленяться их красотой 77
  пользоваться простыми и прочными вещами 76, 182
  сегодня непрочные, халтурные 101–102, 144, 157

Византийское искусство
  сегодня возрождается 391

власти (власть имущие, высокодолжностные) *см. также* **политики**
  допускают зло 29–30
  некоторые расположены по-доброму 133
  молиться об их просвещении, т. к. многое зависит от них 35–36

внешний вид *см. также* **одежда**
  длинноволосые мужчины бесчестят себя 309–310
  косметика — пятна на образе Божием 317–319
  серьги, цепочки, украшения 310–312
  внутренняя чистота красит и внешний вид 313
  недостатки и увечья помогают в спасении души 319

вода
  нехватка и изобилие её — от Бога 130–132
  святая 247

воздаяние
  за терпение несправедливости 97
  не желать обидчикам воздаяния 115

война
  на войне видна Божественная справедливость 93–94

волосы *см.* **внешний вид**

вор
  лишён покоя 52

времена
  грядут нелёгкие времена 43
  тяжёлые — длятся не более трёх поколений 43
  трудны и опасны, но победит Христос 33–34
  подвижник нашей эпохи увенчается больше 37, 43, 48

Г

гордость
  это испорченная логика 248
  стремиться к высшим санам 359
  малообразованного человека — не имеет оправдания 239

государство
  способствует нравственному разложению детей 270, 273

грех
  вошёл в моду 47–49, 102
  начинается с неверия 53
  любовь к мирским вещам 77
  смертные и не смертные грехи 56
  у которого нет смягчающих обстоятельств 89
  наказание за грехи родителей 94–96
  не выставлять на позорище чужие грехи 354–355, 357

грехопадение прародителей
  Бог знал, что оно произойдёт 40
  житель дворца оказался за его воротами 51
  утрата дара проницательности 160

Греция
  греческий народ не должен быть равнодушным 400
  Элладу хотят уничтожить 325

греческий язык
  современное состояние 323–324
  древнегреческий — язык Священного Писания и догматики 324

Д

девы
  мудрые и юродивые 222
дела
  духовные — на первом месте, материальные — на втором 378
  не хвататься за много дел сразу 209–210, 221
дети *см. также* **школа, родители, семья**
  чистые магнитофонные кассеты 339
  пока маленькие, «пропитать» их благочестием 286
  давая свободу, делают их бунтарями 269–270, 273, 300–301, 331
  их уводят от Церкви 331
  как должны принимать родительский ремень 301
  как относятся к родителям, так и к ним будут относиться их дети 302
  добрых родителей — бывают неблагодарными 303
  богатых родителей 165
  бесстыдство современных детей 292–293, 299–300
  из-за комфортной жизни становятся инвалидами 168
  из-за неразумной родительской любви становятся ни к чему не пригодными 268–269

из-за телевизора стали ненормальными 159–160
их скромность и любовь по отношению к родителям 288

диавол (лукавый, тангалашка)
как он выглядит 64
бессилен 62–63
бунтарь 300
то как умный, то как дурак 66
как хочет спастись без покаяния 71
не хочет покаяться, чтобы стать ангелом 69–70, 72
мучается больше всех 51, 70
ринулся губить мир 31, 42–43
в каком смысле «миродержитель» 73
делает зло, если попускает Бог 67–69
без разрешения Христа не мог войти в свиней 55
делает зло, если мы даём ему права 56, 57–58
извне командует человеком 56
не знает наших добрых помыслов 64–65
не уважает свободу человека, обманывает 40
использует все поводы, чтобы навредить 59–60
использует юношеский возраст 277–278
как сегодня подталкивает к ереси и расколу 231
подталкивает к превышающим силы подвигам 177–178
не «посылать» никого к диаволу 113–114
что сокрушает его 62–63, 66, 71–72

добро
доброму подражать тяжело, а злому — легко 39–40
сегодня мало добра и обилие зла 37–38
из зла Бог делает большее добро 67
оставлять после себя добро 397

духовная жизнь
подготовить себя к принятию Духа Святого 234
внутреннее очищение, а не показное благочестие 82
лишена мирского здравого смысла 246–247
трудиться не умом, а сердцем 179
много работы и попечений — помеха духовному деланию 215–219
сравнивать себя со святыми, а не с мирскими 38–39
тревога при духовном делании — от диавола 177–178
действие духовных законов 95–96, 112, 117, 135, 302

Дух Святой
на кого снисходит 56, 105, 234
католики Его отбросили 247

Е

европейский дух (европейцы, запад) 81, 87, 157, 167, 227, 230, 243, 250, 257, 327, 383, 386

еретики
не молиться вместе с ними 384
не поминать на проскомидии, но молиться об их просвещении 367

Ж

женщины
легко отдают сердце суетным вещам 77
их вызывающий внешний вид 305
уродуют себя косметикой 317
в брюках — как к ним относиться 314–315

жертвенность
раньше была, сегодня — нет 266–267

жизнь
имеет смысл, когда готовимся к жизни иной 221
почему во времена Ноя жили долго 175

З

зло *см. также* **добро**
для чего попускает Бог 67–68
то, что пленяет сердце, отрывая от любви ко Христу 76
злоба доставляет мучения 51
идёт вперёд потихоньку 74
исправлять добром 355

знания *см. также* **наука**, **образование**
поднимают на Луну, но не к Богу 235
могут помочь в духовной жизни 232, 235
должны сопровождаться смирением и страхом Божиим 240
без Божественного просвещения — катастрофа 228–229, 231, 235
в сравнении со святой простотой 233

И

иконопись
возвращение к византийской иконе 391
не исправлять старинную икону 394

имена
сегодня искажают христианские имена 380

инославные *см. также* **еретики**
не видят в нас преемников святых отцов 385
можно ли объединиться в одну религию 384

искушения
попускаются Богом, если ведут к добру 67–69
их нет там, где есть смирение 71

исповедь
лишает диавола прав над человеком 57–58
ограждает от порчи 93
освобождает от порчи 109

К

католики
до чего дошёл их рационализм   247
их пост перед Причащением   398
умаляют великих святых   326
католические монахини   87, 393
не поминать их на проскомидии   367
папа Римский — не то же, что патриарх   363
возвращаются в Православие   230, 385

колдуны
колдовская порча: чем обезвреживается   57, 62, 93
почему сбываются их предсказания   66

коммунисты
даже они понимают необходимость веры   394
продержались три поколения   43

комфорт
порождает трудности   192
не приличествует монаху   162

крайности
проблему не решают   355–356

красота
внешняя — суетна   75
не гнаться за ней   184–186

кремация
неуважение к человеку, Преданию   147–149

Крест
оружие на диавола   62–63
что хранит человека лучше частицы Креста Господня   94

культура   *см. также* **образование**
без Бога приносит вред   142–144

Л

лень
Бог не помогает лентяям   261

Литургия
страшное таинство   365
освящает человека   380
к совершению Литургии нужно внутренне приготовиться   368
входные молитвы священника   366
проскомидия   366–367
на Литургии должен быть хоть один причастник   365
должна быть закончена   369

лишения
полезны человеку   165–166

ложь
в экономических отношениях   100–102

лукавство
не есть острота ума   225

любовь
и смирение — самый лёгкий способ спасения   72
присутствует в уважении   289, 291–292

люди (в миру)   *см. также* **мир, молодёжь (молодые люди)**
все — дети одних родителей   298

в бедах, страданиях 32
в болезнях 143
в духовной и физической опасности 35, 41
в спешке, тревоге 29, 145, 146–147, 172, 174, 188, 209
гонятся за лёгкой жизнью 260
живут по закону греха 47–49, 53, 382
изолгались 100–102
ищут повода оправдать свои грехи 352, 375
как встречают церковные праздники 371
надеются на свои достижения, а не на Бога 126–128
не понимают дух святых отцов 253
отошли от Бога и лишены Его утешения 50, 173
подвергаются бесовским воздействиям 55–56
работают по воскресеньям и праздникам 373, 379–380
своими достижениями портят мир 143–144
с развитием техники их сердца стали железными 155–156
судят всех, и даже Бога 296–297

М

марксисты 330
мир
   Бог оберегает его 41
   его гибельное состояние 30, 31, 33, 37–38, 41

красота мира суетна 75, 78
нуждается в свете монахов 86–87, 135, 352
мирской дух
   как проявляется у духовных людей 82, 348–349
   как проявляется у монахов 83–84, 347
   постепенно проникает в жизнь 74, 88
молитва
   о людях в миру 32, 35–36, 249
   о дожде 132
   об урожае 154
   за бесов 70
   не напрягать голову 248
   мешает ли ей шум 200–201
   когда нет сил помолиться вечером 176
   не мешать чужой молитве 202
молитва Иисусова
   во время работы 213–214
   не оставлять её 202–203, 219, 220
молодёжь (молодые люди)
   по сравнению с прежней
   – бунтари 274–275
   – нецеломудренные 282
   далека от Церкви 272
   живёт нецеломудренно 277, 281
   от всего устала, ничего не хочет 262, 270
   бесстыдство и неуважение старших 292–294, 299
   покланяется сатане 270
   их внешний вид 309–311
   отчего становятся бродягами 312

по каким побуждениям идут в монахи   263–264
подходить к ней с любовью   285, 313
монастырь
  должен управляться собором старцев   363–364
  должен стать удерживающей силой   306
  должен ограничиться необходимым, не заводить лишнего   98, 163, 186
  не гнаться за внешней красотой   185–186
  не пользоваться шумной техникой   197–198
  хранить безмолвие   201–202
  не торговаться с трудящимися в монастыре   99
  в монастырях не работали по праздникам   374–375
  помогал бедным в старину   164, 183–184
  цвет, приличествующий монастырю и монаху   180
  некоторые живут вне монашеского предания   389–391
монах
  пришёл в монастырь, чтобы освятиться   213
  его цель — стать ангелом   221
  его дело — молиться   132, 219, 377
  должен размышлять, ради чего ушёл из мира   87
  должен жить беднее, чем жил в миру   161
  должен иметь доверие Богу   377
  его жизнь — свет мирянам   84, 86, 135, 352
  его обеты выше мирских присяг   99–100
  нет ему оправдания, если не ведёт духовную жизнь   220–221
  не должен стремиться к удобствам   162–164, 169–171
  много собранных вещей губят его   181
  простота его жизни и вещей   180–181, 185–186
  работа не должна мешать его духовному деланию   215–220
  каждую седмицу живёт как Страстную   371
  как должен проводить праздничные дни   375–379
  чем его пытается обессилить диавол   343
  новопостриженный великосхимник первую неделю должен безмолвствовать   372
  ношение рясы и мантии   347–348
  отличие его служения от священнического   345
  и его родители   115
  по каким причинам сегодня идут в монахи   263–264
  получится ли монах из бесстыдного ребёнка   293
монашество
  сегодня должно сиять духовно   86–87

проникается мирским духом   83–85, 154, 162, 295–296, 347
монаешское Предание: уважать и хранить его   387, 389, 391
мусульманство
  позволяет грех и обещает рай   49
мученики
  доверяли святым отцам   383
мученичество
  желание мученичества   43
наказание Божие
  за несправедливость   91–92, 93–94, 106–107
  за грехи предков   94–96
  в Ветхом Завете — соответственно жестокости людей   125

Н

наука   *см. также* образование
  не может объяснить чудес   247
  плоды её прогресса   142–143, 150–151
  приносит и пользу, и муть   232
неведение
  в сочетании с благоговением делает большое зло   228
несправедливость
  поступающие несправедливо потом страдают   89–96
  по отношению к себе — принимать с добротой   115
  терпение несправедливости доставит прибыль   96–97, 105–107

в рыночно-финансовых отношениях   98–102
на работе   102–104
Новый Завет
  современные переводы   323

О

обеспокоенность добрая   187, 232, 293, 385, 397
обида
  негодование обиженного терзает душу обидчика   90–91
  простить обидчиков   115–116
обличение
  как и когда высказывать   354
образование
  необходимо освятить   235
  использовать для внутреннего образования   232, 241–242
  развивает самомнение   239
  образованный: гордый или смиренный   239
  система образования сегодня   325–326, 328, 332–335
  западное образование   326–328
одежда
  вызывающий внешний вид людей   305–306
  пёстрая — не скромна   307–308
  подобающая для посещения монастыря   315
  с изображениями святых   307
  тёмная — помогает убежать из мира   308

цвет, приличествующий монахам   180
оправдание
своих грехов современными людьми   39, 48, 49, 98, 352
на Страшном Суде нечем будет оправдаться   222, 352
ответственность
высокого сана — не стремиться к ней   359–360, 362
отчитка
без покаяния не поможет   58, 93

П

Пасха
встречать её каждое воскресение   371
патриарх
первый среди равных   363
пение
правильное пение воздействует на душу   392
красота византийского пения   391–393
не изменять старые мелодии   394
по Преданию   393
тихое псалмопение — когда вокруг шумно   200
пища
сегодня не здоровая   143–144, 145–146
каждому овощу и фрукту своё время   145
плата (налоги)
не мошенничать   98–100

подвиг
Христос не требует от нас великого   280
покаяние
должно быть не поверхностное, а настоящее   133
отменяет гнев Божий   133–135
лишает диавола прав над человеком   57
освобождает от проклятия   109, 111, 114
возможно ли для диавола   69–70
поклоны
в праздники делать келейно   376
политики
признали своё бессилие   33–34, 394
помыслы
добрые
– извлекают из всего пользу   208
– лекарство от осуждения   258
– лекарство от рассудочности   256
– помогают отражать искушения   206–207
– противоядие от шума   203–205
наши добрые помыслы не известны диаволу   64–66
не беседовать с тангалашкой   61
попечения
удаляют монаха от Бога   215–219
от многих забот забывают Бога   214–215

порча
кому может навредить 93

послушание
есть свобода 273
не выходить за его пределы 219

посты
не отменять, не укорачивать 398

православие
каков православный дух 364
обязанность каждого православного 385

православные
есть ещё на Западе 229–230
православный народ хотят уничтожить 325

праздник
как пережить его духовно 370–372
нельзя работать в праздник 372–379

Предание
доверие к установлениям святых отцов 383
монашеское: благоговение перед опытом и вещами прежних отцов 386–389, 393
доброе Предание рождает добрых людей 396
сегодня принимают за сказки 382

пример
имеет огромное значение 352
доброго примера мало сегодня 37–39

природа (окружающая среда)
её загрязнение и разрушение 149–153

причащение
исцеляет того, кто подвизается 368
пример благоговейного причащения 258, 366
за Литургией должен быть хоть один причастник 365
католики исследовали в лаборатории 247

проклятие
проклинающий подобен убийце 109
когда имеет силу 108, 109–110, 111
родительское — сильно действует 112–114
как освободиться от него 109, 111, 114–115

пророки
страдали больше мучеников 30

пророчества преподобного Паисия Святогорца 33, 355, 391, 395

просвещение Божественное
приносит духовное рассуждение 227

простота
жизни и вещей — приносит радость 180, 182, 187–188, 190–191, 193
люди жаждут простоты 312–313
отличается от вольного обращения 288, 289
отличается от лукавства 225
противоположна мирскому духу 81

священных облачений 349–350
творит чудеса 233
Псалтирь
ежедневное чтение 106
написана с помощью Божественного просвещения 228–229
псалом 1 — когда читать 154
псалмы 28, 36, 93 — когда читать 35
психиатры
не могут помочь 172–173
птицы
как помогают друг другу 140–141

Р

работа *см. также* **труд**
без спешки, с молитвой 212–213
быть честным в своей работе 103–104
как творить молитву при интеллектуальной работе 213–214
не работать в праздники и воскресенья 372–380
отдавать ей руки-ноги, но не сердце 210–212
от многой работы забывают Бога 215–219
радость
мирская радость — непостоянна 78–79
её не может быть у воров, обидчиков 52
чему радоваться 249

рай
начинается уже в этой жизни 52
рассудок
ищет выгоды, а не любви 255–256
мешает сердцу 250, 252
удалённый от Бога приносит зло 232, 236
утомляется, если не даёт действовать Богу 248–249
здравый смысл (мирской) препятствует духовному развитию 246–249, 256
добро, сделанное от рассудка, не приносит радость 251
использовать правильно 244
не доверять своему рассудку 226, 228
перестать мыслить рационально 252
чтение, помогающее освободиться от рассудочности 252
рассудочное толкование Св. Писания и событий 253–255
рассудочность
болезнь интеллигенции, европейцев 257
рассуждение
результат освящения ума 226–227
когда используем неправильно 259
рачение
сжигает всякую похоть в человеке 279

религия
  возможно ли всем объединиться в одну религию   383–384
родители
  должны помочь детям духовно, пока те ещё маленькие   286
  дают ремня от любви   301
  многодетные — достойны похвал   340
  горе-родители   302
  их нерассудительная любовь к детям   268
  сила их благословения   114
  сила их проклятия   111–114
  сила материнской молитвы   271
  вся основа в матерях   293
Россия
  зло там продержалось три поколения   284
  из неё воссияет много святых   395
  роль верующих матерей в России   293
рукоделие   *см. также* **работа**
  не заниматься им в воскресения и праздники   376
ряса
  носить её монахам и священникам   347–348

С

самомнение   *см. также* **гордость**
  «великая идея» о самом себе   239

сан
  не стремиться к высокому сану   358–360, 362
сатанизм
  поклонение сатане среди молодёжи   270
свобода
  дар Божий человеку   40
  использовать её во благо   245
  когда она — катастрофа   273, 301
  что есть духовная свобода   273
своеволие
  отсечь его ради Божественной благодати   78
святые
  где и как они жили (в отличие от нынешних монахов)   85
  их жития слушать стоя   372
  помогают нам   41, 371–372
  следовать их примеру   36–37, 38–39
священник (священство)
  вожак и пастух стада   346–347
  чем помогает людям   344–345
  чем должен отличаться   369
  какого священника почитают люди   343
  каким должно быть его облачение   349–350
  должен носить рясу   347–348
  должен работать над собой   344
  должен часто служить Литургию   368
  недостоинство священников — не вина Христа   353

запрещённый — не лишен священства 350
имеющий канонические препятствия 350–351
отличие его служения от монашеского 345
священство — не средство для спасения 341, 358
священства избегали святые отцы 360
по каким причинам принимать священство 342–343
чем искушает священника диавол 343
молодые священники на руководящих должностях 364

Священное Писание (Евангелие)
когда что-то в нём не понимаем 237
рассудочные толкования неочистившегося человека 253–255

Священный Синод 363

сглаз
зависть со злобой 116–117

сектантство
еретики-«евангелисты» 353

семья
образ хорошей семьи 288
отношения мужа и жены 289

сердце
не отдавать материальному, а только Христу 76, 210–211
освободить его от власти рассудка 251–252
лекарство, чтобы заработало сердце 250

сионисты 43

скромность
приносит радость 288–289

слава
стремление к человеческой славе — безумие 358, 361–362

смерть
помнить, что умрём и, возможно, насильственной смертью 164
желание умереть за Христа 44
восхождение души после смерти 58
умерший не может «пересдать экзамен» 69

смирение
даёт мудрость, просвещает ум 237, 238
может быть у образованного и высокопоставленного 239
привлекает благодать 79
привлекает помощь Божию 132
самый лёгкий способ спастись 72
сокрушает диавола 63, 66, 71
у людей, не имеющих острого ума 244

соблазн
не быть поводом для соблазна 98, 349, 350, 353, 375, 398

Соборы
устраивают жизнь Церкви 363

совесть
  обличает грешников   49–50, 52, 91
старательный
  преуспеет везде   264
страдания
  виновных и невиновных людей   123
  несправедливых людей   89–95
  уменьшают адскую муку   112
страсти
  трещины, через которые входит диавол   59–60
  чтобы избавиться — проявить выдержку, смириться   60
  наследственные страсти   61
Страстная седмица
  переживать её каждую седмицу   371
  как проводить Великий Пяток   372
страх Божий
  в скромности   288
  в страхе — почтение, в почтении — любовь   289
Страшный Суд
  в День Судный нечем будет оправдаться   98, 352
  кто будет иметь смягчающие вину обстоятельства   222, 225
суета
  порабощённые суете — под властью диавола   73
суждение
  выносить суждение — дело страшное   259
  мирское суждение ошибочно   258

судить Бога — бесстыдство и богохульство   296–297

Т

творение (тварный мир) *см. также* **природа**
  должно возводить нас к Богу   141
  прекрасно и премудро устроено   139–142
телевидение
  принесло огромный вред   159–160, 336
тело
  кто бережёт честь своего тела, того бережёт Бог   94
теория эволюции   329–330
терпение
  несправедливости   97
  нетерпеливость современных людей   145
техника
  вносит в жизнь шум   194–195, 197–198
  сделала сердца железными, принесла тревогу   155–158
  технические средства оболванили человека   336
  не увлекаться техническими средствами   162–163
тишина
  как разрушается современной цивилизацией   194–198
  необходима человеку   202
тревога
  от недоверия Богу   179
  от сложной и безбожной жизни   172–173, 174, 191–192

от тщеславного подвижничества 177–178

труд *см. также* **работа**
когда будет иметь благословение 378
без труда нет внутреннего спокойствия 166, 174, 262
люди стремяться иметь всё без труда 260

турки
заимствовали византийское пение 393
притесняли православных в Малой Азии 337–339
уважали Церковь 391

У

уважение
в уважении — любовь 289, 291
его отсутствие — препятствие для благодати 299
к старшим 290–291, 294–296
к умершим 149

удобства
делают людей ни на что не годными 167–170
не радоваться им 162–163

умершие
причина неразложения тел 90
хоронить, а не кремировать 147–149

умный
имеет духовное рассуждение 226–227
по гордости и невнимательности не преуспевает 243–244
тот, кто освятил свой ум 226

ум (разум)
дан, чтобы быстрее достичь Бога 241–243, 244
должен стать сотрудником сердца 251
если он есть, нужно благодарить Бога 240
нужно освятить 231–232
преимущества тех, у кого нет разума 240

утешение Божественное
испытывает тот, кто лишает себя чего-либо ради Христа 165
чтобы его стяжать, надо избегать мирского утешения 79
как его переживает человек 51
ни дня без Божественного утешения 50

учитель (педагог)
должен иметь много благоразумия 337
должен любить детей 340
его дело священно 339–340
когда может устраивать забастовку 328

Ф

французы
принимают мусульманство 49

Х

храм
насколько нужно его украшать 184–185

христианин
  болеет за Православие и Отечество 399
  должен ходить в церковь по воскресеньям 380
  с современного Бог не взыщет так же, как с древнего 279
  христиане должны жить правильно, чтобы помочь другим 33, 35, 38
  христианский долг — сохранить доброе предание 397

христианство
  никогда не устареет 383

Христос
  и Его Церковь 351
  Его Жертва ради человека 53, 298
  Его победа над диаволом 62–63
  не виновен в грехах христиан 353
  не имел греха 352
  терпит происходящее 351–352

Ц

целомудрие
  как сохранить юному 278–280
  редко среди молодёжи 277, 281

Церковь
  Её святость в силу единства со Христом 351
  не виновна в грехах Её служителей 353–354
  не устарела, не нуждается в обновлении 381
  несёт людям добро 382–383, 395
  прибежище для современных людей 33
  управляется Соборами, Синодом 363
  Церкви нужны разные люди 357
  должна была выразить позицию по отношению к кремации 149
  церковные проблемы и соблазны — как к ним относиться 354–357

Ч

человек
  без Бога не находит радости, мучается 50–52

честность
  привлекает помощь Божию 105
  работать честно ради Божиего благословения 104
  в рыночно-хозяйственных делах 98–100

чтение
  духовное — переносит душу в божественную атмосферу 220
  изгоняющее мирскую рассудочность 252

Ш

школа
  в Греции сегодня 325, 328, 331, 332–335

прежние школы
- давали нужные знания   332–333
- приучали детей к Церкви   331

шум
не будет раздражать, если включить добрый помысл   203–205
не помеха молитве, когда ум в Боге   200–201
не создавать его, особенно в монастыре   202–203
сегодня много шума   194–199

Э

эгоизм
ресничка в глазу   240
наше «я» мешает приходу Христа   251
желание ответственности, высоких должностей   362
в подвижничестве приносит беспокойство   177
противопоказан при изучении догматов и священных книг   237
убирать своё «я» из каждого действия   362
эгоист не имеет знаний   244

экуменизм
молитвы и конференции с инославными   384

Ю

юноша (юный)   *см. также* молодёжь
как ему соблюсти целомудрие   278–279

нуждается в наставнике   276–278

Другие книги издательства «Орфограф»

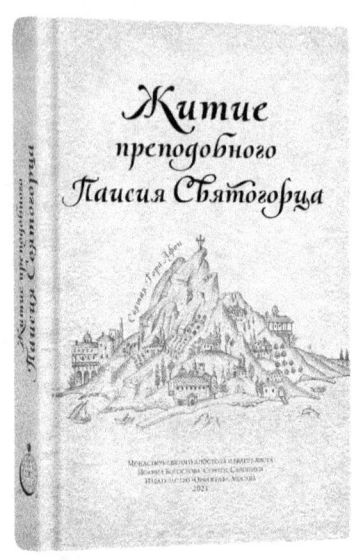

Житие преподобного Паисия Святогорца

М. : Орфограф, 2021. — 592 с., ил.

Житие преподобного Паисия Святогорца (1924–1994), афонского монаха, известного всему миру и торжественно причисленного к лику святых в 2015 году, переносит читателя в атмосферу духовного подвига, пламенного устремления к Богу и самоотверженной любви к ближнему, которые были характерны для святого Паисия с раннего детства и до самой его преподобнической кончины.

Немало встречается на страницах жития сверхъестественных событий и чудес, но основное внимание в книге уделено именно человеческим усилиям старца Паисия: его непоколебимому упованию на Бога и Матерь Божию, его молитвенным трудам, его смиренному служению ближним, его терпению в скорбях и тяжёлых болезнях. С любовью и тщательностью описанные детали жития преподобного делают его близким и родным читателю, вдохновляя разумно подражать подвигам святого.

Книга "Житие преподобного Паисия Святогорца", которую мы перевели на русский и издали с благословения сестёр монастыря святого Апостола и Евангелиста Иоанна Богослова в Суроти, получила в 2017 году первое место в номинации "Лучшая духовно-просветительская книга" на конкурсе "Просвещение через книгу".

Новый Афонский патерик

В 3 томах

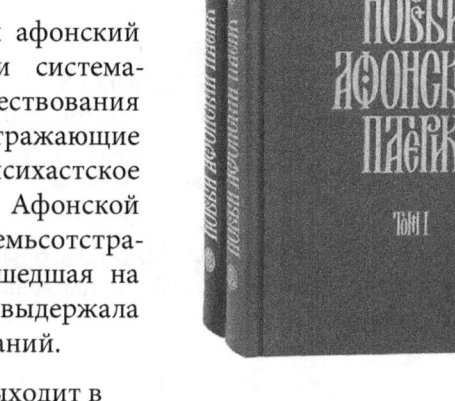

Более 30 лет один афонский старец собирал и систематизировал повествования и изречения, отражающие аскетическое и исихастское предание Святой Афонской Горы. Его восьмисотстраничная книга, вышедшая на Афоне в 2011 году, выдержала несколько переизданий.

Русский перевод выходит в трёх томах:

Том I. Жизнеописания. М. : Орфограф, 2013. — 352 с., ил.

В этот том патерика вошли ранее не публиковавшиеся жития 25 афонских подвижников, по большей части наших старших современников, угождавших Богу в середине XX века.

Том II. Сказания о подвижничестве. М. : Орфограф, 2015. — 352 с., ил.

Второй том патерика содержит краткие истории об афонских монахах XX века и их яркие высказывания. Этот том весьма напоминает по своему духу классическое произведение древней монашеской литературы — «Достопамятные сказания о подвижничестве святых и блаженных отцов».

Том III. Рассказы старца Паисия и других святогорцев. М. : Орфограф, 2018. — 272 с., ил.

Третий том патерика содержит ранее не публиковавшиеся рассказы, поучения и изречения преподобного старца Паисия Святогорца и других афонских старцев и назидательные истории о подвижническом духе афонитов.

Духовно-просветительское издание
Для читателей старше 12 лет

Преподобный Паисий Святогорец
СЛОВА
Том I
С БОЛЬЮ И ЛЮБОВЬЮ
О СОВРЕМЕННОМ ЧЕЛОВЕКЕ
Перевод с греческого
Седьмое издание

Ἱερὸν Ἡσυχαστήριον Μοναζουσῶν "Εὐαγγελιστὴς Ἰωάννης ὁ Θεολόγος"
570 06 Βασιλικὰ Θεσσαλονίκης
тел. +30 23960 41320, факс +30 23960 41594

Общество с ограниченной ответственностью
«Электронное Издательство «Орфограф»
109316, Москва, Волгоградский проспект, д. 47

E-mail: orfograf.com@yandex.ru
Телефон +7 (495) 642 24 54

Сайт издательства: www.orfograf.com
Книги преподобного Паисия Святогорца по ценам издательства:
старецпаисий.рф

Издательство «Орфограф» выражает сердечную благодарность рабу Божию Илье, без помощи которого не увидела бы свет эта книга и просит читателей молитв о нём и его семье.

Подписано в печать 20.04.2021. Формат 60×100/16
Печать офсетная. Гарнитура Minion Pro.
Усл. печ. л. 27. Тираж 7 000 экз.
Заказ №

www.ingramcontent.com/pod-product-compliance
Lightning Source LLC
LaVergne TN
LVHW012031070526
838202LV00056B/5465